アートと地域づくりの社会学

直島・大島・越後妻有にみる記憶と創造

宮本結佳

昭和堂

はじめに

近年、芸術祭、ビエンナーレ、トリエンナーレといった名を冠したアートプロジェクトが全国各地で盛んに行われるようになっている。直接訪問した経験がない方も、新聞・テレビ等のメディアを通じて一度はその名前を聞いたことがあるのではないだろうか。

各地のプロジェクトにおいてつくりだされるのは、地域の特性を生かした現代アート作品である。現代アート作品の制作・設置を通じて、自然や景観、歴史などその地域独自のさまざまな魅力を目に見える形で示していく取り組みは地域づくりの有力な方策として注目を集め、二〇〇〇年代以降プロジェクトの数は飛躍的に増加している。

プロジェクトが急増した背景には、地域社会において固有の文化を生かしたまちづくり・地域づくりへの関心が高まっていること、作品を制作する作家たちが社会との関わりを希求するようになっていること、地方行政における文化支出の重点がハコモノ建設からソフト事業に移りつつあることなど、さまざまな動向の交錯がある。

地域社会を舞台に展開するアートプロジェクトは、その独自性から地域再生の切り札のように取り上げられることも多い。一方で近年プロジェクトが爆発的に増加したことに伴い、そこに関わるさまざまな主体から新たな疑問が提示されつつある。端的に言えば、それは地域社会・アートの双方が互いの目的のための手段として消費されてしまうことへの懸念である。本書では、プロジェクトが活発化したが故に呈されたさまざまな疑問を整理し、具体的な事例の分析を通じてその疑問に答えていくことを試みたい。事例として取り上げるのは、アートプロジェクトの嚆矢として知られる瀬戸内海島嶼部および新潟県の中山間地域における取り組みである。さらに、これらの疑問に答えることを通じて、最終的には主体間のいかなる相互作用によって、持続可能な形でアートプロジェクトが展開しうるのかを検討していくこととしたい。

上記のような問題関心に基づき、本書は、三部一〇章で構成されている。第Ⅰ部では、地域社会でアートプロジェクトが展開するにいたった経緯を時系列に沿って整理した上で、プロジェクトの隆盛に伴って生じてきた問題点を指摘する。第Ⅱ部では香川県直島におけるアートプロジェクトの分析によって、第Ⅰ部で指摘した問いを検討していく。第Ⅲ部では香川県大島、新潟県十日町市松之山上鰕池におけるアートプロジェクトの分析から残された問いを検証した上で、持続可能なアートプロジェクトの展開可能性を示していく。

第Ⅰ部第一章では、地域社会とアートという一見かけ離れた二者が、いかなる経過をたどって接点を持つにいたったのかを確認する。アートが社会と関わる契機となったのは「オフ・ミュージアム」と呼ばれる動きの活発化であった。美術館の外で作品が展開する「オフ・ミュージアム」の流れの中である場所に固有な「サイト・スペシフィックワーク」と呼ばれる作品が制作されるようになる。一方、地域社会とアートとのつながりの端緒は一九六〇年代に開始された「彫刻のあるまちづくり」事業であった。その後、パブリックアートの興隆を経てアートプロジェクトが各地で展開していくこととなる。

第二章では、一九八〇年代以降のアートプロジェクトの展開を確認した上で、プロジェクトの展開に伴って指摘されるようになった問題点を検討した。二〇〇〇年代以降、全国各地でプロジェクトが増加するに従い、地域社会とアートの双方から新たな疑問が示されるようになった。地域社会の側からは地域がアートの表現の道具になることへの懸念が示され、逆にアートの側からは、アートが持つ社会批判機能の弱体化、作品の質の不問化、アートの手段化（＝地域活性化という目的のためであれば手段は必ずしもアートでなくてもいいのではないか）という三つの疑問が示されたのである。本書では、第Ⅱ部・第Ⅲ部における事例の分析を通じて、この疑問に答えていくことをめざす。

その際、本書では社会学の分析枠組みを補助線に用いることで、個別の事例を越えて共有が可能な特徴を見出していくことをめざす。そこで続く第三章では地域づくり、環境保全などの本書の内容と深く関連するトピックにおける先行研究を整理し、本書の分析視覚を提示する。

第Ⅱ部では、香川県直島における取り組みの分析を通じて、第Ⅰ部における問いのいくつかに答えることを試みる。具体的な分析に先立ち、第四章では香川県直島における開発の歴史を整理し、どのような経緯を経て「アートの島」と呼ばれるようになっていったのかを確認する。

そして、プロジェクトの展開過程の中でアートの側から示された懸念は、アートが地域振興の道具としての役割を担わされることから生じてきたものである。先に挙げたアートが持つ社会批判機能の弱体化については、先行研究において次のような指摘がなされている。それは、社会批判機能の弱さのみに視点を合わせるのではなく、一見うまくいっている作品の内実にいかなる過程が含まれているのか、そして社会批判機能が弱いことが何を生むのかを問う必要があるという点である（神野 二〇一六a）。本書ではこの指摘に従い、「うまくいっている」と見なされる作品の制作・展示過程を詳細に追うことを通じ、いったいそこに何が生まれているのかを確認していく。

第五章では、従来地域づくりに対して受動的な立場であった住民たちが、どのような過程を経て担い手として関わるにいたったのかを検討する。直島では場所に固有な作品の制作・設置によって、多くの住民にとって思い出のある場所が可視化された。これを契機に住民たちは集合的記憶を形成するようになり、ガイドの活動を通じて担い手として独自の役割を持つにいたる。第五章の分析により、住民たちによって「語られた景観」が来訪者にとって価値を持つという言説活動を通じた景観創造の可能性を示していきたい。

第六章では、プロジェクトを経験していく中で、住民は作品の解釈自由性というツールを用いて来訪者に思い出を語り生活実践を可視化させることが、主体性を確保する手段となることに気づいていくという過程を明らかにしたい。これは来訪者との相互作用による、認識転換と言い換えることもできるだろう。さらに、この認識転換をベースに住民自身の手によって新たな資源生成がなされるようになることも明らかにする。

第七章では、地域社会の側から示される懸念を検討し、アートと地域が互いを消費するのとは異なる関係を築き得ることを確認していきたい。作家による場所の解釈と住民のその場所への意味づけを重ね合わせる努力を行うことを通じて、サイト・スペシフィックワークは地域の再生に寄与し得ることを示していく。

第Ⅲ部では、香川県大島、新潟県十日町市松之山上鰕池の事例の分析を通じて、アートの側から提示された問い――「アートであるから可能になることとは何か?」を考えていく。

第八章では、香川県大島のハンセン病療養所大島青松園における取り組み「つながりの家」からこの問いを検証していく。歴史的遺産の保存・公開過程においては、遺産に含まれる多様な要素のどこに光を当てるのかが議論されてきた。その中で、ハンセン病療養所をめぐっては被害の語りが優位となる一方で、入所者たちの主体的な営為は捨象されがちであることが指摘されてきた。「つながりの家」の取り組みでは、食をめぐる生活実践の表象により入所者たちの主体的営為が継承されることとなった。これらの表象の中には、アートという方法であるからこそ可能になるものが含まれていたのである。

第九章では十日町市松之山上鰕池における「上鰕池名画館」の展開過程からこの問いを検討した。サイト・スペシフィックワークが各地で増えていく中、作家と住民の協働のもとでいかにして地域の資源を発展させることができるのかが問われており、第九章においてはこの点について詳しく見ていく。上鰕池名画館においては、「今」を切り取ることを意識した写真作品とミュージアムショップという仕掛けの組み合わせにより、これまであたり前にそこにあったものが来訪者にとって新たな魅力ある商品となっていく。上鰕池地域の事例から明らかになったのは「現在」を描き出すアートプロジェクトが持つ潜勢力である。

第一〇章ではこれまでの議論の総括を行った上で、今後のアートプロジェクトに求められるのはいったい何なのかについて述べていく。そして最後に、地域とアートの今後の関係について展望し、本書の記述のまとめとしたい。

目　次

第Ⅲ部　アートプロジェクトを通じた持続可能な地域づくりの行方

【本書の凡例】
＊匿名の聞き取り対象者、文中で言及する調査対象者は各章の初出順にアルファベット表記とする。
＊インタビューからの引用文の中で筆者が補足説明を入れる場合には（　）を用いる。

第Ⅰ部

地域振興政策の変遷とアートプロジェクトの展開

「帰りのフェリー待ちの時間を直島パヴィリオンで過ごす人びと」（撮影：岡本雄大）
直島パヴィリオン　所有者：直島町　設計：藤本壮介建築設計事務所

第一章　地域づくりとアートの接点
――彫刻のあるまちづくりからアートプロジェクトへ

本書のイントロダクションとなる第一章では、日本において現代アートを媒介とした地域づくりが行われるようになるまでの歴史的経緯を検討する。近年、全国各地でアートプロジェクトを通じた地域づくりの活動が盛んに行われるようになり、多種多様な活動が生成・展開している。特に九〇年代末以降、中山間地域や離島などいわゆる「周縁」と考えられてきた場所における地域づくりの中で、現代アートが重要な役割を果たすようになっている。現代アートと地域づくり。二者は一見すると接点のない、かけ離れたもののようにも思える。いかなる社会状況を背景にして、地域とアートの両者は接点を持つこととなったのだろうか。そして、どのような過程を経て美術を媒介とした地域づくりの萌芽が見られるにいたったのだろうか。

本章ではまず、戦後以降現在にいたるまで、美術は社会とどのように関わろうとしてきたのかを概観していく。その中でも特に、アートが美術館から外に出る「オフ・ミュージアム」の動きに注目する（第一節）。次に、地域社会と美術および地域社会と（美術を含むより広い意味での）文化との関わりの変容について、時系列に即して整理していきたい（第二節）。地域とアートそれぞれの歴史的動向を確認し、どこに二者の交点が見出されたのかを検討する。その上で、地域とアートの新たな接点として、アートプロジェクトを媒介とした地域づくりが生成されるにいたった過程を確認しておく（第三節）。

第一節　社会と関わる「美術」とは

一・一　美術作品の置かれる場所――美術館のあり方の変化

文化という言葉は一般的なものであり、多様で多層な幅を持つ（藤村 二〇〇七）。本書では文化社会学者である大野の定義に従い、文化を「社会システムに制度化されパーソナリティに内面化されることによって社会成員に共有され、かれ・かのじょらの行為を多かれ少なかれ制御するところのシンボル・パターン」と規定しておく（大野 二〇〇九）。

本書において主に取り上げるのは文化の中でも特に「芸術」と呼ばれる分野における取り組みである。通常、美術・音楽などが、芸術のカテゴリーで括られる。さしあたってここでは、「芸術は文学をふくむ広い意味で用いられる概念である」（井上 一九九六）と把握しておく。

本節では芸術――その中でも特に美術――が社会とどのような関係性を構築してきたのかを確認しておきたい。*1

美術作品が置かれる場所として、私たちが真っ先にイメージするのは美術館であろう。*2 美術館の歴史は、一七世紀後半におけるヨーロッパの王侯貴族の私的コレクションに端を発する。この時期、美術館の収蔵品はごく一部の富裕層の所有品にすぎず、公開にあたっても、ルールに則った分類は行われていなかった。この時点の美術館は、単なるコレクションの集積として存在していたのである。

その後、フランス革命直後に開館した共和国美術館（現ルーヴル美術館）の出現を契機として、美術館のあり方は大きく変わっていくこととなる。ルーヴル美術館は、フランス革命の成功によって誕生した近代的な美術館の嚆矢として広く知られている。言い換えれば、ルーヴルは（フランス革命により新たに出現した）市民社会の要請によって生まれた。美術館における主体は、王侯貴族から近代的な国民・市民へと移り変わったのである。ルーヴル以前の美術館とルーヴルとの最大の違いは、コレクションの体系化・分類に現れている。ルーヴルでは、それまでの総覧的な展示を排し、国同士・作家同士の比較が重要視された。そのため、美術館の中ではコレクションの階層化・体系化が推し進められていく。

ルーヴル美術館の開館を端緒として、近代的な美術館が世界各国で次々と開館していく。近代的な美術館においては、コレクションの分類体系はより細分化され、各作品はシステマティックに分類され、館内の各所に配置されることとなった。

ここまで、美術作品が置かれる最も一般的な場所、美術館の生成と変容についてごく簡単に概観してきた。一八世紀末以降いわゆる近代美術館の数は世界各地で増加の一途をたどっていった。しかし、一九五〇年代以降、このような近代美術館のあり方に強く反発する動向が見られるようになる。先にも述べたとおり、近代美術館はコレクションを収集して分類・整理し情報の系統化・階層化を行うという機能を持っている（暮沢 二〇〇二a）。この機能は、収集や分類を通じて「作品の意味を固定してしまう」（暮沢 二〇〇二b：六七）という側面を持つ。作家たちは、この点に対して強い不満を持つようになるのである。美術館は、エリート主義の美術の砦であり、美術を一般社会から隔離して、鑑賞するためだけにあるものとして封じこめてしまう場所だという批判が盛んに行われるようになり、世界各地で「美術館の美術」への批判が噴出したという。例えば、アメリカの美術雑誌『アーツ・マガジン』では、一九六七年二月号において「美術館における死」と題された特集が組まれ、多数の作家の論文・宣言が記載された。この特集の中では、作品が美術館へ収蔵されることは「墓場に埋葬される」ことと同等であるという批判が展開された（川田 一九九八）。そして、「日常生活とのギャップを埋めたい、社会性を取り戻したい」（川田 一九九八：三三二）という希望[*3]から、作品を展開する場を美術館の外に求める傾向が強まっていく。[*4]

一・二　美術館を飛び出す作品たち――オフ・ミュージアムの潮流

作品が美術館の外で展開する傾向は、オフ・ミュージアムと呼ばれる。このオフ・ミュージアムの動きは当初は都市空間の中で寄生的に展開するものとして現れた。例えば一九五〇年代末には、アラン・カプローらによるハプニングの試みが広く都市空間を舞台として展開され、その後のパフォーマンス[*5]の確立に決定的な影響を与えている（暮沢二〇〇二a：一二〇）。ハプニングとは、その性質が周囲の環境の偶発性に委ねられる部分の大きい作品の総称である。ハプニングの実質を左右していたのはほかでもない偶然であり、その結末はしばしば破壊や混乱へと行き着くことになった。この試みの発案者であるアラン・カプローは、ハプニングの代表的作家の一人に草間彌生を挙げている。草間は一九六〇年代後半から頻繁にハプニングを行うようになるのだが、ここではその一例として一九六八年に行われたハプニング「人体炸裂」シリーズを紹介しておきたい。ハプニング「人体炸裂」シリーズでは、証券取引所前、教会前、公園などさまざまな場所で裸のダンサーによるデモンストレーションが行われ、この反戦やラヴ・フォーエバーを謳うヌード・ハプニングはＡＰ・ＵＰなどのニュースメディアによって広く報道された（暮沢二〇〇二c、国立新美術館・朝日新聞編二〇一七）。

このようにオフ・ミュージアムの動きが活発化する中で、「サイト・スペシフィック」という考え方を背景に、次々と新たな表現の形が誕生していく。「サイト・スペシフィック」とは、特定の場所、特定の空間と分かちがたく結びつき、そのような不可分の関係性の中で成立する美術作品のあり方をさす。具体的な表現の形としては、インスタレーション、アースワークなどを挙げることができる（暮沢二〇〇二d：八九）。

インスタレーションとは、据え付け、取り付け、設置の意味から転じて、展示空間を含めて作品と見なす手法をさす。彫刻の延長としてとらえられたり、音や光といった物体に依拠しない素材を生かした作品や、観客を内部に取り込むタイプの作品などに適用される。後述するミニマリズムが、要素を切り詰めることで作品と空間との関わりへの注目を先鋭化させていく流れに伴って、絵画や彫刻と区別するための用語として七〇年代に入って一般化した（成相二〇一七a）。

また、アースワークとは大地などをはじめとする自然環境を直接の制作素材とする作品をさす。アースワークにおいては、自然環境、大地そのものを作品に仕立てるという試みがなされる。具体的には、湖岸に石を螺旋状に積み上げた作品であるロバート・スミッソンの「スパイラル・ジェッティ」や渓谷に強大な二本の溝を穿ち四万トンもの土砂を移動したマイケル・ハネザーの「ダブル・ネガティヴ」などが挙げられる。これらの制作には大規模な土木工事を伴い、作品の制作も僻地に限定される。滅多なことでは現地に足を運べないため、観客は作品の記録写真を通じて間接的にしか鑑賞することができない。もちろん、売買や収集は不可能であり、それらを行う装置としての美術館を批判する側面も持っていた（暮沢二〇〇二a・二〇〇二e）。

ここまで、オフ・ミュージアムという潮流を中心にして、一九五〇年代以降の美術と社会との関わりの変化について概観してきた。[*6] 一九五〇年代末を端緒とする、美術館の閉鎖的な姿勢——作品を恭しく展示し、一切の不純物を排除しようとする——に反発する動きは、世界規模の広がりを見せていく。アメリカにおけるミニマリズムからサイト・スペシフィックへの展開と時を同じくして、フランスではシュポール／シュファス、イタリアではアルテ・ポーヴェラと呼ばれる運動が活発に起こり、各国でサイト・スペシフィックな作品の制作が盛んに行われるようになる。ミニマリズムとは六〇年代のアメリカにおいて最も大きな影響力を持った美術作品の傾向の一つである。ミニマリズムの作品の形態は極限まで切り詰められており、一目見ればすぐ全体が把握できるほどの単純な形（例えばただの白い直方体など）でしかない。あえて作品自体に、鑑賞に値する芸術性を付与しないのである。そのため、作品は場に依存することとなる。ミニマリズムの作品においては、主眼は作品そのものではなく作品を見る者と作品との関係性にある。作品を見る中で、人の意識は自らと作品のいる「空間」へと拡大する。つまり、作品の外部にこそ主眼が置かれているのである。アメリカにおいてこのミニマリズムがサイト・スペシフィックに展開していくのと同時期にフランスで生起したのがシュポール／シュファスと呼ばれる運動である。この運動は一九六〇年代末に南フランスで起こり、作品制作を社会的現実の中に位置づける傾向を強く持っていた。同じく一九六〇年代後半のイタリアで起きたのが、アルテ・ポーヴェラと呼ばれる美術運動である。この運動の中では、チープな日用品を素材としたオブジェなどが制作された（川田 一九九八、暮沢 二〇〇二a、暮沢編 二〇〇二）。

制作・設置される空間と分かちがたく結びつく「サイト・スペシフィック」の潮流は徐々に形を変えながら、現代にいたるまで脈々と受け継がれていく。本書で対象とするさまざまな作品も、この流れの中に位置づけることができるだろう。

一・三　日本におけるオフ・ミュージアムの動向

ここまで、主に海外におけるオフ・ミュージアムの潮流について確認してきた。それではこの時期、日本ではどのような動向が見られたのだろうか。先ほど、ミニマリズムからサイト・スペシフィックへの展開が世界的な規模で見られたことを述べた。日本においては、一九六〇年代末に「もの派」の作家たちがこの展開を担っていくこととなる（暮沢 二〇〇二a）。

もの派とは、主に木や石などの自然素材、紙や鉄材などニュートラルな素材をほぼ未加工のまま提示することで、主体と客体の分け隔てから自由に「もの」との関係を探ろうと試みた一連の作家をさしている。作品を取り囲む空間を意識させる点では、インスタレーションの先駆ともいえるだろう。「もの」は物・物質・物体に限らず、「事柄」「状況」までを広く含む日本語特有のあいまいな概念として使用されている（成相 二〇一七b）。もの派には多摩美術大学系、日本大学美術学科系、東京藝術大学系の三つのグループが存在し、さらに共鳴者や追随者も含めると一世を風靡した大きなうねりであったことが指摘されている（中ザワ 二〇一四）。

もの派の著名な作品として、関根伸夫による「位相―大地」が挙げられる。これは、大地に巨大な円筒形の穴を掘り、その傍らに穴から出た土砂を同形同大の円筒状に固めて配置したものである。一九六八年の第一回神戸須磨離宮公園現代彫刻展に出品されたこの作品は、一九六〇年代末から七〇年代初頭にかけて現れたもの派の嚆矢とされている（成相 二〇一七b、中ザワ 二〇一四）。この「位相―大地」が出品された神戸須磨離宮公園現代彫刻展をはじめとして、一九六〇年代半ば以降現代彫刻展が各地で展開し、これが社会の側から見た美術への関わり方の一つの主要な方法になっていく。続く第二節では、彫刻のあるまちづくりをはじめとする、社会の側から見た美術への関わりのあり方の変化を確認していきたい。

第二節 「社会」の側から見た美術

二・一 地域と関わるアートの先駆け――彫刻のあるまちづくり

ここまで、美術が社会との関わりをどのように変化させてきたのか見てきた。それでは逆に、社会は美術とどのような形で関わってきたのだろうか。ここでは、特に地域社会と美術との関わりに注目して、その経過をたどっていくこととしたい。

日本において地域と芸術が接点を持つ契機となったのが、一九六〇年代に始まった屋外への彫刻の設置である。ここでは、全国に先駆けて「彫刻のあるまちづくり」[*7]に取り組んだ山口県宇部市と兵庫県神戸市の事例について見ることにする。[*8]

宇部市では一九六〇年代初頭、石炭の粉塵による公害や暴力団抗争、少年非行によって街が荒れ、人心の荒廃が大きな悩みとなっていた。そのような状況の中、まちに明るさや安らぎをもたらすべく、まず最初に取り組まれたのは緑化運動であった。一九五一年、一カ月あたりの降灰量一平方キロメートルあたり五五・八六トンもの降下ばいじんの対策として、市民・企業・学者および行政の四者が協力した独自の公害対策（宇部方式）による問題解決が試みられる中、緑化事業の実施が始まる。市街地の多くが樹木を育て得る土質ではなかったため、客土と施肥による土壌づくりから始まった緑化事業は、戦後の荒んだ時代の中、当初は共感を得るのが難しかったが、樹木が育ってくるにつれ次第に市民の共感や協力が得られるようになっていく。

この緑化事業が多くの市民の共感を得て、まちぐるみの運動に育つにつれて「緑と花づくりを通して生命の尊さを」「人づくりの原点を緑と花づくりに」といった声が聞かれるようになり、このような気運の中で「花いっぱい運動」が新たに展開していくこととなる。

この緑化事業や花いっぱい運動に続き、自然（緑と花）と人間（市民）との接点として、まちに彫刻を置こうとする「宇部を彫刻で飾る運動」が提唱され、一九六一年には「宇部を彫刻で飾る事業」の事務局が設置される。同年開催の第一回宇部市野外彫刻展、一九六三年開催の全国彫刻コンクール応募展を経て、一九六五年からは現代日本彫刻展が隔年で実施されており、二〇〇九年からはUBEビエンナーレ（現代日本彫刻展）と名称を変更しつつ現在まで継続して野外彫刻展が開催されている。宇部市では彫刻展の会場であるときわ公園で集中的に作品が設置されると同時に、彫刻展を通じて築き上げてきた彫刻コレクションが中心市街地や駅前の広場などさまざまな公共空間に設置されている。柳澤は、公共空間に設置された作品の中には、場所との関わりの中で新しい関係を演出することができているものもあると述べ、公共空間の「場」としての意味を読み取り、そこに一回的な出会いを実現することが設置にあたって重要であることを指摘している（柳澤 二〇一七）。

その後宇部市より少々遅れて、一九六八年から神戸市も彫刻のあるまちづくり事業に乗り出していく。神戸市は

「ミュージアムシティ神戸」構想により、野外彫刻展による作品収集を実施するようになる。この構想の中で神戸須磨離宮公園現代彫刻展が開催され、前節で取り上げた「位相―大地」をはじめとするさまざまな作品が出品された。この彫刻展は一九六八年から一九九八年までに一五回（九六年は震災により中止された）開催され、受賞作品は神戸市内の各地に設置されるようになる。一九七三年には「みどりと彫刻の道」、一九八一年には「花と彫刻の道」が整備され、彫刻設置を通じた郷土の美化と近代的な都市づくりが進められていくこととなる。入賞作品の買い上げなどを通じて積極的に作品収集を続けた結果、現在では五〇〇点を超える作品が設置されている。

ここまで、宇部市と神戸市における「彫刻のあるまちづくり」について確認してきた。それでは、彫刻のあるまちづくりはいったいどのように展開していったのだろうか。続いてその後の展開を見ていきたい。宇部市、神戸市に続き一九七〇年以降、旭川市、長野市、八王子市などが次々と彫刻設置事業に乗り出していく。その中でも、一九七七年に仙台市が開始した「杜と彫刻」事業はオーダーメイド方式として脚光を浴びる。オーダーメイド方式においては、最初に設置場所を決定しその後その場の空間に見合う作品の制作力を持つ彫刻家が指名される。作家の受託後、場の空間感を念頭にサイト・スペシフィックな作品制作が求められるのである。仙台市ではこの方式のもと一年に一点ずつ作品の設置が行われた（松尾 二〇一五）。第一期に一二作品、第二期に一二作品が設置され、一九七七年から二四年間にわたったこの事業は二〇〇一年に完了している。このオーダーメイド方式は、都市空間に調和した彫刻設置方法として多くの市町村の参考となり、「仙台方式」と呼ばれている（仙台市 二〇一六）。

その後一九八〇年代に入ると、より急激に彫刻のあるまちづくりを実施する自治体が増加する。彫刻の取得形態や設置空間志向は多様だが、名古屋市や福岡市、姫路市、福島市などが次々と彫刻設置事業を開始していく。八〇年代後半から九〇年代前半には野外彫刻展や彫刻シンポジウムの開催数も飛躍的に増加しており、このような傾向からも彫刻のあるまちづくりを実施する自治体の急増がうかがえる（松尾 二〇一五）。

彫刻のあるまちづくりは、彫刻の設置を通じて都市景観美や地域文化の創造をめざすという点で都市計画の一環をなすものである。しかし、都市とアートの関係という点に注目すれば、すでにあるまちに芸術作品を付けたすという感が強い取り組みである。そのために場所の選定や作品の規模をはじめさまざまな問題が生じてくることもあった。その一例として、寄贈された彫刻作品を安易に公共空間に設置するケースが挙げられる。例えば、裸婦像を公園などの公共空間に展示するだけでは、場の意味と作品内容が一致せず不快感を示す市民が出現したり、女性から批判を浴びたりする場合などがある。その場所となんの関係もない彫刻がいきなり置かれれば、住民にとっても彫刻にとっても迷惑になりかねないのである。バブルの追い風を受けて八〇年代に野外彫刻が乱立した後、「彫刻公害」という言葉でこの種の取り組みの問題点が指摘されるようになっていく（松尾 二〇一五、村田 二〇〇二b、柳澤 二〇一七）。

このような傾向から、九〇年代に入ると公共彫刻は「パブリックアート」という新たな衣装をまとって再登場することになる（村田 二〇〇二b）。パブリックアートとは公共芸術という意味であり、公園や市街地、あるいは市民会館やターミナルビルなどに恒久的に設置される芸術作品をさす（暮沢 二〇〇二f）。彫刻公害の反省を受けて、パブリックアートを補助的・二次的にあとから設置するのではなくまちづくり、あるいは都市計画の中に最初から織り込んでいく道が検討されるようになる（柳澤 二〇一七）。

二・二　彫刻からパブリックアートへ

まちづくり全体の中にアートが組み込まれている例としてしばしば取り上げられるのが米軍基地の跡地に設計されたファーレ立川である（柳澤 二〇一七）。ここではファーレ立川の取り組みを概観し、九〇年代のパブリックアートの特徴を確認しておこう。

ファーレ立川[*9]は、東京都立川市の立川駅北口で進められた第一種市街地再開発事業をさす。一九七七年に返還された米軍立川基地跡地のはずれにあたるこの地域の再開発が住宅・都市整備公団に委託され、公団が実施した指名コンぺでアートプランナーに選ばれた北川フラム率いるアートフロントギャラリーによってパブリックアートの設置が進められていくことになる。ファーレ立川のアートディレクターである北川フラムは、「機能（ファンクション）を美術（フィクション）に！」というコンセプトを掲げ、換気口・排気塔・ベンチ・街灯・車止めなどさまざまな機能を持つ作品をビルの合間を縫うように設置した。

ファーレ立川の約五・九ヘクタールの敷地内には、オフィス、ホテル、デパート、映画館、図書館など一一のビルが建設されている。高密度で圧迫感があり道路に囲まれていて、三・五メートル壁面が後退して建物があるという条件の中で、道路を生かし、建物の設備的機能をアート化することによって一〇〇カ所以上の美術作品の設置場所が確保された。

ファーレ立川には、総計三六カ国、九二人の作家が参加し、一〇九点のパブリックアートが設置された。この計画は、一九九四年度の「日本都市計画学会設計計画賞」を受賞するなど都市計画として高い評価を受けている。

ファーレ立川と同様に、都市の再開発事業と一体になったパブリックアートとしては、一九九五年に実施された新宿アイランドの取り組みが挙げられる。新宿アイランドも住宅・都市整備公団による市街地再開発事業の一つであり、一九九六年度の建築学会賞（業績）を受賞している。ほぼ同時期に完成した二つの取り組みは社会的にも高く評価され、この時期、住宅・都市整備公団の手がけた都市開発プロジェクトを中心に、民間も含めた大規模開発事業においてアートの導入は基本仕様のように展開していくこととなる（八木・竹田 二〇一〇）。

前項でも述べたとおり、パブリックアートは彫刻のあるまちづくりの抱える問題への反省から、その問題を乗り越える取り組みを実践している。「彫刻公害」という言葉で表現されるように、公共の場に置かれた彫刻の中にはテーマが不明瞭で、設置場所の性質とほとんど関係のない作品も多く見られた。この点への反省から、九〇年代半ばに日本に登場したパブリックアートは、作品と設置場所の関係を意識するようになったのである。ファーレ立川、新宿アイランドにおいては、まちとアートを関係づける際に空間的な文脈が重視されたことが指摘されている（加治屋二〇一六)。

彫刻のあるまちづくりが抱える課題を乗り越える形で、作品と場所との関係を意識したパブリックアートの出現は、地域とアートとの関わりにおける一つの重要な転換点と言えるだろう。

しかし、パブリックアートはバブル経済の崩壊とともに、公共性に関する議論が十分に広がらないまま下火になったため、都市に美術作品を置くことの空間的な可能性を提示するにとどまった。その後、パブリックアートを一つの源流としつつ、それと入れ替わるようにしてアートプロジェクトが登場することとなる(加治屋 二〇一六)。

パブリックアートと入れ替わるように登場したアートプロジェクトは、いったいどのような特徴を持っているのだろうか。一言で言えば、社会に働きかける活動体として生まれ進化を続けている点にその特徴がある。この点が、静的な野外彫刻の系譜に連なるパブリックアートに飽き足らず、新たに生まれたアートプロジェクトの大きなポイントとなっているのである(熊倉監 二〇一四b)。本稿の対象であるアートプロジェクトの定義については、第三節でさらに詳しく見ていくこととしたい。

二・三 文化とまちづくりの潮流

ここまで、地域社会と美術との関わりについて時系列に沿って検討してきた。一方、美術を含むより広い文化と地域社会がどのように関わってきたのかについては、ここまであまり言及してこなかった。本項では、広い意味での文化と地域社会がどのように関わってきたのかについて特にまちづくり・地域振興という観点からその歴史的経過を追っていくこととしたい。

文化とまちづくり・地域振興の関わりを見ていく前に、まず戦後日本社会における地域開発政策がいったいどのように変化していったのかをごく簡単に見ていきたい。[*10] その上で、いかなる社会状況の変容を経て地域開発と文化が関わりを持つようになったのかを確認していく。

日本の地域開発政策は、一九五〇年の国土総合開発法の制定に端を発する。二〇〇五年に国土形成計画法に変更されるまでの間、国土総合開発法は全国総合開発計画や各種の地域開発・整備計画策定の基本法としての役割を果たしてきた。国土総合開発法に基づいて策定された全国総合開発計画は国土の均衡ある発展を理念として、全国総合開発計画（一九六二年）から始まり、新全総、三全総、四全総、五全総へと引き継がれていった。これらはほぼ七年から一〇年の間隔で見直され、戦後国土開発の骨格となってきたのである。

全国総合開発計画以来、発展のグランドデザインは中央政府によって描かれ、それを牽引する産業も上から指定される形で決定してきた。そのため自治体は開発計画が策定されるとそれに沿う形で地域発展計画を策定し、地域指定を受けることで政策優遇を受けようとした。この手法は、日本全体を一定の方向に引っ張っていく時期には有効かもしれないが、一定の所得水準を実現し、地域の個性が尊重されなければならない時代にはむしろ弊害のほうが大きくなる。一九八〇年代以降、先進国の産業構造の転換が進むにつれて発展の軸は知識・デザイン・創造性などの非物質的なものへ移っている。このような潮流の中で、新しい方法で地域を発展させようとする試みがボトムアップ的に全国各地に現れ始める。そこでは、環境や知識や情報、地域の人的なつながりといった非物質的要素を大切にし、それを発展につなげようとする点が共通している（諸富 二〇一〇）。この非物質的要素の一つに、本書が対象とする文化も含まれているのである。

文化は潜在性、規定性に満ちながら、制度・言説・行為などの諸要素の交錯する地点に現れる。高度消費社会を経て、現れては消えていく文化の差異化機能に気づいた人びとは、文化をある意図に基づいて利用・活用することを試みるようになるのである。そこに現れるのが文化を文化の中だけで完結させるのではなく、経済などの他の領域へ影響を与えようとする動きであった。そこでは、文化の持つ差異性が強調されたり、あるいは隠蔽されたりしながら、文化が戦略的に用いられていくのである。文化を媒介に地域社会の活性化や人びととの交流の増加を考える例として、行政が主体となった文化政策を挙げることができる。生産などを軸に地域間競争のヒエラルキーを勝ち抜いて一位をめざすのではなく、地域固有の文化を資源にまちづくりを行う試みが活発化しているのである（藤村 二〇〇七、川村 一九九三）。アートを媒介として地域の文化を表出し、それを地域づくりに生かそうとする近年の各地の取り組みはこの流れに位置づけることができるだろう。

また、文化とまちづくり・地域振興の関わりにおいては、ハードからソフトへの重心の移動も重要なポイントとして指摘される。社会のインフラが安定する一九七〇年代以降、各地の地方自治体が文化行政の一環として美術館を建設し始める。その際主眼となったのはハコの建設であり、多くの場合、明確な方針のもとにコレクションが収集されるわけでも、企画展示などが行われるわけでもなかった。そのため、新聞社などのマスメディアの資金に依存した企画展示が全国の美術館を巡回するというスタイルが一般的になった（吉澤 二〇一一）。また、一九八〇年代以降、劇場・コンサートホールの建設が加速すると、施設の建設と管理・運営が自治体文化政策の大きな比重を占めるようになる。多くの自治体で文化関連予算の半分以上が施設の建設・整備とその借金の返済にあてられており、事業費は非常に少ない。基本的にアーティストは雇用されず、常勤職員も最低限しか配属されていない（野田 二〇一四）。

吉澤・野田の指摘から分かるのは次の点である。これまで美術館、劇場、コンサートホールといった文化施設においては、ハコモノの建設というハード面に主眼がおかれており、そこでどのような取り組みをするのかというソフト面には重点がおかれてこなかった。

八〇年代のふるさと創生事業において、ハコモノやモニュメントが乱立し、次につながるクリエイティブな使われ方をしなかったため[*11]、税金の無駄使いと批判された（藤・熊倉・RM 二〇一四、永井 二〇一六）のも、このハード重視の流れを反映したものだと言えるだろう。

一九九〇年代に入っても公立の芸術文化施設の建設は進んだが、それまでのハード重視の施策への反省や財政難からくる予算削減もあって、地方自治体は文化への支出をハコモノから人やサービスに移行させていくようになる（吉澤二〇一一）。永井は、ロックフェスに関する自身の研究において、イベントというソフト面での取り組みが特別にインフラを整備することなく、その場所にすでにある魅力を再発見することを指摘している。近年、まちづくりの関心はインフラ整備を主体とするハード面から、一般市民にまで担い手を広げたソフト面に移っているのである（永井二〇一六）。

本書で取り上げる、自治体、住民など多様なアクターの参画によるアートプロジェクトが生まれた背景にはこのような社会的状況があったことを指摘しておきたい。

第三節　アートプロジェクトの萌芽

二・二で述べたとおりパブリックアートに飽き足らない、社会に働きかける活動体としておもに一九九〇年以降に生まれたのがアートプロジェクトである（熊倉監二〇一四a・二〇一四b）。それでは、アートプロジェクトはいったいどのような特徴を持つのだろうか。吉澤弥生は、近年のアートプロジェクトの特徴として、次の点を挙げている。

①作家の単純作業から、多様な参加者による共同制作＝協働となる、②パーマネントの作品だけでなく、仮設の作品やワークショップを行う、③制作プロセスそのものやその固有性を重視する、といった要素が挙げられる（吉澤二〇一一：九七）。

また、野田邦弘は現代のアートプロジェクトの特徴として次の五点を挙げる。

（一）社会的課題や地域の歴史・文化などに関わるテーマ
（二）作家と住民とのコラボレーションによる作品制作
（三）制作物としての作品よりその制作過程を重視
（四）美術館以外のオルタナティブスペースにおける制作・展示
（五）産業遺産や廃校などサイトスペシフィックな場所へのこだわり（ゲニウスロキ）（野田 二〇一四：一〇九）

最後に、少し長くなるが熊倉純子らの指摘する特徴を挙げておきたい。

アートプロジェクトとは現代美術を中心に、おもに一九九〇年代以降日本各地で展開されている共創的芸術活動。作品展示にとどまらず、同時代の社会の中に入りこんで、個別の社会的事象と関わりながら展開される。既存の回路とは異なる接続／接触のきっかけとなることで、新たな芸術的／社会的文脈を創出する活動といえる。
また、以下のような特徴を持つ。

・制作のプロセスを重視し、積極的に開示
・プロジェクトが実施される場やその社会的状況に応じた活動を行う、社会的な文脈としてのサイト・スペシフィック
・さまざまな波及効果を期待する、継続的な展開
・さまざまな属性の人びとが関わるコラボレーションと、それを誘発するコミュニケーション
・芸術以外の社会分野への関心や働きかけ（熊倉監 二〇一四a：九）

これらの先行研究で共通して指摘されるのは、歴史・社会的文脈を含めた場所の固有性の重視、[*12] 多様な参加者による協働、制作プロセスの重視である。これらの特徴はまた、アートプロジェクト以前の取り組みとアートプロジェク

トの間の差異と言うこともできるだろう。

サイト・スペシフィック（場所に固有）であるとはただ単に、空間としての場所と結びついていることのみを表すのではない。住宅地や公園そして自然環境を含む空間に作品が設置されることで、住民、行政、土地所有者、鑑賞者など多様なアクターとの関係性が構築されることとなる。また、作品制作においては伝統的文化資源や産業技術、自然環境といった地域固有の資源が活用されることとなる（勝村二〇〇八）。本書では、サイト・スペシフィック（場所に固有）であることをこういった特性を含めた概念としてとらえていきたい。

アートプロジェクトにおける芸術家と行政の動向について勝村は次のような指摘を行っている。美術館を飛び出し、その場所でしか成立しえない作品制作をめざす美術家の動向と、地域づくりのソフト事業として文化芸術を取り入れようとする行政サイドの動向が利益を共有する事業として統合したのが、アートプロジェクトである（勝村二〇〇八）。

ここまで見てきたとおり、作家が社会との関わりを求め美術館を飛び出すオフ・ミュージアムの傾向と、地域社会における固有の文化を生かしたまちづくり・地域づくりへの関心の高まり、さらに地方行政における文化支出の重点がハードからソフトへ移っていく傾向のすべてが交錯する形で、主に一九九〇年代以降、場所に固有なアートプロジェクトを通じた地域づくりが模索されるようになる。*13

日本におけるアートプロジェクトは、主に国際展・美術展という形をとって全国各地に広がっていった。ここで言う国際展とは、数年に一度の周期で国内外から多数の作家を招き、公園をはじめとする仮設会場などを舞台に開かれる現代美術の展覧会をさす。国際展の発祥地はヨーロッパであり、その中でも、イタリアのヴェネツィア・ビエンナーレやアメリカのカーネギー・インターナショナルは古い伝統を持つ。中でもヴェネツィア・ビエンナーレは一八九五年以降、戦争などを原因として数回の中断を挟みながらも、現在にいたるまで開催が継続されている世界最古の国際展である。日本を含め世界各地の多くの国際展で開催周期がビエンナーレ（二年に一度）、トリエンナーレ（三年に一度）

とイタリア式で呼称されるのも、このような伝統に由来している。ヨーロッパでは、ヴェネツィア・ビエンナーレの他にも、一九五五年以降、ドイツのカッセルで五年に一度開かれるドクメンタ、一九七七年以降、一〇年に一度というゆったりしたペースで開催されるミュンスター彫刻プロジェクト（このプロジェクトにおいては、野外彫刻による地域振興やツーリズムが意図されている）など、多くの取り組みが並立して開催されている。その後、一九九〇年代以降アジアでも多くの展覧会が開催されるようになり、二一世紀に入ると日本もその流れへと本格的に参入を果たすこととなる（暮沢二〇〇八c・二〇〇八d、村田二〇〇二a、山盛二〇〇六）。

日本では、一九八〇年代に地域を舞台とする定期開催の国際展・美術展（芸術祭）の萌芽が見られる。その後、一九九〇年代末からその数は徐々に増加し、二〇一〇年代に入ると全国津々浦々でこの種の美術展が開かれるようになる。次章では、一九八〇年代以降、日本の周縁地域において、主にビエンナーレ、トリエンナーレ、芸術祭などと呼称されるアートプロジェクトがどのように展開していったのかを確認していきたい。

注

＊1　本章の美術に関連する用語については適宜、山盛（二〇〇六）を参照した。

＊2　一・一の以下の議論は暮沢（二〇〇二a）、暮沢編（二〇〇二）、川田（一九九八）による。

＊3　本書は社会の中でも特に地域社会とアートとの関わりに注目している。そのため以下では主に地域社会とアートの接点を見ていく。一方で、社会とアートとの関わりはより多様な場面で見られるようになっていることも忘れてはならない。例えば、福祉の現場では、エイブルアートと呼ばれる動きがある（吉澤二〇〇七）。一九九〇年代に提唱された比較的新しい活動であり、障害者の芸術活動全般をさす呼称である。一九九〇年代末以降、全国各地で相次いでエイブルアートの企画展が開催されており、活動の裾野は大きく広がりつつある。障害者の芸術活動、芸術作品の価値を再認識することを出発点に、障害者の創作・鑑賞環境を確立していくことを通じてアートと社会の新しい関係性を構築し、ひいては市民全般にわたる芸術活動とノーマライゼーションを実現していくムーブメントが、エイブルアートであると規定されている（西尾二〇〇二）。その他にも、医療、教育などさまざまな社会的領域にアートが関わるようになっていることが指摘されている（吉澤二〇一一）。

＊4　このような傾向の背景には、学生運動の興隆など当時の時勢との密接な一致が指摘されている（暮沢二〇〇二a：一二一）。

＊5　パフォーマンスとは、アーティストによって行われる身体表現の総称である。ダンスやバレエといった従来の身体芸術と異なる点としては、行為者自身がアーティストであること、往々にして作家と観客という図式が超えられてしまうことが挙げられる。空間の性質上、主に発表の場はオルタナティブ・スペースに求められる。一九六〇年代のハプニングを経由して、この種の取り組みがパフォーマンスとして括られるようになった（暮沢 二〇一七）。

＊6　オフ・ミュージアムという潮流に対し、美術館の側もただ手をこまねいてばかりいたのではない。無機的で無個性、無限定な近代美術館の空間とは対照的な、サイト・スペシフィックな空間を持つ美術館のあり方が模索されている。近年、ある特定の作品を恒久設置するために、場所の特性を踏まえて、その作品のための美術館をつくるといった試みがなされている（暮沢二〇〇二a・二〇〇八b、暮沢編 二〇〇二）。二〇一〇年に開館した、香川県豊島の豊島美術館などはその一例と言えるだろう。

＊7　本書では、松尾に従い「彫刻のあるまちづくり」を「自治体が、街づくりを自覚的に意識し、何らかの形で彫刻や立体造形を収集し、主として屋外または野外空間に計画的に設置、公開する事業」と定義する（松尾 二〇一五）。

＊8　宇部市と神戸市の取り組みの展開過程については松尾（二〇一五）、ときわミュージアム（二〇一七）宇部市（二〇一五）、柳澤（二〇一七）による。

＊9　ファーレ立川についての記述は北川（二〇〇五）による。

＊10　日本の地域開発政策の変遷および発展の軸の転換、地域発展をめざす新たな取り組みについては、諸富（二〇一〇）による。

＊11　藤・熊倉・RM（二〇一四）における熊倉の発言より。

＊12　二・二で記述のとおり、パブリックアートにおいてもまちとアートを関係づける際に空間的な文脈が重視されている。しかしパブリックアートにおいては、文化的、歴史的文脈よりも（それらを含まない）空間的な文脈が重視されたことが指摘されている（加治屋 二〇一六）。この点において、歴史的、社会的文脈を含めた場所に注目するアートプロジェクトとパブリックアートは異なる。

＊13　彫刻のあるまちづくりから、アートプロジェクトへと取り組みが変化していった地域としては神戸市が挙げられる。二・一で指摘のとおり、神戸市では「ミュージアムシティ神戸」の構想により彫刻のあるまちづくりが進められてきたが、一九九八年には神戸須磨離宮野外彫刻展を一五回展で終了している。その後、「文化創生都市宣言」を謳い二〇〇七年以降神戸港近辺を中心に神戸ビエンナーレを実施するようになった（松尾 二〇一五）。二〇〇〇年代以降の神戸市の取り組みの変化については第二章で詳述する。

第二章　アートプロジェクトに投げかけられる疑問
――プロジェクトの隆盛が生んだ光と影

第二章では一九八〇年代以降のアートプロジェクトの展開を概観し、いかなる過程を経て現在のようなプロジェクトの隆盛にいたったのかを検討していきたい。

まず、一九八〇年代から一九九〇年代にかけて日本の周縁部で展開したアートプロジェクトを概観し、それらがどのように後続のプロジェクトにつながっていったのかを見ていく（第一節）。続いて、一九八〇年代以降企業によって行われた文化・芸術支援活動の展開を簡単に確認する。その上で、CSR活動の一環として企業が地域におけるアートプロジェクトを牽引する香川県直島の事例を見ていくこととしたい（第二節）。さらに、一九九〇年代後半に入ると行政が主導するアートプロジェクトが各地で実施されるようになる。周縁部、都市部の双方で実施されるアートプロジェクトの展開過程を確認し、その特徴を検討していく（第三節）。

先行事例の成功を受けて、二〇一〇年代に入ると日本の津々浦々でアートプロジェクトが展開されるようになった。一方で近年、アートプロジェクトの隆盛に伴い地域社会、アートを作りだす側の双方から、プロジェクトに関わることによって生じる問題点やリスクが提起されるようになっている。そこで、本章では双方がそれぞれ指摘するメリットとデメリット（光の部分と影の部分）をまとめ、プロジェクトの隆盛が各アクターにどのような懸念を抱かせているのかを確認しておきたい。その上で、本書が明らかにしようとする課題とは何かを述べていく（第四節）。

第一節　周縁部でのアートプロジェクトの幕あけ

一・一　牛窓国際芸術祭

一九八〇年代に入ると、日本国内で地域を舞台とする定期開催の芸術祭が行われるようになる。ここではまず、この種の取り組みの嚆矢である牛窓国際芸術祭の事例を検討していきたい。牛窓国際芸術祭は岡山県旧牛窓町（現瀬戸内市）において、一九八四年から一九九二年まで九年間にわたって行われたアートプロジェクトである。地方都市における、現代美術を核とした国際芸術祭としては初の試みとされており、毎年開催される牛窓国際芸術祭に加え、催しの枠を広げるために隔年で牛窓国際ビエンナーレが開催されることとなった。そこでは現代美術を核とした総合的な国際芸術祭が目的とされ、牛窓町ならではの意義を各回のシンポジウムの中で明確にしていくこと、牛窓が元来保有する文化を広く知らしめた上で内外の発展に寄与することが謳われる（ＪＡＰＡＮ牛窓国際芸術祭実行委員会一九八四、ＪＡＰＡＮ牛窓国際芸術祭事務局 一九八五）。

牛窓国際芸術祭の主会場はスポンサーの所有する広大なオリーブ園であったが、作品は園内にとどまらず町内のさまざまな場所にも作られた[*1]。例えば、一九九一年の第八回芸術祭においては、川俣正がバラック状の仮の構築物を町内各所に仮設している。木材は町役場の解体時に出たものなどが使用され、作品は展示終了後すべて撤去してもとに戻された（ＪＡＰＡＮ牛窓国際芸術祭事務局 一九九二、岡林 一九九三）。また、第四回、第六回、第八回の芸術祭においては牛窓の子どもたちが受け継ぐ唐子踊り――朝鮮通信使がもたらしたものとして文化財になっている踊りである――が披露されると同時に、町の路地奥に現存する井戸を巡る井戸巡りも実施されている（ＪＡＰＡＮ牛窓国際芸術祭事務局 一九八八・一九九〇・一九九二）。これらの取り組みから地域と関わるアート作品の設置が志向され、また朝鮮通信使の寄港地であった（JAPAN牛窓国際芸術祭事務局 一九八八）歴史など牛窓が持つ文化の表出がめざされていたことが分かる。[*2]牛窓国際芸術祭のめざす方向性は現在全国各地で展開するアートプロジェクトの目標と重なる部分が多く、そういった意味でもこの種の取り組みの先駆けと言えるだろう。

また、初回開催時に作成された冊子には、第一章でも取り上げたカッセルのドクメンタ、ベネチアビエンナーレなどが比較例として挙げられており、海外の国際芸術祭を意識した取り組みであったことが分かる（JAPAN牛窓国際芸術祭実行委員会 一九八四）。

牛窓国際芸術祭は、牛窓町でオリーブ栽培を行う日本オリーブ株式会社の経営者服部恒雄の発案によって始められた取り組みである。服部は、古来朝鮮通信使の窓口として栄えた牛窓に現代の文化を蘇生させたいと考えており、東京で画廊を経営していた岡崎珠子をプロデューサーに迎えて芸術祭の構想を練り上げた。芸術祭のスポンサーは服部および日本オリーブ株式会社、日本オリーブ園株式会社であり、町および町民の協力は得つつも[*3]服部および彼が経営する企業という民間主導の催しであった点がこの芸術祭の特徴の一つである（JAPAN牛窓国際芸術祭事務局 一九八五）。この点は、本書が主要な事例として取り上げる直島において、民間企業が取り組みに大きな影響力を持つ点と重なる部分が大きい。

牛窓国際芸術祭のスポンサーを務めた服部は、同時期に自社がオーナーを務めるビルをアートスペースとして無償提供する試みも行っている。服部が代表を務める服部物産株式会社は岡山市役所東隣にテナントビルを所有していたが、市役所庁舎拡張のため、岡山市がビルを買収することになり一九九五年末をめどに更地にして岡山市に引き渡す予定となっていた。テナントが出払ったビルの空きスペースを芸術活動と交流の拠点として活動したいという人びとの提案を服部が受託し、一九九三年一二月から一九九五年三月まで「自由工場」と名付けられたアートスペースにおいてさまざまなイベント、アートフォーラムが実践された（井上編 一九九七）。この自由工場についてメンバーの一人は次のように述べている。「（自由工場には：筆者注）画廊やアトリエにはない人、時間、空間との関わりがある。

格別美術に関心のない一般の人たちも訪れる場でもあり、自分の知らなかった世界が知れる場である」[*4]。ここから、自由工場の取り組みは第一章で述べたオフ・ミュージアムの流れと連動していることが読み取れるだろう。

直島の取り組みにおいて重要な役割を果たした秋元雄史（直島コンテンポラリーアートミュージアム学芸員：当時）もこの「自由工場」に設立準備時点から参加しており、「アートと社会の接点を探る――芸術の運用について」と題したフォーラムを実施するなど、積極的な関わりがあったことが分かる[*5]。自由工場メンバーが秋元に招かれて直島ベネッセハウスでアーティストトークを行った記録も残っており（井上編 一九九七）、そういった点においても、直島の取り組みとのつながりが見てとれる。

一・二　鶴来現代美術祭――地域づくりと関わるアート

牛窓国際芸術祭の開催と同時期に、石川県鶴来町（現・白山市）でもアートを通じた地域づくりをめざす取り組みが開始された。ここでは一九九一年から一九九九年にかけて鶴来町で開催された七回の美術祭[*6]の展開過程を確認していきたい[*7]。

鶴来現代美術祭において主要な役割を担ったのは、鶴来商工会青年部であった。美術祭開催前の一九八七年に、商工会青年部は町に残る文化を見直し再評価する「鶴来いきいきプロジェクト」を開始している。まず最初に行われたのは、町内に残る歴史的・文化的財産を再評価する資源保有調査である。その後、調査の結果を生かし、改めてその価値が認識された町内のさまざまな歴史的・文化的施設を活用した催し（コンサート等）が行われていく。こうした過程の延長線上に、美術祭があった。

最初の現代美術祭である「ヤン・フートIN鶴来」は一九九一年に開催された。ヤン・フートは翌一九九二年開催のドクメンタ9のキュレーターとして知られる人物であり、ベルギー・ゲント市の現代美術館長であった。ヤン・フートのキュレーションによって行われたこの展覧会では、彼があらかじめ東京で選出した三四人の若手作家の作品が鶴来の町並みや家屋といった日常的な空間に展示された。音楽から現代美術へと取り組み内容が転換した背景には、美術作品を街空間全体に一定期間展示することで鶴来という土地が持つ魅力を引き出し、多くの町民にその意図を再認識してほしいという意図があった。青年部が街空間の特性を最大に生かす方法を求めていた当時は、アートの側が開かれた展示空間を求め始めた時期でもあったのである。この両者の出会いにより、現代美術と鶴来の密接な関わりが始まった。

一九九四年に開催された「ヤン・フートＩＮ鶴来 ＰＡＲＴ２」では、町の地場産業を生かして海外からの招聘作家とともに共同で作品制作が行われた。作家たちは鶴来に滞在し、生活を共にし、感じたことを反映させながら現地制作にあたった。現地では商工会青年部員を中心にしたボランティアスタッフがアシスタントになり、作家と協力しあって作業をすすめた。この二回目の美術展で青年部とそれをバックアップする役場による運営体制が整い、三回目以降の美術祭につながっていくこととなる。

一九九五年以降、美術祭は「アートフェスティバルＩＮ鶴来」と名を変え、新たにアート・ストリートと呼ばれる取り組みが実施されるようになる。これは、鶴来の街道沿いにある古い家屋や蔵に作品を展示し、通りを散策しながら鑑賞するというものである。作品展示場所に許可をとる作業は、青年部員によって行われたが、先に述べた町の資源保有調査をはじめ青年部が自分たちの町を生かすために行ってきた活動経験によってこの作業はスムーズに成し遂げられたという。このアート・ストリートは一九九八年まで継続された。しかし、この企画は誰でも参加できる公募展であったため次第に作品の質の維持に苦労するようになり、一九九九年には五人の作家を選ぶ指名制となった。この年を最後に、マンネリ化などを理由として芸術祭は終了を迎える。

鶴来現代美術祭実行委員会においては、先人が築いた文化を基盤に、新しい文化を育て、地域の活性化に連なることが願われてきた。町内では会期中、アートが本来の作品としての機能の他に人と人、人と場所をつなぐ媒体としての役割を果たしていたという。作家が新たな作品のインスピレーションを得たり、町民がまちの隠された魅力に気づくなど、現代美術祭は鶴来というまちが創造の場として開かれた期間でもあったことが指摘されている（鶴来現代美術祭実行委員会 一九九七）。

アートを通じて地域の魅力を再発見し、そこにある資源を生かしてまちづくりを実践していこうとする姿勢は、現在各地で展開するアートプロジェクトが持つ志向性の先駆けと言えるだろう。こういった点から、鶴来現代美術祭は近年再評価が進んでいる。二〇一六年には金沢二一世紀美術館で、二〇一七年には名古屋市の港まちポットラックビルで「鶴来現代美術祭アーカイブ展」が開催され、資料や当時の関係者へのインタビュー映像が展示されるとともに関係者を交えたトークイベント等が開催され、展覧会を通して地域とアートの関わり方が再考されている。*8

一・三　灰塚アースワークプロジェクト——開発問題と関わるアート

その後一九九〇年代に入ると、ダムや炭坑など地域の開発問題に関わるアートプロジェクトが登場し始める。一九九四年から二〇〇三年にかけて、ダム建設に伴う水没地域で実施された灰塚アースワークプロジェクトはそれらのプロジェクトの先駆けと言えるだろう。ここでは灰塚アースワークプロジェクトの展開過程を概観し、開発問題にアートが関わることの意味を考えていきたい。

広島県灰塚地域にダム問題がもちあがったのは、建設省（当時）が予備調査を始めた一九六五年のことである。洪水防止と利水を中心目的とする灰塚ダムの建設に対し、翌六六年には灰塚ダム建設反対期成同盟会が結成され、二〇年近い反対運動が繰り広げられた。しかし一九七二年の梅雨前線豪雨による下流域での大洪水の発生などを経て一九八四年には住人の三分の二の賛成を得て実施調査が受け入れられる。翌八五年に灰塚ダム建設反対期成同盟は灰塚ダム建設対策同盟会と名を改め、運動は大きな転換点を迎える。ここから、反対闘争のエネルギーが今度は水没地域の住人の生活保証や再建地づくり、環境整備などに向けられるようになった（衛門 一九九七、村田 二〇〇一a、杉本 二〇一七）。

水没地域は四一〇ヘクタール、約三三〇戸が移動しなければならない大事業であり、三良坂町、吉舎町、総領町の三町にまたがっていたため周辺環境整備の足並みはなかなか揃わなかった。ダム建設後の地域づくりについては、コンサルタント会社がさまざまな提案を持ってきたが、ダムで人を呼ぶ観光提案が中心であり町の存在意義をどこに求めたらいいのかという点は真剣に検討されていなかったという。そんな中、あるコンサルタント会社からアースワークの提案がなされ、一九九四年に灰塚アースワークプロジェクトが発足する（橋本 一九九七、村田 二〇〇一a）。

第一章でも取り上げたとおり、アースワークとは大地を造形化するスケールの大きな作品であるが、灰塚では単にダム周辺にアースワーク作品をつくるという方法はとられなかった。むしろアースワークの原義である「土木工事」にのっとり、道路・橋・護岸など周辺環境の整備にあたってアートの視点を取り入れていくことがめざされたのである。プロジェクトに対しては、ダム周辺の生態・景観への影響を最小限にとどめるチェック機能が期待されており、無機的な法面や護岸を環境になじませる工夫が行われた。元プロジェクト事務局員である山吹は、このような巨大公共事業への対応が地域に対する「鍼」治療だとすれば、同時に行われたソフト事業は「灸」治療だと述べている。プロジェクトにおいては、ソフト事業として国内外のアーティスト・建築家が招聘されて地域コミュニティに関わったり、街中を美術館とする試みである「アートスフィア灰塚」が実践された。こういったハード・ソフト両面の取り組みを通じて地域の有機的な景観の形成とそこに暮らす人びとが誇りを持って次世代へ引き継ぐことができる環境文化圏づくりがめざされたのである[*9]（磯 二〇〇〇、村田 二〇〇一a、山吹 二〇一五）。

また、灰塚アースワークプロジェクトをきっかけとして、アーティストが独自にプランを実行した例もある。一九九四年に灰塚アースワークプロジェクトのワークショップに参加したグループ「PHスタジオ」は、灰塚周辺地域の歴史や自然を調査した上で「船をつくる話」というプランにたどりついた。これはダム工事で伐採される木を使って大きな船を制作し、湛水実験で浮上させて山の上に残すというものであった。これは、水没地域の住人が再建地に引っ越したように伐採される森も船になって山の上に引っ越してもらおうという発想から出てきたプランである。PHスタジオは一九九八年から独自にプランを実行するが、その年はまず住人へのプレゼンテーションの意味で船の模型やドローイングによる展覧会とシンポジウムを開催した。PHスタジオのメンバーは家を一軒ずつ訪ねてチラシを手渡し、自分たちのプランを説明していった。その後、船の制作で長期滞在をする際には三良坂町の空き家を借り、事務所兼宿泊所とするなど地域社会に溶け込む姿勢でプランを進めていく（村田 二〇〇一a）。そこではつくる過程そのものが「お話」ととらえられ、ビラまきや作業小屋もアートとなる。プランの実施にあたっては地元の人びとが作品に参加できることが大切と考えられており、対話を通してねばり強く計画を進めていくことがめざされた。PHスタジオのメンバーは「ダム建設は近代化を推進した半面、環境破壊を引き起こす普遍的な問題であり、アートでそれを考えることも必要」と指摘している。[*10] 二〇〇六年に完成したこのプランは「船、山にのぼる」と題したドキュメンタリー映画となり、二〇〇七年以降各地で公開された。

灰塚において試みられたアートを通じて開発問題を考える取り組みは、その後全国各地に広がっていくこととなる。灰塚と同じダム建設による水没地域を対象とした取り組みとしては、京都府日吉ダムのダム湖である天若湖を舞台とした天若湖アートプロジェクトがある。

日吉ダムは、桂川流域の治水と京阪神地域での水需要の増大を受けて、一九九八年に完成した比較的新しいダムである。二〇〇四年に、湖面利用のルールが定められ、新しい公共空間である湖面が幅広く市民に開放されることとなった。しかし、天若湖は地域の歴史文化に根ざした人との関わりを持っておらず、バス釣りに代表される釣り客のボート以外に、湖面を利用する人は少なかった。そこで天若湖アートプロジェクトは、風景とアートの力によって、水没地域、地元そして流域のそれぞれの人びとが、ともにこの場所に触れ、地域固有の魅力や課題を感じ、それについて考える機会をつくりだすことをめざして活動を行っている（天若湖アートプロジェクト 二〇一一）。

かつてこの地には、桂川とともに生きた集落があった。プロジェクトにおいては、地域住民の思いとダムの意味を、川とのつきあい方や考え方も異なる流域のさまざまな人びとが知り、共有しながら、この場所に触れていくことがめざされる。プロジェクトを通じて上流・下流の人びとの間をつなぐにあたっては、言葉を使うことだけでは不十分であることが指摘された。その環境を生きてきた人びとの実感と、それを消費してきた人びとの一般論とは、それらが言葉にされる時、すれ違ってしまうことが多いことが危惧されたのである。この点は、社会学分野の研究においても受苦圏である上流と受益圏である下流との分断という形でしばしば指摘されてきた。そこで、そのすれ違いを超えるものとして、天若湖ではアートプロジェクトが実践されることとなる（天若湖アートプロジェクト 二〇一一）。

プロジェクトではダムに水没した天若地区の五つの集落（宮村、世木林、沢田、楽河、上世木）の家々のあかりが湖面に再現され、ダムの是非論を超えて、下流域の暮らしのために上流の暮らしが犠牲になった事実がアートを通じて伝えられた。現場では、水没地の昔話を語り出す高齢者と下流の都市部から訪れた若者が交流する場面も見られるという（天若湖アートプロジェクト実行委員会 二〇一七）。

天若湖アートプロジェクトの中で、アートは地域の問題を解決するものではないが、生きた時代、属している集団や共同体を超えて問いかけを行うもの、そして社会に現れたり潜在したりしている、多様な課題に気づきを与えるものととらえられている（天若湖アートプロジェクト 二〇一一）。この発想は、アートを通じてダム建設の抱える普遍的な課題を考える必要性を指摘しているという点で灰塚ダムにおけるＰＨスタジオの関心を引き継いでいると言えるだろう。

ここまで見てきたダム建設以外にも、炭坑や鉱山という地域の開発問題に関わるアートプロジェクトが一九九〇年代以降全国各地で実施されてきた。筑豊炭田の中心として栄えた福岡県田川市で一九九六年から一〇年間実施されたコールマイン田川を端緒に、近年では北海道の産炭地域であった空知におけるそらち炭鉱の記憶アートプロジェクト、兵庫県の生野鉱山における生野ルートジャルダン芸術祭など日本の近代化を担った各地の開発をアートプロジェクトを通じて考える取り組みが増加している。

第二節　CSR・メセナ活動としての企業の関わり

二・一　企業による文化・芸術支援

前述の牛窓国際芸術祭の事例から、一九八〇年代には企業による文化・芸術支援活動の萌芽が見られたことが分かる。ここでは、一九八〇年代以降の日本国内における企業の文化・芸術支援活動の動向をごく簡単に確認しておきたい。企業と文化・芸術との関わりは、一九八〇年前後に端を発する。[*11] 一九六〇年後半以降の公害運動、消費者運動の盛り上がりによって、企業の社会的責任の議論が盛り上がりを見せたことを背景にして、企業は営利活動を行うだけではなく、芸術文化を支援する役割を期待されるようになる。これを受けて、一九八〇年頃からいわゆる「冠イベント」が全国各地で盛んに実施されることとなる。具体的にはミュージカルやオーケストラ、オペラ、バレエなどの鑑賞型文化イベントが行われたが、芸術文化そのものの内容や創造に対する関心は低く、観客動員数や話題性にのみ関心が集中するという状況が続いた。その後、一九九〇年に企業メセナ協議会が正式に発足したことを契機にして、広告の一環としてではなく、文化に貢献するための方策としてメセナ活動が少しずつ活発化していく。メセナは、即効的な販売促進・広告宣伝効果を求めるのではなく、社会貢献の一環として行う芸術文化支援をさす。[*12] 企業メセナ協議会の発足と時を同じくして、資生堂・アサヒビールなど複数の企業で企業文化部の設立が続き、単なる広告宣伝効果の希求ではなく、本格的な芸術文化支援のあり方が模索されるようになる（伊藤 一九九一、河島 一九九三）。近年盛んに行われている美術展や各種アートプロジェクトへの協賛、助成はこの流れに位置づけることができるだろう。

そして、協賛や助成といった支援の枠を超え、さらに一歩踏み込む形で行われている芸術文化支援活動として、本書で議論の対象とする直島の取り組みが挙げられる。直島では、一九九〇年代初頭より継続してアートプロジェクトが実施されており、サイト・スペシフィックな現代アートの制作・設置を通じた地域づくりの取り組みが行われている。その中で、ＣＳＲ（企業の社会的責任）活動の一環として、ベネッセホールディングスが主要なアクターの一つとして参画しており、行政、住民などの他のアクターと協働しながら現代アートを媒介とした地域づくりを行っている。ここでは、直島で実施されるプロジェクトにおいて、ベネッセがＣＳＲ活動としての自らの関わりをどのように定義しているのかについて確認しておこう。[*13]

二・二　直島におけるアートプロジェクトの展開

一九九〇年代初頭に周縁地域——瀬戸内海の島嶼部——におけるアートプロジェクトとして始まったのが、直島における一連の文化事業である。直島の文化事業の特徴は、ベネッセという一企業の活動をその端緒とする点にある。直島の文化事業は、一九八〇年代半ばに、町南部の自然景観を活用し、観光を町の産業の柱に育てようと考えていた直島町と、初代社長が「子供たちのための夢のある島を創りたい」（福武 一九九八：一六）と考えていたベネッセとの出会いから出発した。一九八六年に急逝した初代社長の遺志を継ぐ形で、二代目社長を中心に、島南部を中心とした開発が実施されていくこととなる。一九八八年には、「直島文化村構想」と呼ばれる開発構想が立ち上げられた。この構想は、芸術文化を基軸に、子ども・高齢者・芸術家・企業家といった多様な立場の人びとの出会いによって芽生える、人びとの創造性を育てる場所の創出を目標とするものであった（直島町史編纂委員会編 一九九〇）。以後、細部を修正しつつも基本的にはこの構想に沿って、「人間・自然・アート・建物の対話と融合」をテーマとする現代アートを核とした文化事業が展開されていくこととなる。

先に述べた直島文化村構想によって最初につくられたのは、美術館とホテルの複合施設であるベネッセハウスだった。一九九二年に開館したベネッセハウスには、現代アートの作品群が展示されたが、美術館内の作品は直島とは特につながりを持たない現代アート作品であった。直島において、場所の固有性が意識されるようになった契機は、一九九四年に開催された「Out of Bounds」という企画展にある。この企画展では、アーティストたちが実際に島を訪れ、直島という場所に固有な作品を制作した。また作品が美術館を飛び出して野外に設置されたことで、直島の自然との関わりを意識して制作がなされた。この企画展を契機に「場所との関係から作品をつくる、そして制作のプロセスを重視する」というスタイル（秋元ほか編 二〇〇〇）がとられるようになる。

その後、ベネッセが一九九七年に角屋と呼ばれる古民家を購入したことを契機に、直島における歴史や地域の人びとの生活を生かした作品がつくられるようになる。地域の人びとが生活する場を舞台とした「家プロジェクト」と呼ばれるプロジェクトが実施されていく中で、古民家だけでなく寺院・神社といった地域住民の暮らしと深く関わりを持つ場所を生かした作品がつくられていった。そして、家プロジェクトのコンセプトである、地域の歴史や生活への注目は、その後の企画展の開催においても生かされていく。二〇〇一年に開催された展覧会「スタンダード展」においては島全体が会場となり、建物だけにとどまらず集落の路地にも作品が展示された。

前述のとおり、九〇年代半ば以降、直島という場所の固有性にこだわったプロジェクトが展開されるようになり、それに伴って、行政、住民の関わりも大きく変容していった。行政の立場からは、家々への屋号の掲示など独自の企画が実施されるようになった。また、住民たちの間で、ボランティアガイドの会が結成され、一連の取り組みの中で独自の役割を担っていくようになる。

ベネッセという一企業の活動としてはじまった文化事業が、その展開過程においてサイト・スペシフィックな作品の制作へと重心を移したことで、行政、住民などの他のアクターとの相互作用のあり方は大きく変容していった。現在では、「直島の人びとによってアート作品は生かされている」（秋元 二〇〇五ａ）と言われるほど、住民の役割が重みを増していることを指摘しておきたい。直島という場所に固有な現代アート作品を観るために、現在では年間数十万人の人びとが、瀬戸内海の離島である直島を訪れるようになっており、周縁地域における現代アートを媒介とした地域づくりの先駆例として大きな注目を集めている。直島での取り組みを出発点に二〇一〇年からは瀬戸内国際芸術祭が開催されるようになり、瀬戸内の島嶼部においてアートプロジェクトが広がりを見せている。第Ⅱ部では、この直島におけるアートプロジェクトを対象に、現代アートを媒介とした地域づくりに関する具体的な検討を行っていく。

第三節　行政主導によるアートプロジェクトの開始

三・一　越後妻有アートトリエンナーレ*14

直島の事例では、企業がプロジェクトの主要なアクターとして機能していた。一方、一九九〇年代後半に入ると行政が主導するアートプロジェクトが各地で開始されるようになる。ここでは、行政主導型のアートプロジェクトの端緒を開いた越後妻有アートトリエンナーレについて見ていきたい。

越後妻有アートトリエンナーレは、新潟県十日町市・津南町において二〇〇〇年から三年に一度のペースで開催されている国際芸術祭である。十日町市・津南町は新潟県南部に位置し、総面積七六二・二八平方キロメートルの広大な農村地帯であり、二〇〇五年の合併以前には十日町市・中里村、川西町、松代町、松之山町、津南町の一市四町一村の六自治体から成る地域であった。

「この平成の大合併を見据えて」（北川 二〇一〇）一九九六年に新潟県が策定したニューにいがた里創プランが越後妻有アートトリエンナーレ開催の契機となった。ニューにいがた里創プランは県内一一二市町村を一四の広域圏にまとめ、一〇年間広域圏でソフト事業を実施し、地域振興を図るという政策である。上記の六自治体は「十日町地域広域市町村圏」としてまとめられ、ニューにいがた里創プランの一つとして越後妻有アートネックレス整備構想を進めていくこととなる。

一九九六年にまず「妻有郷アートネックレス整備構想」として基本理念・施策概要等がとりまとめられた。この事業は、一九九八年に「越後妻有アートネックレス整備構想」と名称を変え、①写真と言葉によるコンテスト「越後妻有八万人のステキ発見」、②ステージを中心に沿道を花で飾る「花の道」、③地域活性化拠点としてのステージ施設整備、④三年に一度の大地の芸術祭「越後妻有アートトリエンナーレ」の四つのプロジェクトが実施された。

この越後妻有アートトリエンナーレの総合ディレクターを務めたのが、第一章で取り上げたファーレ立川のアートディレクターでもある北川フラムである。ファーレ立川での実績に加え、新潟県出身であったことが、選出の決め手となった（暮沢 二〇〇八d）。都市におけるパブリックアートを手掛けた北川が、今度は大きく条件の異なる中山間地域でプロジェクトを実践していくこととなる。

越後妻有は上越新幹線の沿線からも遠く、リゾート開発からは取り残された過疎地域であったが、北川はそれを逆手に取り、未開発な里山の豊かな自然と伝統的な暮らし・文化を前面に押し出した地域再生のオルタナティブを「越後妻有アートトリエンナーレ」という形で提案していく（暮沢 二〇〇八d）。

二〇〇〇年夏に第一回の「越後妻有アートトリエンナーレ」が開催された。第一回展は、従来は都市空間で設置されていたであろう野外作品を越後妻有へと移設してきたようなタイプの野外作品が多く、一回目の開催ということもあり、作品の設置場所も限られていた。それが二〇〇三年の第二回展では、雪囲いの板や雪かき用の空き地など、身近な場所が作品となる傾向が出てくる。そして二〇〇六年に開催された第三回展では、越後妻有地域特有の問題と結びついたテーマが前面に押し出されるようになる。越後妻有地域では、先述のとおりこれまで過疎が大きな問題となってきた。これに加えて二〇〇四年の新潟県中越地震によって多数の住宅が全半壊したことで、人が住めない状態のまま放置された空家が激増し、何らかの対応が喫緊の課題となっていた。このような状況の中で、第三回展では、空家の再生プロセスそのものを作品化する「空家プロジェクト」が実施されることとなる。また、過疎と密接に関わる形で問題になってきたのが、小中学校の廃校であった。第三回展では、廃校を舞台とした作品も数多くつくられた。廃校となった校舎全体を舞台として、かつての学校の記憶を保存する大がかりなインスタレーション作品「最後の教室」などがその代表例と言える（暮沢 二〇〇八b・二〇〇八d）。

二〇〇〇年の第一回越後妻有アートトリエンナーレは約一六万三千人の来訪者を集めた。その後、来訪者数は二〇〇三年の第二回開催時には約二〇万五千人、二〇〇六年の第三回開催時には約三四万九千人と増加していった。「ニューにいがた里創プラン」は一〇年という期間を限定とした施策であり、事業開始から一〇年が経過した第三回の開催をもって新潟県からの財政支援は終了したが、地元自治体からの支出と企業・個人からの寄付金・協賛金により事業は継続され、二〇〇九年の第四回開催時には約三七万五千人、二〇一二年の第五回開催時には約四八万九千人、二〇一五年の第六回開催時には約五一万一千人が越後妻有を来訪している。

第四回以降、二〇〇八年三月に設立されたＮＰＯ法人越後妻有里山協働機構*15と大地の芸術祭実行委員会との共催形式での開催となり、里山共同機構が作品制作、イベント運営において大きな役割を果たすようになっている。また里山共同機構は通年で作品、施設の管理・運営も行っている。ＮＰＯとの協働を通じ、持続可能な形で通年の事業としてプロジェクトを実施していく方向が模索されていると言えるだろう。

第Ⅲ部第九章では、越後妻有アートトリエンナーレの作品を事例として取り上げ、「地域づくりという視点からみた時に、アートだからこそ可能なことは何か」を検討していく。

三・二　都市部におけるアートプロジェクトの展開

ここまで主に周縁地域におけるアートプロジェクトの展開を確認してきたが、都市部でアートプロジェクトが行われなかったのかと言えば決してそうではない。むしろ、二〇〇〇年代後半までの美術展の多くは、集客の必要性から都市部がその舞台となってきたことが指摘されている（暮沢 二〇〇八d）。都市部でも周縁部と同様にアートプロジェクトが活発に実践されており、近年ますます拡大傾向にある。本項では行政が大きな影響力を持ち、継続して実施されているものを中心に都市部のプロジェクトについても簡単に確認しておきたい。[*16]

都市部のプロジェクトの嚆矢と言えるのが一九九九年に福岡県福岡市で開始された福岡アジア美術トリエンナーレである。第一回は、福岡アジア美術館の開館記念展として行われ、福岡アジア美術館に加えその周辺地域に会場を拡大して開催された（第一回福岡トリエンナーレ実行委員会 二〇一七）。このトリエンナーレは、福岡アジア美術館の継続的な調査研究や交流事業の成果と蓄積を生かして、毎回異なるテーマでアジア二一カ国・地域の美術の新傾向を紹介する展覧会として開催されており、「福岡初・福岡発」の独自の国際展として福岡市・九州のみならず、東京等国内や国外からの集客がめざされている（第五回福岡アジア美術トリエンナーレ実行委員会 二〇一七）。美術館が主体となって実施されているのが、このトリエンナーレの特徴である（毛利 二〇〇八）。

続いて二〇〇一年には神奈川県横浜市で横浜トリエンナーレが始まった。横浜トリエンナーレは、横浜市が二〇〇四年に採用した文化都市政策「クリエイティブシティ・ヨコハマ」の目玉事業としてこれまでに六回の展覧会が開催されている。横浜市の制作の背景には創造都市の考え方があり、文化政策が個別政策課題からまちづくりの中心テーマへと格上げされている点が特徴として挙げられる（野田 二〇〇七）。

ここで出てきた創造都市という言葉の定義について簡単に確認しておきたい。創造都市とは、「文化と産業における創造性に富み、同時に脱大量生産の革新的で柔軟な都市経済システムを備え、グローバルな環境問題やあるいはローカルな地域社会の課題に対して創造的問題解決を行えるような『創造の場』に富んだ都市」と規定される（佐々木 二〇〇七a）。創造都市は、世界の都市ハイラーキーの頂点に立つニューヨーク、東京などの世界都市に対するオルタナティブな都市概念（あるいは対抗概念）として形成された概念であることが指摘されている（加茂 二〇〇七）。

さらに二〇〇七年には兵庫県神戸市で神戸ビエンナーレが開始された。神戸市も、横浜市と同じ二〇〇四年に「文化創生都市宣言」を行っており、この宣言を受けて神戸の芸術文化の振興およびまちの賑わいと活性化を目的として実施されたのが神戸ビエンナーレであった（神戸ビエンナーレ二〇一五企画委員会二〇一六）。二〇〇七年以降二年に一度展覧会が開催されてきたが、企業などからの寄付金の減少で事業費の確保が困難になり二〇一五年の第五回展を最後に終了となった。一方、神戸市はビエンナーレ終了以降も芸術イベントそのものは継続する方針であり[*17]、二〇一七年には神戸開港一五〇年を記念して港都ＫＯＢＥ芸術祭が開催された。

二〇一〇年には愛知県名古屋市であいちトリエンナーレが始まる。愛知県では、二〇〇七年二月の知事選で国際美術展の開催をマニフェストに記した神田真秋氏の当選を受け、同年一二月に作成された「文化芸術創造あいちづくり推進方針」に国際芸術祭の定期開催が明記される。その後、知事がリーダーシップを発揮する形であいちトリエンナーレの開催が政策決定される（吉田 二〇一二）。二〇一〇年以降、これまで三回の展覧会が開催されており、その特徴としては、現代アートの他に舞台芸術を併催すること、文化施設の外の街中を会場としてにぎわい創出をめざしていることが挙げられる（野田 二〇一四）。

直近の事例としては、二〇一四年に北海道札幌市で始まった札幌国際芸術祭が挙げられる。この芸術祭は札幌市が推進する「創造都市さっぽろ」の象徴的事業として開催されており、第一回の展覧会においては「都市と自然」をテーマに札幌の都市・観光的課題や過去の歩みをアートとしてふりかえることで、都市と自然との共生のあり方が検討された（吉本 二〇一四）。そして三年後の二〇一七年八月〜一〇月に、「芸術祭って何だ？」をテーマとする第二回の展覧会が開催された。

横浜や神戸、札幌など市が主導して実施するプロジェクトの背景には、「創造都市」を都市政策の目標におく自治体の増加、いわゆる「創造都市ブーム」（佐々木 二〇〇七b）が指摘されている。今後も、創造都市の実現（佐々木 二〇〇七b）をめざす自治体において、アートプロジェクトがその有効な手段として選ばれるケースが出てくることが予想される。

上記の横浜、神戸、愛知、札幌のプロジェクトは数十万人の入場者数を記録する大規模プロジェクトだが、小規模なものや単発のものも含めれば都市部でも数多くのプロジェクトが開催されるようになっている。二〇〇〇年代以降都市部でも周縁部と同様にアートプロジェクトが興隆しているのである。

第四節　アートプロジェクトの興隆が生んだ課題

四・一　地域にとっての光と影

ここまで見てきたとおり、八〇年代にその萌芽が見られたアートプロジェクトは九〇年代以降次第にその数を増やし、二〇一〇年代には全国各地で展開されるにいたった。地域にとって何らかの魅力があるからこそ、全国各地にプロジェクトが広がっていったことは疑いのない事実である。一方でアートプロジェクトの興隆に伴って、地域でアートプロジェクトが実施されることのリスクも指摘されるようになっている。ここでは地域においてアートプロジェクトを実践することの光（=魅力）と影（=リスク）を確認していきたい。

まず、地域にとっての魅力は次の二点に大別される。第一に、プロジェクトの実践を通じたまちづくり・地域振興が可能であることが挙げられる。自然や産業など地域の既存資源を活用し、それらを活性化させることでまちに新たな経済の動きを生み出すことへの期待や、アートツーリズムによる観光振興、また地域の魅力が高まることによる居住人口の増加（Uターン・Iターン）などがこれに含まれるだろう（熊倉監 二〇一四b）。

第二に、アートプロジェクトを通じてこれまで地域になかった新しい考え方や発想が生み出されるという点である。作品制作における作家との相互作用を通じ、「よそ者」の思考に触れることで、地域社会の側にもこれまでとは違う新たな発想が芽生える可能性がある。

藤田はこの点を次のように表現している。地域で展開するアートプロジェクトは、転換期にある時代において、新しい生き方・価値観を生み出すための産婆として機能している。さまざまな作家が、地域の住人や伝承や神話などと格闘しながらそれぞれの答えを出す。その錬金術における坩堝のようなものが地域アートである。地域アートの中で、新しい時代のための価値観や思想が生成・醸成されている。地域アートが今存在している意義は、人びとの奥の奥の何かを変化させ、非常に深いレベルから、生を再創造していくことにある（藤田 二〇一六a）。

これらの点から、地域にとってアートプロジェクトが大きな魅力を持つ存在であることは確かだと言えるだろう。しかし、プロジェクトが広がるに従って、地域の側がそれを受け入れることのリスクも明らかになってきた。それは、アートの側の表現が一方的に優先されてしまえば、地域がアートの表現の道具として利用されるというリスクである。すべてのサイト・スペシフィックワークが場所に固有であり、場所を解釈してつくられていることは間違いない。しかし、作家による場所の解釈と、住民のその場所への意味づけ・住民がこれまでその場所に対して行ってきた働きかけとが無条件で重なるわけではないのである。アートプロジェクトの実践にあたっては、異なる立場におかれたアクターの意味づけが、作品の存在する場所をめぐって交錯することになる。それ故、アートプロジェクトの現場においては外部者のまなざしによって一方的に場所が消費される（Urry 1995=2003）という危険性が常に存在する。地域に生活する住民にとっての場所の機能や文脈と作品との間にずれが生じ、従来その場所が持っていた機能や意味が失われてしまえば、作品が地域にとって逆機能を果たしてしまうという危惧がある。これまでにも、多くの住民が生活し、利用する場所にサイト・スペシフィックな作品が置かれる際、住民が置き去りにされてしまうことを疑問視する声があがってきた。川田は、この点についてフォーリー・スクウェア事件と呼ばれる騒動を例に挙げている。この事件は、ニューヨークのフォーリー広場にある連邦政府総合庁舎のためにリチャード・セラが依頼を受け、一九八一年に完成した「傾いた弧」をめぐっておきた。この作品は広場を分断するように巨大な鉄板を設置していた。そのため、ビルに出入りする人びとは端まで迂回をしなければならなくなった。また、この作品があるためにコンサート、集会も実施できず、住民から移転要請がだされた。だが、作者にとっては広場とオブジェの関係がテーマとなっており、人びとが身体的に作品に関わっているという事実こそが重要であった。作者が移転を拒否し、移転は恒久的設置・維持を約束した政府の取り決めに反すると主張したため長期の訴訟が行われ、最終的には行政の判断で一九八九年に撤去が決定した（川田 一九九八）。この事例は、作者の場所の解釈と、住民のその場所への関わりとのずれを端的に表している。多くの住民にとって、作品は自分たちの生活空間のただなかに突然出現し、しかもずっとそれと暮らさなければならなくなるもの（川田 一九九八）なのである。*18

アートプロジェクトが展開していく中で、旧来の地域の関係性が破壊されたり、人びとが強制的に動員されたりする危険をつねに念頭に置くこと（吉澤 二〇一一）が求められている。

四・二　アートの側から見た光と影

近年、アートを制作する側にとっても、地域と関わるアートプロジェクトへの参画はメリットばかりでなくデメリットも伴うことが指摘されつつある。では、いったいどのような点がアートを制作する側にとって光（＝メリット）となり、その一方で何が影（＝デメリット）の部分として危惧されているのだろうか。

アートを制作する人びとがプロジェクトに関わるメリットについて、熊倉らは次の三点を挙げている（熊倉監二〇一四b）。第一に、ホワイトキューブが失った現代社会との接点を再発見し、そこに表現者として関与することの挑戦がある。第一章で述べた、オフ・ミュージアムの流れによって場所に固有な作品制作が希求され、その中で社会との接点が再発見されていくこととなる。第二に、発表の場の確保というキャリア形成の側面がある。熊倉らは、九〇年代初頭にいたるまで、美術館などではほとんど現代美術が取り扱われておらず、その中で作家たちが野外やまちなかに発表の場を求めてキャリアを積み重ねてきたことを指摘している。また、現代美術が広く受け入れられた現在においても、不景気の影響で若手の発表の機会は失われつつあり、芸大・美大がアートプロジェクトにおいて学生に発表の場を与えているという状況がある（会田・藤田 二〇一六）。第三に、制作拠点の確保が挙げられる。場所の提供、住み込みによる作品の制作などがこれにあたる。美術館を飛び出し、社会との関わりを希求する作家たちにとって、アートプロジェクトへの参加は上記の点で大きな魅力があることが分かる。

一方、アートプロジェクトの興隆に伴って近年「アートが地域と関わること」が抱える問題点が指摘されるようになっている。それらはプロジェクトが展開していく中でアートが地域振興の道具としての役割を担わされることから派生してきた。プロジェクトが全国各地に広がるにつれ、浮かびあがってきた問題点とはいったい何なのだろうか。ここではその問題点を大きく三点に分けて見ていくこととする。

第一に、地域振興・まちづくりの機能が期待されるのに比例して調和的な作品が増え、アートの持つ社会批判機能が薄れるという問題がある。共創の場を重視する傾向にある日本のアートプロジェクトは、政治性や鋭い社会批評性をあらわにしないのが大きな特徴である（熊倉 二〇一四）。

小泉は、大地の芸術祭の調査を通じ、社会と関わる芸術を用いたアートプロジェクトが、社会の諸主体による特定の目的のために利用されることにより芸術の重要な機能ともいえる「反秩序的」な活動や、人びとの期待を意図的に裏切るような表現の枠組みを損ないうる危惧を指摘し、それらへの目配りの重要性を述べている（小泉 二〇一〇）。同様に、神野も迎合的に人びとの求めるものを提供するだけでは、アートの固有の特性が失われること、敵対性・ある種の緊張関係が存在しなければアートである必要性が減じていくことを示している（神野 二〇一六ａ・二〇一六ｂ）。これらの指摘に共通するのは、地域振興という目的の優先によってアートの重要な機能である批判性、敵対性が損なわれてしまうことへの危惧である。これまでにもすでに、アーティストが「社会的コンセンサスを得やすい社会善を無批判に肯定して活動する安易な計画」を出してしまうといったケース（吉澤 二〇一一）が指摘されている。

一方、地域を舞台とするアートプロジェクトにおいて批判性、敵対性を全面に押し出す表現を行うことは、地域の人びとを傷つけるリスクを伴う。

公共空間に設置された芸術作品における問題点について川田は次のように指摘している。

もっとも問題になるのは、それを見たいと思わない人びとにとっても否応なく目につくということである。美術館の中にあるのならば、嫌だと思えば二度と見に行かなければいい。だがパブリック・アートはそれに危害や不快を感じても、私たちは日常的に接しつづけなければならなくなるのだ（川田 一九九八：三四二―三四三）。

作品を見るために自発的にある場所を訪れ、見終わればその場を立ち去ることのできる鑑賞者とは異なり、アートプロジェクトの舞台となる地域に居住する人びとはその場所から立ち去ることはできない。川田は、作品が美術館の外で展開する場合、作品に不快感を感じていてもいやおうなしにそれと接さなければならない立場の人びとがでてくることを指摘し、それを問題視しているのである。

敵対的な表現によって与えられるショックについて神野は次のように指摘している。挑発的な表現が美術館においてなされるのであれば、それを望むものが赴くのでそこで突き付けられるショックは基本的に正当化できるはずである。しかしパブリックな空間では望まない者にそれが突き付けられる。それはどう正当化されるのだろうか（神野 二〇一六b）。神野が指摘するとおり、好むと好まざるとにかかわらず生活の場にアートが入ってくる人びとの立場から考えた時、敵対的な方法で「アーティストが他者を表現行為に無理やり巻き込むこと」（神野 二〇一六b）は正当化されにくいだろう。*19 地域で展開するプロジェクトにおいて、アートの批判機能がどのような形で成立可能なのかという点については検討が必要であり、ここでは問題点の指摘にとどめておくこととしたい。

第二に、地域振興のツールとしての役割に比重が置かれた結果、作品の質が問われなくなってしまうという問題がある。アートプロジェクトが全国各地に広がる中で、地元と融け合うこと、産業を活性化させること、観光客を呼び込むことが重視され、芸術の中身（＝作品の質）が問題にならなくなることが危惧されているのである（藤田二〇一六b）。

地元と融合するという点について、村田は次のとおり指摘している。最近のアートプロジェクトは、住民に参加を促し彼らの意見を作品に反映させようとする。そこでの目的は芸術性の追求よりしばしば、「まちづくり」や「コミュニティの強化」といった民主的で公共的な価値の創出に主眼が置かれる。そのため、一歩間違えれば大衆迎合主義に陥りやすく、結果的に陳腐化しやすい面もある（村田二〇〇一b）。村田は、アートプロジェクトが取る方法の中に、「まちづくり」が作品の質より重視されやすくなるリスクが含まれていることを描き出していると言えるだろう。[*20]

第三に、地域に人を呼び込み、まちを活性化させるという目的のためなら、その手段はアート以外のものでもよいのではないかという疑問が提起されている。換言すれば、アートだからこそできることとは、いったい何なのかという問いである。

ここではまず社会学者の主張を確認しておきたい。北田は地域において展開するアートプロジェクトがまちおこしや経済効果というアートでなくとも可能な「機能」に還元されている事例も少なくないのではないかという疑問を提示している。そして、そうした機能であれば、アートでなくとも達成しうる機能的等価物が存在しており、公共事業など他の機能的等価物の方がまちおこしには効率的であるとすら言えるかもしれないと主張している（北田二〇一六）。同様に、岸政彦もアーティストが社会的課題に応じる活動に対し、それはコンサルでしかないのではないかと指摘している（神野二〇一六a）。[*21]

また、作家の側からも同様の指摘がなされている。地域と関わるアートプロジェクトの先駆者である川俣正は、「人がわっと来ました」「地元の人たちもこうなりました」というが短いスパンでしか語られず、（地域活性化のような：筆者注）目的性だけでアートプロジェクトが見られるところもあって、あまりにも早くて安っぽい（藤・川俣・熊倉・RM 二〇一四）と述べ、その現状を批判している。

このような現状を受けて、北田はさらに次の問いを提示している。

> アートと社会の相互反映性を媒介していく契機が地域アートというものの出発点であったはずだ。この原点に立ち戻り、相互反映性を実現するための方法論を模索すること、そしてその方法が他の機能的等価物によって入れ替え不可能なものであるかを評価すること。そうしたことが、地域系のみならず都市や空間との接触平面を保つ現代アートの次のステップとして求められているのではないだろうか（北田 二〇一六：四）。

アートプロジェクトが興隆する今だからこそ、北田の指摘する「アートという方法が他の機能的等価物によって入れ替え不可能なものであるかを評価すること」、つまり地域社会においてアートであるから可能なこと、アートでなければできないことがあるのかどうかを検討していくことが求められていると言えるだろう。

四・三　アートプロジェクトに投げかけられる問い

ここまで、地域とアートの双方にとって「アートプロジェクトに関わることにどのような意味があるのか」を光と影の部分に分けて確認してきた。地域とアートの双方にとって、プロジェクトが光と影の両面を持つことは、先行研究においてもたびたび指摘されてきた（藤田 二〇一六a、吉澤 二〇一一、熊倉監 二〇一四b、村田 二〇〇一b・二〇〇二b）。これらの指摘からも、アートプロジェクトが一面的には判断しづらい多様な特徴を持つ存在になっていることが分かる。

ここからは、第四節におけるこれまでの議論をまとめた上で、本書が明らかにしようとする課題とは何かを示していきたい。

前項で、アートの側が危惧する点として、社会批判機能の弱体化、作品の質の不問化、アートの手段化（＝地域活性化という目的であれば手段は必ずしもアートでなくてもよい）の三点を指摘した。ここでは、アートプロジェクトの持つ理論的背景（藤田 二〇一六ｂ）を概観し、理論的背景とアートの側が危惧する点とのつながりを確認しておきたい。

地域で展開するアートを理論的に支える後ろ盾としてしばしば取り上げられるのが、ニコラ・ブリオーが提唱する「関係性の美学」である（藤田 二〇一六ｂ）。ブリオーは、独立した私的で象徴的な空間を主張する芸術というよりもむしろ、人間の相互交流とその社会的文脈の領域を理論的範囲として扱っている芸術をリレーショナル・アート（関係性の芸術）と呼び、現代アートの作品の「かたち」は物質的な「かたち」の外に広がりつつあることを指摘している（Bouriaud 1998=2002=2016）。

一方で、日本のアートプロジェクトを説明する概念として「関係性の美学」が多用されることについては次のような批判もある。それは、もともと「関係性の美学」に備わっていた理論的な柱が抜け落ち、ただ人と関わればいいというような曖昧な「関係性の美学」が地域のアートプロジェクトに着床している[*22]（田中・遠藤・藤田 二〇一六）、歴史の中で発展してきた芸術の理論を、日本の地方都市的なものが簒奪し、自分の都合のよい場所だけ恣意的に抜き出し、自己肯定的に使っている（藤田 二〇一六ｂ）のではないかという点である。

これは、イギリスを中心とする商業主義的な芸術に対するある種のオルタナティブとして大陸ヨーロッパで現れたプロセス・コラボレーションを重視する作家をまとめる「関係性の美学」という言葉（星野・藤田 二〇一六）が、日本において都合よく利用されているのではないかという危惧の表明である[*23]（星野・藤田 二〇一六）。「関係性の美学」がただ人と関わる作品という文脈で使われれば、従来その言葉に含まれていた商業主義へのオルタナティブという含意は失われる。そうなれば「関係性の美学」は人を呼び、地域を活性化する「お祭り」（藤田二〇一六b）としてのアートプロジェクトを正当化する言葉にすぎなくなってしまうのである。

地域を活性化するお祭りのツールは、必ずしもアートである必要はないため、前項三点目のアートの手段化という批判が出てくるのは、ある意味で当然と言えるだろう。[*24]

アートプロジェクトは、地域に対してはまちづくり・地域振興および新たな価値観の醸成という魅力を持ち、アートに対しては現代社会との接点の再発見および発表の場・制作拠点の確保という魅力を持つことが分かった。一方で同時に、アートプロジェクトに関わることで、地域はアートの表現の道具として利用されるリスクを抱え、アートは地域振興の道具として利用されるリスクを抱えていることも分かった。

ここからは、地域、アートそれぞれにとっての光と影を踏まえた上で、本書が明らかにしようとする課題とは何かを述べていくこととしたい。

まず、アートの側から見た場合の問題点の一点目、社会批判機能の弱体化について、神野は次のように述べている。

> 稀人として地域に歓迎され、普段とは異なる経験や視点が提供されるという喜びをアーティストは提供している。これは西洋的な意味での既成の価値と戦うアーティスト像とは異なるものの、明治より前の文人的な存在との近似性が高いと言えなくもない。……
>
> しかし、そのように歓迎されるからと言ってまったく問題なしということでもないはずだ。地域との異和（ママ）を生じさせずに一体化することが、何を生むのかが問われるべきだろう（神野二〇一六a：一七五―一七六）。

神野の指摘は、社会批判機能の弱さのみに視点を合わせるのではなく、一見うまくいっている作品の内実にいかなる過程が含まれているのか、そして社会批判機能が弱いことが何を生むのかを問うている。本書では神野の指摘に従い、地域との協働が成り立っているとされる作品の制作・展示過程を詳細に追うことを通じ、「地域と違和なく一体化することが何を生むのか」を見ていく。

また、アートの側から見た場合の問題の三点目、アートだからこそできることとは、いったい何なのか（＝そもそもアートだからこそできることはあるのか）という問いについて事例を通じて答えていきたい。結論を先取りすれば、アートだからこそできることは確かに存在する。アートだからこそ可能になるのは何かという点については主に第Ⅱ部以降で論じることとしたい。

一方、地域の側から見た問題点は、アートの表現の道具として利用されるというリスクの存在であった。本書では第七章においてこの点の分析を行い、地域に生活する住民と作品の制作者側との間で、場所の解釈をめぐっていかなる相互作用（および相互作用を可能にするしくみ）が存在すれば、外部者のまなざしよる一方的な場所の消費が防がれうるのかを見ていきたい。

本書では、第五章、第六章において住民にとってのアートの意味の変容を追い、第七章でアートが地域を表現の道具とするのではなく、地域がアートを活性化の道具にするのでもない関係がいかにして可能かを見ていく。そのうえで第八章、第九章では地域づくり、地域の歴史的環境の保全を考える時、アートだからこそ可能になることは何かを確認し、第一〇章で全体の総括を行う。

本書では社会学の分析枠組みを補助線として事例を分析することを通じて、個別の事例の成功を超えて、他の事例にも共有が可能な特徴を見出していくことをめざす。そこで、続く第三章では地域づくりや、歴史的環境を含む広い意味での環境保全に対しどのような先行研究を行われてきたのかについて社会学分野を中心に整理し、本書の分析視覚を提示していくこととしたい。

注

＊1　オリーブ園以外の場所に設置された作品としては、ここで挙げた川俣作品以外にも、一七世紀に江戸幕府によって建造された一文字波止に設置された「二〇〇本のストライプの旗」（ダニエル・ビュランの作品であり、第二回芸術祭において設置された）などがある。「一文字波止の二〇〇本のストライプの旗」は、風の具合、天候、角度によってさまざまに見え、牛窓町の色々な場所から眺められた。その意味で牛窓という場所の一つの外縁を眼に見えるかたちで示したことが指摘されている（JAPAN牛窓国際芸術祭事務局 一九八五）。

＊2　牛窓国際芸術祭は一九九二年の第九回芸術祭で幕を閉じたが、その後二〇一〇年より牛窓国際芸術祭の精神を引き継ぐ牛窓・亜細亜藝術交流祭が継続的に開催されている（牛窓・亜細亜芸術交流祭 二〇一七）。

＊3　実行委員会に牛窓町も名を連ね、町長が実行委員長を務めている（JAPAN牛窓国際芸術祭事務局 一九八八・一九九〇・一九九二）。

＊4　『山陽新聞』一九九四年一一月二六日夕刊より。

＊5　秋元の自由工場への参加およびこの時期の各アートプロジェクトの連鎖については、自由工場メンバーの一人であったアーティスト藤浩志も指摘している（藤・川俣・熊倉・RM 二〇一四）。

＊6　鶴来町で開催された七回の美術祭においては「ヤン・フートIN鶴来」（九一、九四年）「アートフェスティバルIN鶴来」（九五～九九年）の名称が使用された。鷲田が指摘するとおり「鶴来現代美術祭」の名称は直接使われてはいない。しかし、主催団体の名称が鶴来現代美術祭実行委員会であること、および鷲田が指摘するとおり九七年に主催団体が発行した報告書で両者をまとめて「鶴来現代美術祭」と呼んでいることから、本稿でも鷲田の論稿と同様に、「鶴来現代美術祭」の名称を用いる（鶴来現代美術祭実行委員会 一九九七、鷲田 二〇一六）。

＊7　以下の鶴来現代美術祭の展開過程についての記述は、一九九六年までの部分は鶴来現代美術祭実行委員会（一九九七）、一九九七年以降の部分は鷲田（二〇一六）に基づく。

＊8　MAT、NAGOYA（二〇一七）および金沢二一世紀美術館（二〇一六）より

＊9　一方、灰塚アースワークプロジェクトが実施された一九九〇年代は各地でダム計画中止が検討された時期でもあり、建設省は自らの威信にかけて、ダム建設を行っても住民との協力のもとに素晴らしい地域づくりが可能であることをアピールする必要があった。そのため灰塚ダムの周辺整備はその広告塔の役割を担った一面がある（杉本 二〇一七）。開発問題と関わるアートプロジェクトを検討する際には、このような開発実施主体の意向についても目配りが必要であろう。

＊10　『朝日新聞』一九九八年一二月四日より。

＊11　企業と文化・芸術との関わりに関する記述は伊藤（一九九一）、河島（一九九三）に基づく。

＊12　社団法人企業メセナ協議会（二〇一〇）より。

＊13　二〇一八年現在、株式会社ベネッセホールディングスと公益財団法人福武財団が直島、豊島、犬島を舞台に展開しているアート活動は「ベネッセアートサイト直島」と総称されている（ベネッセアートサイト直島二〇一八）。本書では以降、ベネッセアートサイト直島の活動主体をベネッセと略称する。

＊14　越後妻有アートトリエンナーレの概要については、『朝日新聞』二〇〇九年八月三日、大地の芸術祭実行委員会（二〇一〇・二〇一三・二〇一八）、勝村（二〇〇八）、北川（二〇〇五・二〇一〇）、暮沢（二〇〇八b・二〇〇八d）十日町市（二〇一三）、十日町地域ニューにいがた里創プラン推進協議会（一九九六・一九九八）、をもとに筆者が再構成している。大地の芸術祭　越後妻有アートトリエンナーレホームページについてはホームページ内各箇所を参照した。また、ホームページにおいてこの取り組みは「大地の芸術祭　越後妻有アートトリエンナーレ」と呼称されている。本書では以下、越後妻有アートトリエンナーレと記述する。

＊15　大地の芸術祭を応援する地域内外の人びとにより設立され、二〇〇八年七月にNPO法人の認証を受けた（大地の芸術祭実行委員会二〇一〇）。

＊16　都市部のアートプロジェクトに関する事例の選定にあたっては暮沢（二〇〇八c・二〇〇八d）、吉本（二〇一四）を参考にした。

＊17　『神戸新聞』二〇一六年二月二〇日「神戸ビエンナーレ打ち切りへ　寄付金激減で終了」より（https://www.kobe-np.co.jp/news/bunka/201602/0008820264.shtml）。

＊18　この点は、次節で述べる作家が他者を表現行為に巻き込むことの正当性とも関わってくるだろう。

＊19　地域を舞台とするものにとどまらず、アート全般において表現のために他の誰かを利用する場合、社会的に弱い立場の人・存在を利用しがちであることが明らかになっている（神野二〇一六b）。近年の例で言えば、アーティストの丹羽良徳が二〇一六年一月に京都市立芸術大学のギャラリーで催されたイベント「八八の提案の実現に向けて」の一つに「デリバリーヘルスのサービスを会場に呼ぶ」という項目を設けて物議を醸したデリヘルアート事件（岸二〇一六）や、あいちトリエンナーレ二〇一六においてラウラ・リマが四階建てのビルの室内で小鳥を一〇〇羽放し飼いにするという作品を展示したが、小鳥の扱いが適切でないとして批判が相次ぎ、実際に多くの鳥が死んだ小鳥問題（神野二〇一六a）などがある。この点に対しては、何かがアートであるということは、それだけで他者の自由を侵害してよい根拠になるものではないという指摘がなされている（明戸二〇一六）。

＊20　しかし村田は同時にこの種のアートの「弱さ」には積極的に評価されるべき側面もあることを指摘している。これらの作品の目的がコミュニティのため、あるいはコミュニケーションを誘発させるためにあるとすれば、これ見よがしにマッチョな形態をとるのではなく、弱く・控えめであるからこそ受け入れられるという側面がある（村田二〇〇二b）。地域と関わるアートにとっ

て、控えめであるということは受容のされやすさにつながる。控えめだからこそ必ずしもアートに関心がない人も触れやすい、関わりやすいものになりうるという意味で言えば、その「弱さ」は強みになるだろう。村田の指摘は、控えめであることと「アートであればなんでもいい」という形で質が不問になることは区別されるべきであることを示している。

＊21　神野（二〇一六a）は二〇一五年一二月一二日に開催されたフォーラム「アートをめぐる包摂と排除」の総括であり、神野は本文中でフォーラムにおける岸の発言を引用している。

＊22　田中功起の発言より。

＊23　星野太の発言より。

＊24　また、地域を活性化させる「お祭り」であれば、人が集まる、盛り上がるということが優先されるため、芸術の質に関する視点は後景に退くだろう。その意味で前項の第二の論点である「質の不問化」にもつながっていく。

第三章　地域づくりをめぐる研究動向と本書のアプローチ
――環境社会学の視点

近年、本書が対象とする「アートプロジェクトを通じた景観創造」は地域づくりの新たな動向として大きな関心を集めている。これまでの章で確認してきたとおり、地域を舞台に展開するアートプロジェクトが活発化してきたのは近年のことであり、アートプロジェクトそのものを対象とした社会学分野における先行研究の数は限られている。一方、地域づくりや地域固有の資源である自然環境・歴史的環境に関しては分厚い研究蓄積が存在する。

そこで本章では、まずこれまでの地域づくりに関する先行研究を概観していきたい。地域づくりという概念が興隆した一九七〇年代、農山漁村の地域づくりを理論的に下支えした理論として内発的発展論を挙げることができるが、その中で地域づくりの資源として謳われたのが固有の自然環境・歴史的環境であった。この内発的発展論の提起と時を同じくして、環境社会学の分野において、自然環境・歴史的環境の保全をめぐる研究が展開されていくこととなる。そこで本章では環境社会学における自然環境、歴史的環境の先行研究を検討していくが、その際、環境が資源として認識される過程の分析に焦点を合わせ、残された課題とは何なのかを明らかにする。さらに、環境の保全を通じた地域づくりのダイナミズムを検討するにあたって、先行研究が十分に検討しきれていない点を整理し、本書で明らかにすべき課題を呈示しておきたい。次に、本書で対象とする景観の概念についても併せて検討を行う。近年の景観概念の拡大傾向を確認した上で、本書における景観の定義をしておきたい（第一節）。その上で、可視的環境を創造する新たな取り組みを紹介したい。最後に、本書が分析対象とする現代アートを媒介とした地域づくりの特徴を指摘する（第二節）。

第一節　地域づくりをめぐって何が論じられてきたのか

一・一　地域づくりに関する研究動向

近年、農村における過疎問題など、地域社会におけるさまざまな問題への対策として、農村・都市の双方で、「地域づくり」「まちづくり」[*1]と呼ばれる活動の重要性が高まっている。具体例としては、農村における特産品づくりや、都市部における中心市街地の再活性化の取り組みなどを挙げることができるだろう。現在では、地域づくりと呼ばれる諸々の活動は程度の差はあれ全国津々浦々で一般的に行われている。では、地域づくりという概念は何を背景に、いつ頃脚光を浴びるようになったのだろうか。そして、その展開過程とはいかなるものだったのだろうか。

地域づくりという概念が盛んに謳われるようになったのは、一九七〇年代のことである。七〇年代初頭には、高度経済成長がもたらした（人口集中をはじめとする）都市問題、そしてその合わせ鏡として、農村部では過疎問題がクローズアップされるようになっていた。その後七〇年代後半に入ると日本は低成長の時代に突入し、各地で従来の国家主導による画一的な政策の弊害が顕在化するとともに、地域経済の停滞が大きな問題となっていった。そこでこの状況を打破するために、これまでの中央集権的な、外から進められる開発に代わって、地方分権の考え方によって立ち、当該地域自体が主体となって行う開発のあり方が模索されるようになる。このような経緯を踏まえ、本書では地域づくり[*2]を「地域固有の資源を生かし、住民が中心となって行う、暮らしやすく快適な地域社会形成のための創造的・協同的な活動」という概念として把握しておきたい（蓮見 二〇〇七、池上 二〇〇九、松野 二〇〇〇・二〇〇四、帯谷 二〇〇四）。

そしてここで、地域再生に関する視点についても検討しておきたい。近年、地域社会を分析対象とする研究において「地域再生」に対する関心が高まりを見せている。公害被害からの回復や中心市街地の再興、農山漁村における過疎、高齢化への対応。地域再生は実に多様な角度から論じられる視点であり、一言で端的に定義することは難しいが、ここでは「当該地域がそれまで抱えてきた課題を克服し、持続可能な地域社会形成が行われること」と定義しておきたい。

地域再生に関する議論には大まかに分けて二つの対象が存在する。第一に挙げられるのが、高度経済成長期に端を発する公害の被害を受けた地域の再生に関する議論である。水俣や川崎といった公害被害地における環境とコミュニティの再生の観点からさまざまな研究が行われている（永井ほか編 二〇〇二、原田 二〇〇六、除本ほか 二〇〇六）。第二に、戦後の日本社会において実施された中央集権的な開発の結果、都市・農村の双方で発生した問題を克服し、持続可能な地域社会のあり方を検討する議論である。都市部におけるコミュニティの再生をめぐる研究（内藤 二〇〇一、西村 二〇〇六）、農山漁村における過疎への対応をめぐる研究（玉里 二〇〇九）などがある。

対象は二つに分かれるものの、そこには共通した意識が見られる。それは、地域の再生を単に商業の活性化などの物理的経済的な問題（西村 二〇〇六）の解決ととらえるのではなく、地域社会の共同性の回復（除本ほか 二〇〇六）、当該地域固有の歴史や生活文化の回復[*3]（寺西 二〇〇二）を通じて地域社会の豊かさを形成する運動（鳥越 一九九七）ととらえる視点とまとめることができるだろう。

先に挙げたとおり、公害被害や過疎・高齢化といった戦後の経済成長の負の遺産に対処し地域をどのように再生するかは非常に大きな問題である。先行研究は、経済面にのみ注目する政府の視点を否定し、経済的な側面だけではとらえきれない、人びとのアイデンティティ形成を通じた「地域存続を志向する取り組み」（藤井 二〇〇九）を地域再生ととらえてきたのである。

本書でも、先行研究の分析視点に沿って、地域再生を次のようにとらえたい。地域再生とは経済的な側面の活性化だけにとどまらず、当該地域社会で暮らす人びとの「生活価値[*4]」（上野 二〇〇四）の向上を通じてアイデンティティの形成を促進し、アイデンティティ[*5]に基づいて存続可能な地域社会の形成をめざす一連の過程である。

本書が対象とする地域は瀬戸内海の離島および新潟県の中山間地域であり、前述の分類で言えば第二の論点に対応する事例である。このような地域において、現代アートを媒介として創造された景観はその地域に生きる人びとの生の総体（鳥越 二〇〇九d）になり得ているのだろうか。この点は次項で挙げる「社会的仕掛け」（家中 二〇〇九b）の把握という課題を通じて明らかにされるだろう。第Ⅱ部以降、現代アートを媒介とした景観の創造が住民のアイデンティティ形成にどのように関わったのか、そしてそのアイデンティティに基づいてつくりだされつつある地域社会のあり方とはいったいどのようなものなのかを検討していくこととしたい。第二章において、地域がアートプロジェクトと関わるメリットの一つに、プロジェクトの実践を通じた新たな生き方や価値観の醸成（藤田 二〇一六a）があることを指摘した。これは、アートプロジェクトの実践を通じたアイデンティティの形成と換言することが可能であろう。

前述のとおり、一九七〇年代に入って地域づくりという概念が前面に押し出されるようになった背景には、戦後日本の産業構造の変動に伴い、各地でさまざまな地域問題が生起していたという社会状況があった。そして、都市部、農村部がそれぞれ固有に抱える問題の解決をめざしたさまざまな活動が各地で活発に行われていくこととなる。このような動きの中で、社会学に対する要請も変容していった。それは一言でまとめれば、分析から創造への展開ということができるだろう。従来の社会学において用いられてきた手法は、多くの場合機能主義に基づくものであった。これは、現状分析的なアプローチとも言い換えることができる。このアプローチの中では、地域社会内の産業構造、生活構造や住民組織の分析などが行われてきた。しかし、機能主義のアプローチには次に挙げるような弱点が存在していた。それは、起こった結果が機能として定義されてしまう、という点である[*6]。この手法は現状肯定になる傾向を持ち、また結果から判断するため「後解釈」になる。このようなアプローチの方法では、地域社会が抱える諸問題を解決するための方策を提示することはできない、という限界が明らかになったのである。そこで、後解釈を避けながら新たな論理をつくっていく作業が要請されることとなる（松野 二〇〇四、鳥越 一九九七）。

このような社会状況を反映して、都市部においては、劣悪な居住環境の改善を求める住民運動が興隆したが[*7]、この種の住民運動がより良好な生活環境を求める地域づくりへと架橋されるメカニズムが「コミュニティ形成の住民運動論」（奥田 一九七五ほか）の枠組みから検討されている。一方、過疎・高齢化に悩む農山漁村における地域づくりを理論的に下支えしたのが、一九七〇年代に提起された内発的発展論であった。内発的発展論は社会学者である鶴見和子によって形成された概念である。鶴見は、内発的発展を「多様性に富む社会変化の過程」（鶴見 一九八九）と定義する。そしてそのような社会変化は固有の自然生態系や文化遺産（伝統）に基づいて、それぞれの地域の人びとや集団によって自律的に創出されるものであると述べる（鶴見 一九八九）。内発的発展論は、地域づくりの資源としての固有の自然環境、歴史的環境の重要性を指摘しているのである[*8]。

内発的発展論の提起と時を同じくして、社会学、特に環境社会学[*9]の分野において（鶴見をはじめとする内発的発展論の論者たちが揃って資源として取り上げてきた）自然環境、歴史的環境の保全[*10]をめぐる研究が展開されていくこととなる。

一・二　自然環境・歴史的環境保全の研究動向

内発的発展論の指摘するとおり、自然環境、歴史的環境が地域づくりの資源であるということに疑いを差し挟む余地はほとんどないだろう。それでは、地域づくりの資源としての（自然、歴史双方を含む総体としての）環境に関して明らかにされるべき問いとは、いったい何なのだろうか。

以下で、自然環境、歴史的環境の保全をとらえてきた視点、枠組みについて検討する前に、地域づくりにおける「資源」の概念について指摘しておきたい点がある。それは、資源の存在は決して所与のものではなく、地域づくりに関わる主体の認識過程が大きく関わってくるという点である。帯谷は、内発的発展論の分析枠組みを援用した研究が、しばしば地域資源の存在を自明視する点に疑問を呈し、地域づくりにいたる過程での住民の地域環境や地域資源の認識過程に目を向ける必要性を指摘している（帯谷 二〇〇四）。この指摘からは、川や海、そして町並みなど、そこにある環境そのものは同一であっても、それがただそこに存在するだけでは資源とは言えないことが分かる。逆に言えば、従来資源と見なされてこなかった地域固有の「何か」が、住民をはじめとする諸主体の相互作用の中で資源として姿を現す可能性もあるのである。寺岡は、地域社会において多様なアクターが関わりを持つ中で、村にある何気ない日用品一つ、振る舞いの一つが眼差し、解釈によってなんらかのメッセージを発するものとなりえると述べ、地域表象という新たな概念を呈示している（寺岡 二〇〇三）。地域表象は、まさに相互作用の中で生成する資源を表す概念だと言えるだろう。

ここでは、資源は所与のものではないことに留意しながら、次のように順を追って議論を行いたい。まず、環境社会学では自然環境、歴史的環境が（当該地域に居住する住民にとって）資源として認識される過程に対してどのような分析が行われてきたのかを整理し、残された課題とは何なのかを明らかにする。[*11] その上で（自然、歴史双方を含む総体としての）環境の保全を通じた地域づくりのダイナミズムを分析するにあたって、先行研究が十分に検討しきれていない点を指摘する。そこから、本書の中で、事例分析を通じていったい何を明らかにしようとするのかを呈示したい。

自然環境、歴史的環境の保全をめぐる研究は、「人間社会と環境との相互作用をその社会的側面に注目して研究してきた」（飯島 一九九八）、環境社会学の分野で展開してきた。自然環境も歴史的環境も、時の流れの中で人間が生活改善のための工夫を蓄積していく過程の中で、改変を加え続けた結果として存在する。その意味では（相対的に）人工性の強い歴史的環境と（相対的に）人工性の弱い自然環境は相互に連続性を持つものとしてとらえられ（鳥越 一九九三）、どちらも環境社会学の枠組みの中で議論されてきたのである。

自然環境をめぐる先行研究――生活環境主義に注目して

自然環境をめぐる代表的な理論に、鳥越皓之、嘉田由紀子らが中心となって展開した「生活環境主義[*12]」がある。生活環境主義は、「当該社会に居住する人びとの生活の立場に立つ」（鳥越 一九九七：一一）ことを主張し、生活上の知識や地域に固有の伝統、個人に蓄積された経験や社会的相互作用を分析し、その中から環境問題に対処する方法を見つけ出そうとする（嘉田 一九九三：一四九）理論である。

生活環境主義においては、居住者の「生活保全」が環境を保護する上でもっとも大切であると判断される。ここでいう生活の保全とは、人びとの日常生活を成り立たせている経済力、社会関係などを含む多様なものの総体をさす。そのような日常性の複合が各人に蓄積されていることにより、地域社会において環境保全を行う際の一つの強い力になると考えられるのである（鳥越 一九九七）。ここでは、自然環境の保全に対して地域社会にすでにある「生活」が重要な役割を果たすことが指摘されている。

自然環境と生活との関係に基づき、モデル化されたのが、生活環境主義パラダイムである。このパラダイムでは「生活システム」の保全に機軸を置く点が大きな特色となる。生活システムは生活を基本に置いた社会システムと定義される。生活資源（生活のための利用を前提としたさまざまな資源、例えば土地や用水、公民館、年中行事、常識など）を基盤にして成り立つ社会システムが生活システムなのである（鳥越 二〇〇〇：三一二）。

生活環境主義パラダイムの中で主張されているのは、人びとの生活はさまざまな生活資源をもとにして成立しているという点である。一方で、森林や川といった資源は生活の基盤として客観的に存在しているのではない。自然環境は人びとと切り離されたところに存在しているのではなく、人びとが生活の中でさまざまな働きかけを行った結果として自然環境が存在しているのであり、自然環境を保全するためには、人びとの生活が成立していることが必ず必要になる。生活の保全が環境の保全において最も重要であるという鳥越の先の記述はこの点を反映していると言えるだろう。人びとの生活を通じて環境は保全され、保全された環境を基盤にして人びとの生活が成り立つ。これを総体としての「生活システム」と考え、システム全体の保全をめざすというのが生活環境主義のめざすところだと言える。鳥越のいう、自然を客体化するのではなく、生活システムにおける環境との関わりを下敷きにして住民にとって望ましい環境政策を生み出すという主張は、自然環境と人間の間にこのような関係性が存在することを背後仮説にして成立している。

生活環境主義は、所有論・権力論・組織論という分析手法[*13]を呈示し、琵琶湖畔を対象としたフィールドワークをはじめ、自然環境の保全を分析対象とする研究において、盛んに援用された（井戸 二〇〇〇ほか）。

その中でも特に注目されたのが、意思決定にあたって形成される人びとの「言い分[*14]」である。言い分は、個人の体験知、生活組織内での生活常識、生活組織外からもたらされる通俗道徳という三種の日常的な知識に基づく正当化の論理である。人びとは「言い分」によって動くため、調査者にとってこの「言い分」の把握が最も重要な課題となる。この「言い分」の本質、変化の方向を知るためには、各人や各組織の「経験」にまで降りたって調査をする必要があり、ライフヒストリーの手法や、時間要因を入れた（歴史的）分析が不可欠とされる（鳥越編 一九八九）。鳥越の議論に従えば、人びとがある環境に対してなぜ保全すべきであるという意思決定を下したのかを知るためには、保全という結論の背景にある人びとの「言い分」を知る必要があるということになる。しかし、近年になってこの「言い分」に内包される大きな難点が指摘されるようになった。それは、「言い分」をめぐるモデルの中では、「言い分」の基となる生活常識を提供する生活組織が固定化されていることが前提になっているため、このモデルは極めて静的なものになってしまっているという点である。今日の地域社会では生活組織は短時間に大きな変化をとげるために、この「言い分」のモデルの適用が難しくなってしまっているのではないかという疑問が投げかけられているのだ。今日の地域社会の変化に対応するためには動的なモデルの考案が求められており、この動的なモデルを創造するためには、「よそ者」論の議論を踏まえ、地元の人びととよそ者との相互交流のダイナミズムを検討する必要性が指摘されている（松村 二〇〇七）。換言すれば、自然環境の保全をめぐる住民の認識過程において、外部のアクターとの関わりがどのように影響するのかを分析することが必要になるということである。

また、先述のとおり、鳥越は言い分の本質を理解するためには各人や各組織の経験にまで降りたって調査をする必要を強調している（鳥越 一九九七）。経験と言い分との関係性については、言い分の基となる日常的な知識と経験との関係を表すという方法で図3-1のようなプロセスが想定されている。この図でも示されているとおり、日常的な知識、そしてそこから形成される言い分の「基盤」（鳥越 一九九七）となるのが経験である。鳥越は、いくつかの選択肢からたまたま選ばれ、行われた「行為」と区別する目的で経験を定義している。ここで言う経験は「ある人や集団にとっての過去の記憶されている時間の蓄積」（鳥越 一九九七：一二三）をさす。ここでは、「行為ではなく経験を分析の基礎単位に置くことによって、時間がかなり重要な要素として入ってくる」（鳥越 一九九七：一二三）ことを強調しておきたい。

　生活環境主義では、経験に降りたって人びとの環境に対する認識を分析するという立場をとってきた。この立場は、中央集権的にトップダウンで開発計画が地域に降りてくる戦後日本的状況への鋭い批判的まなざしを持っており、この点はこれまで高く評価されてきた（堀川 一九九九）。しかし一方で、経験を分析の単位基礎にすることが抱える方法論上の問題が指摘されるようになる。具体的に言えば、生活環境主義が経験を分析の基礎単位に置くことで、単なる現状追認に陥ってしまうという問題である（荒川・五十川 二〇〇八）。つまり、生活環境主義は人と自然との間に幸福な関係が認められていた頃のフィールドワークから誕生した概念であり（松村 二〇〇七）、そのためのどかで平和な日常世界論の様相が強く、過去へのロマン主義的退行（長谷川 一九九六）が起きているのではないかということが問われるようになったのである。これは、生活環境主義はすでに自然環境と人間との間に正の循環が確認できるケースだけを意図的に取り上げているのではないかという疑問の提起と言えるだろう。*15 もし、生活環境主

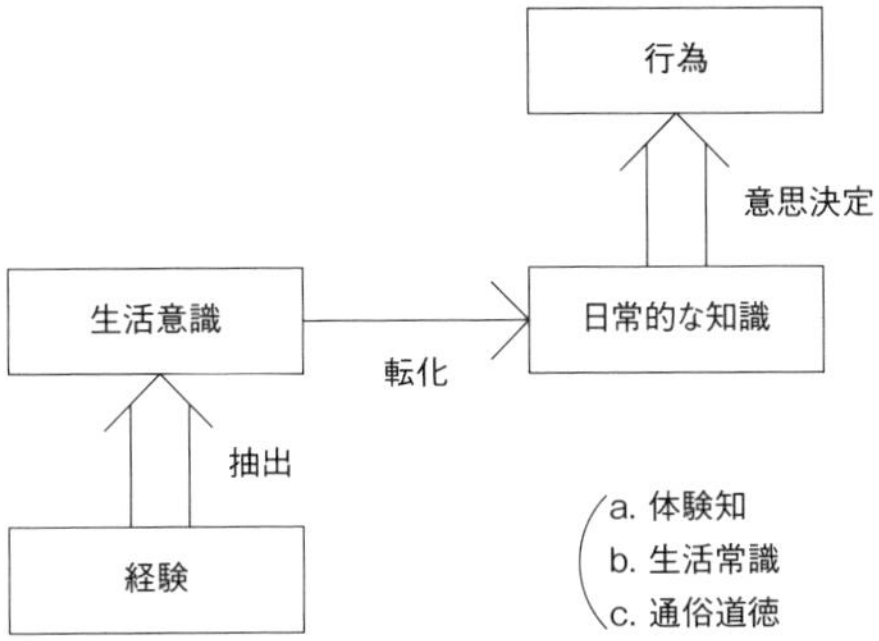

図3-1　経験から特定の行為生成のプロセス

出典）鳥越 1997：32。

義が現状追認に陥っているとすれば、自らが批判したはずの、問題解決に結びつかない機能主義的な手法によって、分析が行われていることになる。長谷川による、「琵琶湖の環境保全はいかにして可能となるのかという実践的な課題設定が後景に退き、政策志向性が薄れてしまっているのではないか」(長谷川 一九九六)という危惧はまさにこの点を示していると言えるだろう。

このような批判を受けて、近年生活環境主義は、すでに存在する生活システムの分析にとどまらず、人びとが経験に基づいて環境を創造する動きに対して分析を行うことを試みるようになった。鳥越が新たに提唱したのは生活に密着した地域資本の増大という考え方である。これまで鳥越は、生活環境主義パラダイムの特徴として、生活資源を基盤にして成り立つ生活システムを保全することに機軸が置かれることを挙げてきた(鳥越 二〇〇〇:三一二)。ここで言う生活資源は土地や用水など生活のための利用を前提とした資源と規定されている。環境をつくりだす動きを分析するにあたって、この生活資源の概念を精緻化する作業が行われることとなる。ここで挙げられた生活資源は「利用を前提とする」ことが自明視されていたが、この生活資源＝利用を前提とするという考え方から一歩踏み込んで、生活資源の資源と資本への区分が試みられるのである。鳥越はまず、地域資源と地域資本を異なる概念として区別する。地域資源とは、「値打ちがあることが認識されている地域の物質や組織、共同意識」をさす。資源は、厳密に言うと値打ちがあることが認識されているだけで、まだ使用を前提としていない。使用可能になるためにはその資源を可能体に変型する必要がある、使用可能になり、使用を前提とする資源が、地域資本と呼ばれる(鳥越 二〇〇九b)。土地や用水といった環境はそこに存在してさえいれば自動的に使用を前提とするのではないということである。

鳥越はさらに、現場では、地域資源を地域資本に変型する手続きが不可欠であり、地域資本は生活に密着していなくてはならないという点を強調する。例えば、ある湖の水辺にかなりの空間があり(＝物質としての地域資源の発見)、行政が公園をつくったとする。公園の造成にあたり、地元が関与せず傍観者の立場にあった場合、住民は公園に行くことがなく、公園は地域資本とはならない。一方で、計画段階から地元が関与し、生活の延長線上で案をつくり、実現に向けて地元の組織化が行われれば、人びとは積極的に公園に関与するようになる。つまり、地域資源が地域資本に変型され、地域資本は住民たちの手で増大されていくこととなる（鳥越 二〇〇九ｂ）。ここでの主張を、言葉を換えてまとめておくと、地域資本の増大には地域に生活する住民にとっての場所の機能や文脈を活用することが不可欠であるということになるだろう。

地域資本の増大によって最終的にめざされるのは、地域資本を共有の公的財産としながら、私たちの生活を充実させていくことである（鳥越 二〇〇九ｄ）。この地域資本の増大という観点から、環境の創造に軸足を置いた研究が行われ始めている（鳥越 二〇〇九ｃ、家中 二〇〇九ａ・二〇〇九ｂなど）。環境の創造に焦点を合わせるという姿勢は、「過去へのロマン主義的退行」（長谷川 一九九六）という問題を克服する可能性を持つという点で高く評価することができるだろう。しかし、生活環境主義の視点から分析された環境創造に関する研究には、次のような課題が残されている。それは、分析が住民の経験をもとにして環境が創造されるという第一の段階にとどまっているという点である。石垣島白保の海における魚垣の修復を通じた住民と海との新たな関わりの構築、茨城県霞ヶ浦潮来市における地域資本増大の取り組みといった事例の分析からは確かに、「地域の内部からの個性を発現させる」（家中 二〇〇九ｂ）住民の努力を読み取ることができる。しかし、最終的な目標である生活の充実のためには、経験をもとにして環境が創造され、その後創造された環境の中でどのように経験が豊富化され、豊富化された経験をもとに新たにどのような環境が創造されるのかという「社会的仕掛けの創出」（家中 二〇〇九ｂ）の過程全体を把握していく必要があるだろう。生活環境主義の枠組みを用いて、環境の創造に対する分析が始められてから日が浅いという事情もあり、この点は今後に期待する（鳥越 二〇〇九ｄ）という状況にある。

歴史的環境をめぐる先行研究

次に、歴史的環境の保全をめぐる先行研究について見ていきたい。歴史的環境という言葉が用いられるようになったのは一九七〇年代以降のことであり、自然環境と比較すると相対的に新しく出てきた概念ということができる。一九七〇年代には町並み保存運動、遺跡保存運動が各地で展開されたが、町並み、遺跡をはじめとした歴史的な対象物が空間的な広がりをもって保持されている状態が「歴史的環境」[*16]と定義されてきた（野田 二〇〇一）。歴史的環境は「社会的・文化的につくられてきた環境の中で、特に長期間にわたって残ることによって一定の価値をもつとみなされるようになったもの」（片桐 二〇〇〇：二）であり、「過去の世代の『環境』との関わりのなかで築き上げられてきたもの」（野田 二〇〇一：一九二）なのである。

これまでの日本における歴史的環境保全は、文化財から歴史的環境へと保全の対象が拡大されるという経過をたどってきた（野田 二〇〇一）。個々の文化財の保護から歴史的環境の保全へと対象が拡大していった過程については、木原による明治期以降を四つの時期に区分した解説がよく知られている。[*17] 木原はまず、第一の時期として明治維新の直後を挙げる。この時期、廃仏毀釈の波が全国を襲い、各地で仏像が焼かれる、経巻が破棄されるといった事態が発生した。この状況を受けて、一八九七年に「古社寺保存法」が制定され、文化財の「指定制度」が導入された。この制度のもとで一九〇〇年代に古社寺の建造物と宝物の指定がすすんだ。次に第二の時期として挙げられるのが大正時代である。この時期、美術品が海外に流出していることが大きな問題となっていた。そのため、「古社寺保存法」では保護の手が及んでいなかった社寺以外の個人、公共団体、国の所有するものを保護するために、「国宝保存法」（一九二九年）、「重要美術品等の保存に関する法律」（一九三三年）が制定されることとなった。第三の時期は第二次世界大戦中、および戦後の混乱期である。この時期、戦災によって全国各地で多くの文化財が失われた。この状況を受けて、「文化財保護法」が一九五〇年に公布された。文化財保護法では、文化財の範囲が拡大され、無形文化財、民族資料、埋蔵文化財が新たに保護対象に加えられたことが特徴となっている。最後に最も現在に近い第四の時期は、一九六〇年代以降の高度経済成長期である。この時期、大規模開発によって地域的なひろがりのある歴史的環境が破壊されていくことが大きな問題となり、各地で保存運動が活発に展開されるようになっていた。この動きに影響を受けて、一九七五年に文化財保護法の改正が行われ、伝統的建造物群保存地区が選定されたのである（木原 一九八二）。

近年、地域づくりや、まちおこし、観光といった多様な観点から、地域の景観[*18]である、町並みを保全しようとする動きが活発化しているが、その背景には、先に述べた伝統的建造物群保存地区制度が導入されたことにより、一つ一つの建物の保全から包括的な町並み全体の保全が可能になったという状況があった。

個々の建物から町並み全体に広がったことで、町おこし・村おこしの起点（堀川 二〇〇〇a：一〇八）となることが期待されるようになり、全国各地の市町村で町並み保全の活動が展開されていくこととなる。この際、保全活動の担い手の中心は、主に各地域の住民であった。しかし、重要伝統的建造物群保存地区制度の導入が注目を集める契機となったと言いつつも、法律によって価値があると判断された歴史的環境のみが、保全の対象となってきたのではない。歴史的環境にとっては、その対象に対して人びとがどれだけの思いを抱くことができるのかが重要な要素となってきた（片桐 二〇〇〇）。ただ単に歴史が古いものであれば人びとがその環境を自動的に保全しようとするわけではないのである。

この点については、小樽運河の保全運動に対する事例分析から、堀川が「土地の二形態（土地の二つの意味）」という概念を提起している。堀川は、客観的には同じある「土地」であっても、そこには二重の意味が含まれていると述べる。第一の意味は「空間」としての土地である。個人の思い入れや歴史を含まず、土地をただ面積として語る時、その土地は「空間」なのである。一方、記憶・歴史を含んだもの、あるいは個人の生活との関わりで語られるような場合、その土地は「場所」となる。[*19]堀川は、運河の保全を行った住民にとって運河は記憶や歴史を含んだ「場所」であるため、記憶や歴史の文脈を無視し、取り替え可能な空間として運河を扱おうとした行政の動きに反発したと指摘する（堀川 二〇〇〇a）。逆に言えば、どんなに古い土地であったとしても、記憶や歴史を含んだ「場所」でなければ、人びとはそれを保全しようとはしない、言い換えればそれを資本とは見なさないということになる。この議論を受けて、環境社会学者の森久は「保存する根拠[*20]」という概念を提起する。これは、人びとがなぜある歴史的環境を保全しようとするのか分析するための枠組みと規定されている。森久は、広島県鞆港の事例分析を通じて、物的環境（＝鞆港）に歴史的に織り込まれた地域社会の紐帯こそが、住民にとっての保全の根拠であると指摘する（森久 二〇〇五）。これらの先行研究から読み取ることができるのは、住民が何を保全の対象と見なし、どのような保全を望ましいと考えるのかにあたっては、個人の思い入れや記憶、歴史が重要な鍵を握っており、それらが実際の保全のあり方を大きく左右するという点である。

さらに、町並みの保全活動が活発化する中で、一部の歴史的な建造物をただそのまま保護するのではなく、過去の史実には必ずしも存在しなかった景観を住民たちがつくりだしていくという動きが見られるようになる。この動きに伴って、歴史的環境の保全に関する研究においても、住民が自らの生活様式や歴史的経験に拠りながら景観を創造する過程の重要性が指摘されるようになっていく（福田 一九九六、堀川 一九九八・二〇〇〇a、牧野 一九九九、鳥越 一九九七・一九九九など）。保全活動における「歴史的イメージ[*21]」の形成（鳥越 一九九七）、町並み保全を通じて「自らの生活様式を守る」（堀川 一九九八）という主張は、用いられる言葉は異なるものの、そこに共通して見出されるのは、住民による文化景観[*22]の創造に対する評価であった。

上記の検討を経て、景観保全活動に対して投げかけられてきたのが、住民は何を根拠に保全を行い（牧野 一九九九、森久 二〇〇五ほか）その結果どのような景観を創造するのか、という問いである。景観の創造が肯定されるのは、そこに住民たちの生活にもとづく歴史の意味づけが見出されるがゆえであるという主張がある以上、この問いは重要な論点である。既存研究から明らかになったのは、ものをめぐる人びとの経験が、町並み保全において重要な位置を占めることであった。そこで、今後明らかにされるべき論点として挙げられるのが、住民たちが保全する根拠についてどのように判断を変化させていくのかの具体的な過程である。

ここまでやや駆け足となったが、自然環境および歴史的環境の保全をめぐる先行研究について検討してきた。本書で取り上げるアートプロジェクトにおいては、プロジェクトの実践を通じて多様な自然環境、歴史的環境の保全・創造が試みられている。そういった意味で、アートプロジェクトの研究を通じて、自然環境、歴史的環境の保全をめぐる先行研究の課題を検討することは十分可能だと言えるだろう。次項では、先行研究に共通して残されている課題をまとめ、本書ではその課題をどのように検討するのかについて述べたい。

一・三　残された課題とは何か

ここまで、自然環境、歴史的環境の保全をめぐる先行研究の動向について確認してきた。その結果分かったのは、自然環境および歴史的環境をめぐる研究において人びとの認識過程が保全に果たす役割に対する関心が増しているという事実である。生活環境主義においては経験、歴史的環境保全をめぐる研究では思い入れや記憶に対して焦点が当てられてきた。ここで、これまでの記述を総括し、残されている三つの課題を指摘しておきたい。

第一に、住民たちが環境を保全する根拠についてどのように判断を変化させていくのかを明らかにするという課題がある。本書では、第五章において、住民たちがある環境を保全する根拠をどのように判断していくのかを分析することを通じてこの問いに答えていくこととしたい。

第二に、環境が創造されていく際、外部のアクターはいったいどのような機能を果たすのかを明らかにする必要がある。確かに、環境を創造する主体はあくまで当該地域社会に居住する住民である（足立 二〇〇四、片桐 二〇〇〇、鳥越 一九九七ほか）。自然環境、歴史的環境の保全を対象とした先行研究では、表面上の住民参加や協働に対する警戒（荒川・五十川 二〇〇八）、観光化の結果外部者への分かりやすさにこたえる形で当該地域社会の文化が画一化されてしまうこと（足立 二〇〇四）への危惧から分析対象をあえて住民のみに絞る傾向が強かった。しかし、よそ者と住民との間のつながり（井上 二〇〇一）、相互交流のダイナミズム（松村 二〇〇七）を研究する必要は高まっており、この点は喫緊の課題と言えるだろう。本書では、第六章、第七章でこの点について分析していく。第六章では、来訪者と住民とのやりとりの中でどのようなコミュニケーションが発生したのか、それが環境の創造にどのような役割を果たしたのかを見ていく。また第七章では、単にまなざしを向けるだけにとどまらず、環境の創造に直接携わる外部のアクターと住民との間の関係性について検討したい。

第三に、記憶や経験をもとに環境が創造された後、その環境を基盤にしながら、経験はどのように豊富化されるのか、そしてそこからさらにどのような環境が生まれるのかという「社会的仕掛け」(家中 二〇〇九b)を把握する必要がある。本書では、第Ⅱ部以降の分析を通じてこの点を検討し、終章で地域社会の豊かさを形成する(鳥越 一九九七)ための社会的仕掛けについてまとめていきたい。

一・四　景観とは何を意味するのか

本書の分析視覚について論じる前に、「景観」という概念の持つ意味について考えておきたい。先にも述べたとおり、これまでの研究では、景観は歴史的な風景および建造物群と定義され、歴史的環境の下位概念として扱われてきた。環境社会学において景観に関する研究と言えば、これまではほぼ町並み保全活動を対象とする分析をさしていたのである。

ところが、近年になって景観という概念は狭い意味での「歴史的町並み」(堀川 二〇〇〇b)を超えたより包括的な意味を持ち始めている。これまで、自然環境としてとらえられてきた里山やヨシ原、棚田などの風景に対し、「自然との関わりの中で人々の日常の生活や生業を通じてつくりだされてきた景観」(文化庁監 二〇〇九)という定義づけがなされ始めているのである。日本は、欧米と比較すると相対的に人口が稠密であり、自然と人間は深い関わりを持ち続けてきた。そのため、アメリカのように保護区を設定し、特定の貴重な自然を守るために人間を排除することは行われておらず(鳥越 二〇〇一)、日本の自然環境は人間が関わる中でつくりだされてきたという特徴を持ってきた。

景観概念が自然環境にまで拡張された背景には、このような特徴が存在してきたことを指摘しておきたい。

また、歴史的環境と時を同じくして、自然環境においても森や小川といった特定の風土の保全から面的な保全、つまりその地域一帯の「雰囲気」の保全が行われるようになった。そのため、このような方向が必然的に景観論を生み出すことになり（鳥越 二〇〇九b）、面的な広がりのある自然環境が景観と定義されるようになったのである。

自然環境を面的に保全する動きを反映して、二〇〇四年六月に成立したのが「景観法」である。景観法では、「地域の自然、歴史、文化等と人びとの生活、経済活動との調和により形成されるもの」が景観ととらえられており、景観が自然環境も含みこむ広義の概念として定義づけられていることが分かる。[*23] さらに、同年には文化財保護法が改正され、棚田や里山など人と自然の関わりの中でつくりだされた景観が「文化的景観」と定義され新たに保護の対象となった。景観法に定める景観計画区域等の中にある文化的景観のうち、特に重要なものが重要文化的景観[*24]として選定されることとなる。これまでに選定された文化的景観を確認すると、畑などの自然環境と町並みなどの歴史的環境がトータルで一つの文化的景観としてとらえられており、[*25] 景観は、自然環境と歴史的環境の接点（鳥越 二〇〇一）として双方を包括する概念となっていることが分かる。

このような近年の動向を鑑みて、本書でも景観を狭義の歴史的環境の下位概念としてではなく、面的に広がる自然環境、歴史的環境を表す広義の概念ととらえ議論を行っていきたい。この定義に従えば、アートプロジェクトを通じて可視化、顕在化される多様な自然環境、歴史的環境はすべて景観としてとらえられるということになる。

そして、前述した本書の問題関心に従い、景観を「単純に目に映る地表の相貌と捉えるのではなく、社会に規定された目に見えない仕掛けの相貌を含んだもの」（菅 一九九九）と定義しておきたい。

第二節　記憶の可視化をめぐる取り組み

ここまで、従来の地域づくりに関する動向を整理した上で、地域づくりの資源ととらえられてきた自然環境、歴史的環境をめぐる研究の展開過程を検討してきた。その中で確認されたのは、記憶や歴史を含んだ「場所」は、地域づくりにおいて大きな役割を果たすこと、そして自らの生活様式、歴史的経験に基づいて、景観を創造する動きが存在するという事実である。この動きから明らかになるのは、（認識や意味づけに基づいて）建物、港といった直接目に見える、そしてすでに存在している環境を保全するだけにとどまらない新たな取り組みの萌芽である。この取り組みにおいては、生活様式や歴史的経験は、すでに存在する、可視的な環境の保全に対する基盤という位置にはとどまらない。むしろ不可視なものである生活様式や歴史的経験を表象するために、可視的な環境が新たにつくられるのである。福田が取り上げてきた沖縄県竹富島における赤瓦の町並み保全活動（福田　一九九六）などが、この種の取り組みの嚆矢と言えるだろう。

そして近年、より積極的に可視的な環境を創造するための取り組みが始まっている。この取り組みは、建築学における「まちづくりオーラル・ヒストリー」と呼ばれる調査手法と深く関わっている。「まちづくりオーラル・ヒストリー」は建築学者である後藤春彦を中心として提起された手法である。後藤は、まちづくりにおいてコミュニティによって受け継がれた地域遺伝子の発見を通じて、役に立つ過去を生かし、懐かしい未来を描くという方向性を志向する。この志向に沿って、全国のまちづくりの現場で活用されることを意図してつくりだされたのが「まちづくりオーラル・ヒストリー」であった。まちづくりオーラル・ヒストリーは、「単なる口述史ではなく、まちづくりにおいて地域の将来像を構築するために『役に立つ過去』を活かした『懐かしい未来』の姿を描く」（後藤ほか　二〇〇五：三九—四〇）ことを目的とした計画技術と定義される。まちづくりオーラル・ヒストリーは①記憶の収集→②口述史記録の編集→③コミュニティ史の編纂→④コミュニティの将来像の構築というプロセスをたどる。この一連のプロセスをめぐって、最終的にめざされるのは、オーラル・ヒストリーが地域の記憶に応じた新たな景観へと還元されることである（後藤ほか 二〇〇五）。まちづくりオーラル・ヒストリーは、生活様式や歴史的経験を表象する、可視的な環境を創出するための新たな仕掛けととらえることができるだろう。

社会学の分野でも、後藤らの提唱する地域遺伝子の発見をめざして記憶を収集し、口述史記録を編集する研究が始められている。例えば、北海道江別市野幌をフィールドに場所の記憶の可視化を対象とする中澤・大國の研究では、記憶の可視化は開発型まちづくりを脱構築していく主体の形成と持続を助長するための試みと位置づけられている。つまり、場所の記憶の可視化を通じて共同性を再構築することがめざされているのである。中澤・大國の研究では、社会学者は観察者としての立場を超え、可視化の作業そのものを積極的に担っていく。可視化の作業は、具体的には地域の古老・知恵袋と言える人びとにインタビューを行い、その内容を録画、編集してホームページに掲載するという方法で行われる。可視化を通じてめざされるのは、地域社会の資源、記憶、社会形成過程を整理・蓄積・発信し、人びとのルーツを確認してもらう等身大の自画像を描いてもらうことである。最終的には、この自画像を集合表象に共同性が生まれ、トップダウンの計画に惑わされない創造的な主体が産出され、組織化されることがめざされている（中澤・大國 二〇〇五）。中澤・大國の問題関心は後藤らと同様に、記憶の可視化を通じて創造的な主体が産み出される過程にある。

観察者にとどまらず、記憶の可視化の作業の一端を担うことで社会学の職能を地域において発揮しようとする問題解決志向は注目に値する。しかし、中澤・大國の研究は記憶の配信のための準備がなされている途中段階で中間報告的に発表されたものであり、記憶の可視化の効果を明らかにすることは今後の課題とされている。彼らが論文の中で問題にしているのは、後藤らのプロセスでいう③までの段階であり、記憶が主体に与える影響に関心の主眼が置かれている。しかし、彼らが最終的に問題にしているのが、開発型まちづくりの脱構築である以上、今後は記憶の可視化を経て産み出された創造的な主体が、記憶に基づいて具体的に環境をつくりだしていく過程を分析していくことも求められるようになるだろう。

本書では瀬戸内海島嶼部および新潟県の中山間地域において行われている、現代アートを通じた記憶の可視化に焦点を合わせて分析を行っていきたい。

続く第Ⅱ部では、瀬戸内海島嶼部におけるアートプロジェクトの嚆矢である香川県直島の事例を検討していく。直島は瀬戸内海に位置する離島であり、日本全国の農山村・離島と同様に、過疎と高齢化に悩まされてきた地域である。このような問題を抱えてきた直島では、現代アートを通じて地域の記憶を可視化する取り組みが継続的に続けられてきた。現代アートを媒介として創造された景観は大きな注目を集め、現在では年間数十万人の観光客が島を訪れるようになっている。また、プロジェクトの展開に伴って、住民の関わりのあり方も大きく変わってきた。次章では直島におけるプロジェクトの分析に先立って、これまで島がたどってきた歴史的経緯を確認し、どのような過程を経てアートプロジェクトが実施されるにいたったのかを見ていきたい。

注

＊1　本書では以下、地域づくりと総称する。

＊2　地域づくりについては田村（一九八七・二〇〇五）が詳しい。

＊3　これは堀川の「場所性を前景に呼び戻す」（堀川　一九九八）という主張とも重なる。

＊4　上野は生活価値を「人びとが生活世界で見い出す生きがい、楽しみ、喜びの中に宿る精神的充足感」（上野　二〇〇四）と定義している。

＊5　アイデンティティは、非常に多様な概念を内包する用語である。そのため一言で定義を行うことは困難であるが、本書では栗原（一九八二）の議論に基づき、「コミュニケーション（交信性）と相互的活性化によって立ち現れてくる存在証明」と定義したい。

＊6　鳥越はお祭りを例に挙げ、次のような説明をしている。お祭りが開催され、そこで人びとが和気あいあいとしているという結果を見て、お祭りの機能は親睦であると結論づけるのが機能主義である（鳥越　一九九七：九）。

＊7　神戸市丸山地区における住民運動を契機とした地域づくりの取り組みなどがその代表例と言えるだろう。

＊8　内発的発展論は、同時期に経済学者によっても提唱されている。代表的な論者としては宮本憲一、保母武彦らを挙げることができる。また、経済学者である玉野井芳郎は内発的発展論と非常によく似た「内発的地域主義」という概念を提起している（玉野井 一九七九）。そのいずれも地域に内在する自然環境、歴史的環境、文化を資源として重要視している。

＊9　環境社会学は、現場に積極的に赴き社会的現実を把握することを通じて問題解決の方途を探る、問題解決志向を特徴とする（飯島 一九九八）。日本において環境社会学が学問分野として成立したのは八〇年代後半～九〇年代にかけてであり、前述の「分析から創造へ」という社会学への要請に対応する形で誕生したと言える。

＊10　近年の傾向として、町並みを含む歴史的環境を単に保存するのみにとどまらず、再生・活用しようとする志向が見られている。この方向への展開を単なる保存と区別する意味で「歴史的環境の保全」と呼ぶようになっている（片桐 二〇〇〇）。本書も、歴史的環境の再生・活用に対する関心から構成されているため、保全の用語を用いる。以下では、凍結的に維持することをさす保存と区別して、当該環境の再生や改善、活用への志向を内在する概念として保全の用語を用いていきたい。

＊11　本書では、複数のアートプロジェクトの分析を通じて課題の検討を行っていく。

＊12　生活環境主義については、鳥越・嘉田編（一九八四）、鳥越編（一九八九）、鳥越（一九九七）嘉田（一九九三）、松村（二〇〇七）を参照した。生活環境主義は、一九八〇年代に琵琶湖畔で実施された調査の中から誕生した。生活環境主義は自然環境の保全をめぐって生まれた分析枠組みである。しかし現在では、その分析対象は狭い意味での自然環境にとどまらず歴史的環境にまで広がっており、歴史的環境の保全に対しても、生活環境主義の視点から研究が行われていることを最初に指摘しておきたい。この点については、本章一・三も参照のこと。

＊13　以下に述べる「言い分」は権力論の中で議論されている概念である。

＊14　この「言い分」をめぐる研究は正当性／正統性（レジティマシー）をめぐる論理と接続可能であることが指摘されている（松村 二〇〇七）。

＊15　ここで挙がっている問題点や生活者の意思決定を絶対視することの困難の存在から、堀川もよそ者論の展開を踏まえた生活環境主義の再検討の必要性を指摘している（堀川 一九九九）。松村（二〇〇七）の場合と比べると着眼点は少々異なってはいるが、生活環境主義がよそ者をどのように位置づけるのかに注目しているという点では共通している。

＊16　近年では、踊りなどの伝統文化も歴史的環境の中に含め、景観、遺跡などと同じ問題関心に基づき、その保全を議論しようとする動きがある（足立 二〇〇四など）。

＊17　片桐（二〇〇〇）、野田（二〇〇一）も木原（一九八二）の議論に依拠する形で歴史的環境保全の対象の拡大過程を説明している。本書でも、木原の議論に従って、保全対象の拡大過程を確認しておきたい。

＊18　歴史的環境の中では歴史的な風景、建築物や建造物群が景観と定義されてきた（野田 二〇〇一）。本書で景観をどのように定

義するかについては一・三で詳述する。

＊19　空間と場所の違いについては町村（二〇〇七）も論じている。

＊20　本書でいう、保全。森久の論文中では用語として保存が用いられているため、そのまま引用した。以降、本書での保全にあたる意味を含めて保存の用語が用いられている文献については、元の文献の用語に基づき保存という表記のまま引用を行う。

＊21　鳥越は、実際に過去に存在した「歴史的事実」と住民たちが考える「歴史的イメージ」を区分しており、歴史的イメージから住民たちが自らの生活文化を形成し、景観を創造することを首肯している（鳥越 一九九七）。

＊22　本書では、福田の議論によって、文化景観を「町並みをはじめとして、人間の手によってデザインされた庭園や公園、歴史的自然環境地区、文化性を内包する自然遺産」ととらえる（福田 一九九六）。

＊23　これまでは、自然環境の保全は主に環境省によって担われ、歴史的環境の保全は、文化財保護法に基づき、文部科学省（文化庁）によって担われる（野田 二〇〇一）という分業体制があった。

＊24　重要文化的景観の選定基準は次のように告示で定められている。①地域における人々の生活または生業及び当該地域の風土により形成された景観地のうち、我が国民の基盤的な生活または生業の特色を示すもので典型的なものまたは独特のもの。②①が複合した景観地のうち、我が国民の基盤的な生活又は生業の特色をしめすもので典型的なもの又は独特のもの（文化庁監 二〇〇九）。

＊25　二〇〇九年に選定された宇治の文化的景観はこのような例の典型である。茶文化に関連する有形・無形の要素を留める文化的景観と認定されており、自然観環境である茶畑と歴史的環境である町並みが総合的に文化的景観として評価されている（文化庁 二〇一〇）。

第Ⅱ部 直島におけるアートプロジェクトの展開

「直島における成人の日の風景」（撮影：岡本雄大）
草間彌生「赤かぼちゃ」2006年　直島・宮浦港緑地

第四章　直島の開発の歴史をたどる——アートの島への道のり

第四章では、第Ⅱ部で事例として取り上げる香川県直島の開発の歴史を整理する。今では「アートの島」として世界的に知られる直島は、いったいどのような歴史を経て現在にいたったのだろうか。まず最初に、直島の産業構造の変化を時系列に沿って確認し、その特徴を指摘する（第一節）。続いて、大正期以降直島がたどってきた開発の軌跡をさらに詳細に検討していく。まず、大正期から一九六〇年代における、銅製錬所誘致の経緯と、製錬所の操業が地域社会にもたらした影響を検討する（第二節）。次に、一九六〇年代以降の製錬所の合理化に伴う観光事業の展開過程を整理する（第三節）。最後に、本書で分析対象とするベネッセを主軸とした文化事業の経過を確認する（第四節）。

第一節　直島町の概要*1

一・一　直島とは

香川県香川郡直島町は、瀬戸内海の東部に位置し、直島本島を中心に大小二七の島々からなる（図4-1）。徳川時代には幕府直轄の天領地として栄えた地域である。その後、一八九〇年に町村制の施行によって香川県香川郡直島村が発足した。一九五四年には町制が施行されて直島町となり、現在にいたっている（直島町史編纂委員会編　一九九〇、直島町　一九九六）。

直島は、明治期以降一度も他の町村と合併せず単独の町として存立している点が大きな特徴となっている。

直島本島の面積は約八平方キロメートルと小さく、県全体のわずか〇・四％にすぎない。人口も二〇一五年時点で三一三九人であり、県全体（九七万六二六三人）の約〇・三％にとどまっている。しかし、この面積・人口ともに限られた直島には年間七二万七〇五七人（二〇一六年）もの観光客が訪問している。観光客の多くは、島内で展開する現代アートのプロジェクトを目的に島を訪れている。瀬戸内海の小島である直島で、現代アートのプロジェクトが展開していった過程については、島の産業構造の転換と関連づけて本章の最後で詳しく見ていくことにしたい。

直島は行政区分上六つの地区によって構成されているが、実質的に島の人びとが主に居住する宮ノ浦・本村・積浦の三つの集落に区分される場合が多い＊[2]。

一・二　直島の産業構造

図4-1　香川県直島の位置

出典）川勝（1995）。

直島は、大正期に島北部に三菱マテリアルの銅製錬所を誘致しており、現在も銅が生産されている。一九一九年の製錬所操業開始当初、従業員数は三〇〇名余りだったが、施設の拡大や生産量の増加に伴って従業員数は増加の一途をたどった。第二次世界大戦下には、七千名近い島内人口のほぼ半数が製錬所と何らかの関わりを持つようになっていた（直島町史編纂委員会編　一九九〇）。

表4-1　産業別従業人口推移（直島町）

区分		1950年	1960年	1970年	1980年	1990年	2000年	2015年
		人数(%)	人数(%)	人数(%)	人数(%)	人数(%)	人数(%)	人数(%)
総計		2,527(100.0)	2,947(100.0)	2,918(100.0)	2,476(100.0)	2,235(100.0)	1,772(100.0)	1,654(100.0)
第一次産業	農業	356 (14.1)	201 (6.8)	98 (3.4)	22 (0.9)	24 (1.1)	3 (0.2)	3 (0.2)
	林業・狩猟業	0 (0)	24 (0.8)	0 (0)	4 (0.2)	0 (0)	2 (0.1)	4 (0.2)
	水産業	187 (7.4)	200 (6.8)	161 (5.5)	177 (7.1)	147 (6.6)	148 (8.4)	85 (5.1)
	小計	543 (21.5)	425 (14.4)	259 (8.9)	203 (8.2)	171 (7.7)	153 (8.6)	92 (5.6)
第二次産業	鉱業	26 (1.0)	28 (1.0)	8 (0.3)	24 (1.0)	19 (0.9)	32 (1.8)	0 (0)
	建設業	141 (5.6)	261 (8.9)	319 (10.9)	256 (10.3)	263 (11.8)	207 (11.7)	111 (6.7)
	製造業	1,482 (58.6)	1,494 (50.7)	1,344 (46.1)	1,145 (46.2)	916 (41.0)	560 (31.6)	474 (28.7)
	小計	1,649 (65.3)	1,783 (60.5)	1,671 (57.3)	1,425 (57.6)	1,198 (53.6)	799 (45.1)	585 (35.4)
第三次産業	卸・小売業	95 (3.8)	204 (6.9)	270 (9.3)	276 (11.1)	248 (11.1)	185 (10.4)	123 (7.4)
	金融・保険・不動産業	5 (0.2)	9 (0.3)	9 (0.3)	24 (1.0)	22 (1.0)	15 (0.8)	16 (1.0)
	運輸・通信業	110 (4.4)	200 (6.8)	368 (12.6)	224 (9.0)	217 (9.7)	167 (9.4)	141 (8.5)
	電気・ガス・水道業	0 (0)	6 (0.2)	5 (0.2)	5 (0.2)	5 (0.2)	8 (0.5)	10 (0.6)
	サービス業	102 (4.0)	285 (9.7)	277 (9.5)	272 (11.0)	307 (13.7)	365 (20.6)	569 (34.4)
	公務	23 (0.9)	34 (1.2)	59 (2.0)	47 (1.9)	65 (2.9)	80 (4.5)	70 (4.2)
	その他	0 (0)	1 (0.0)	0 (0)	0 (0)	2 (0.1)	0 (0)	48 (2.9)
	小計	335 (13.3)	739 (25.1)	988 (33.9)	848 (34.2)	866 (38.7)	820 (46.3)	977 (59.1)

出典）国勢調査をもとに作成。

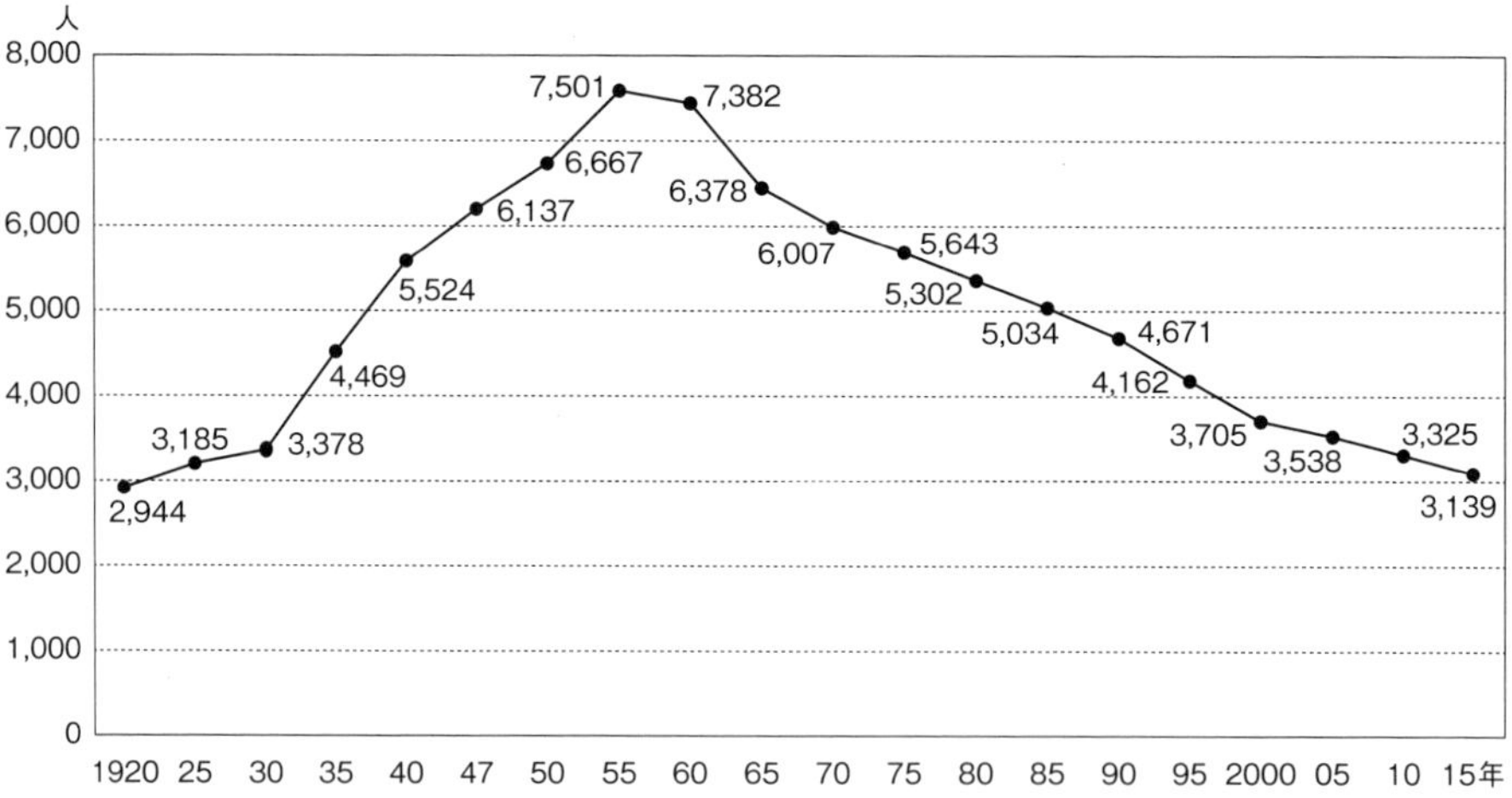

図4-2　直島町の人口推移

出典）国勢調査をもとに作成。

表4-2　年齢三区分別人口推移（直島町）

	1950年	1960年	1970年	1980年	1990年	2000年	2015年
総数	6,667	7,382	6,007	5,302	4,671	3,705	3,139
（%）	100.0	100.0	100.0	100.0	100.0	100.0	100.0
0～14歳	2,588	2,580	1,420	1,139	755	462	313
（%）	38.8	34.9	23.6	21.5	16.2	12.5	10.0
15～64歳	3,807	4,462	4,193	3,561	3,137	2,306	1,750
（%）	57.1	60.4	69.8	67.2	67.2	62.2	55.8
65歳～	272	340	394	602	765	937	1,073
（%）	4.1	4.6	6.6	11.4	16.4	25.3	34.2

出典）国勢調査をもとに作成。
注）1990年は年齢不詳が14人存在したため年齢別人口の合計と総数が一致しない。

直島は戦後も三菱の企業城下町として発展を続けていった。製錬所の操業開始に伴い、島内の基幹産業も農業・漁業などの第一次産業から第二次産業にシフトしていくこととなる。

直島では、一九五〇年の段階ですでに第二次産業への従業者割合は六五・三％に達し、第一次産業従業者割合の約三倍にのぼっていた。その後一九七〇年には、製錬所の合理化により島内の第二次産業従業者割合は六割を切り、減少傾向が見られるようになっていた。この第二次産業の従業者減少と時を同じくして、サービス業を中心とする第三次産業の従業者割合は二〇年間で二〇％近く増加している（表4―1）。

一九六〇年代にはすでに機械化による人員整理が始まり、「製錬所は大丈夫か」と不安がささやかれるようになっていたのである。[*3] この人員整理に伴って人口も減少し始め、特に一九六四年～六五年にかけては転出が転入を大幅に上回る状況が発生している。

このような状況を受けて、島内では三菱に「おんぶに抱っこ」の状態から脱却し、自主的な産業振興をめざす動きが見られるようになる。一九六〇年、前年の選挙で初当選を果たした三宅親連町長は予算編成の中で観光事業の基礎確立を掲げ、観光開発に積極的に取り組む姿勢を示した。その担い手として名乗りを挙げたのが、当時すでに一大チェーンを築きあげていた藤田観光であった。[*4] 藤田観光が主導する形で、一九六七年に島南部に海水浴場、キャンプ場を備えた「フジタ無人島パラダイス」がオープンする。藤田観光は、オイルショックなどの影響で一九八七年に直島からの撤退を余儀なくされることとなるのだが、その後土地の一括譲渡を受け、島南部の開発を担ったのが福武書店（現・ベネッセホールディングス）であった。以後ベネッセを中心に、現代アートを核とした文化事業が展開され、現在直島は「現代アートの島」として広くその名を知られるようになっている。ホテルと美術館の複合施設であるベネッセハウスがオープンした一九九二年には年三万六〇〇一人であった観光客の入込数は、二〇一六年には、七二万七〇五七人にまで増加している。文化事業の展開に伴って第三次産業従業者の割合は増加傾向にあり、最初の施設であるキャンプ場がオープンした直後の一九九〇年には三八・七%であったが、ホテルと美術館の複合施設であるベネッセハウスのオープン（一九九二年）や家プロジェクトの開始（一九九七年）を経た二〇〇〇年には四六・三%に増加し、地中美術館開館（二〇〇四年）後の二〇一五年には約六割（五九・一%）にまで達している。[*5]

ここまで検討してきたように、直島は日本の産業構造の変動を先取りするような形で、島の基幹産業を変化させてきた地域と言える。また直島は、近年諸外国から魅力ある観光地として注目を集めており、二〇〇〇年には旅行雑誌「Traveler」[*6]の中で「世界で次にいくべき七つの場所」の一つとして取り上げられている。[*7]非常に多くの外国人観光客が直島を訪れており、海外からのアクセスが不便な瀬戸内海の離島としては、その人数の多さは特筆すべきものがある。この点においても、直島は現在の日本全体の状況を先取りするような形で観光産業を展開させていると言えるだろう。以下では大正期以降、直島がたどってきた軌跡をさらに詳しく検討していきたい。

第二節　第一次産業の限界と銅製錬所の誘致――大正期～一九六〇年代

二・一　第一次産業の限界

直島は大正期に三菱合資会社（現・三菱マテリアル）の銅製錬所を誘致し、以後三菱の企業城下町として発展を続けてきた。本節では、まず直島が製錬所誘致にいたった経緯を確認した上で、製錬所の操業が地域社会にもたらした影響について検討していきたい。

近世以降、直島は農業、漁業、海運業、製塩業の四つの産業を経済基盤としてきた。ここでは、明治・大正期の各産業の様相を簡単に見ておきたい。まず海運業は、近世初頭に幕府の米や藩の米を江戸・大坂に運ぶことで栄えてきた。しかし、近世中期に入って幕府が政策を変更し、江戸の商人の用意した船に米を積ませるようになったことで直島の海運業は次第に衰えていくこととなる。一方、製塩業においては江戸末期に島の中央部に入浜式の塩田が開発され、明治期には島内の貴重な就業先となっていた。

また、四方を瀬戸内海に囲まれた直島では、漁業も主要な産業の一つである。明治期の直島の就業者別人口を確認すると、純粋な専業としては農業が第一位であるが、農業と漁業を兼業する者が多かったことが分かる。直島近海は鯛漁場の好場所であり、毎年春になると鯛や鰆が盛んに産卵を行った。漁業者は、この機会に網縄などを利用して数十万尾を捕獲している。直島の鯛網漁法は有名であり、その優れた技術は近隣の地区に伝習されるほどであった（直島町史編纂委員会編 一九九〇）。

そして他の多くの地域と同様に、島の経済の中心となるのはやはり農業であった。明治維新後に実施された地租改正による負担の増大と人口増加に対応するため、地租改正後の直島では、限られた土地の中で耕地の拡大が進められた。一九一三年に村長に就任した松島九三郎を中心として、一九一五年には耕地整理事業が実施されることとなる。耕地整理事業の最大の目的は農業用水の確保と耕地の水田化であり、溜池の改修および米作可能田の増田が行われた。しかし、この耕地整理は多額の事業費を要したため、村は借入金の返済に困窮することとなる。またこの年、直島は二度も台風に襲われたことから、米作は平年の六割の収穫にとどまり、近年めったに見られないほどの凶作となった。さらに、伝染病が流行したことで衛生費の支出がかさみ、村の財政を圧迫していた。

このような状況の中、村長は農業・漁業についてはこれ以上の発展は望めないと考えるようになり、企業誘致によって島の経済を立て直すという選択肢を選ぶ。

二・二　企業誘致

松島村長は、企業の誘致によって村民に就労の途を開き、それによって村民の生活の安定を図ることを考え、一九一六年に入って三井造船所の誘致運動を展開した。しかし、直島には造船所に必要となる広大な敷地がなく、かつ海が浅いことから地形的に造船所の立地には不適当であった。そのため、三井造船所の誘致は不調に終わってしまう（吉田編 一九七三）。

その頃、偶然時期を同じくして、三菱合資会社が、新しい銅製錬所建設用地を瀬戸内海の島嶼部で探していた。建設にあたって島嶼部を予定地としたのには次のような事情がある。明治中期〜大正にかけて大きく成長した産銅事業は各地で亜硫酸ガスによる深刻な環境被害を招いていた。そのため補償問題に悩まされてきた業界は瀬戸内海の島嶼部に注目するようになっていたのである。*8 製錬事業には大量の水が必要となるため、三菱は当初、湧き水に恵まれた直島の隣島、豊島に工場の設置を希望していた。しかし、煙害等への懸念から豊島村民の反対に遭い、設置を断念せざるを得なくなる。この状況を受けて、松島村長は製錬所の直島誘致に乗り出していく。

契約書

今般、三菱合資会社に於いて、香川県香川郡直島村知内に於いて、製錬所を設置せられるに依り、三菱合資会社と直島村の間に下の通り契約す。

以下、直島村を甲者と称し、三菱合資会社を乙者と称す。

1. 甲者は乙者経営の事業を歓迎するを以て、村は終始好意をもってこの事業を賛助するものとす。
2. 乙者は事業開始の頭初に於いて予め精々煙害鉱害除害の設備をなし、尚万一被害ありたる節は村長の意見を参照し、乙者は相当の見積もりをなし、村長経由被害者に相当の損害賠償をなすものとす。
3. 乙者は、直島村ほどの目的をもって、直営以外の事柄をなるべく直島村民に経営なさしめ、充分便宜を供与するものとす。
4. 乙者は今後、土地必要な場合は直島村長より充分なる便宜を供与するものとす。
5. 乙者の買収地内にある住民は村長と協議の上、乙より相当の移転の通知を受けたる時は何時たりとも異議なく移転するものとす。
6. 乙者買収地内にある墓地は、甲者に於いて適当の地に移転せしむるものとす。

大正5年8月

三菱合資会社事務担当社員	岩崎	小弥太 ㊞
直島村長	松島	九三郎 ㊞
直島村助役	三宅	広太 ㊞
村会代表村会議員	高橋	清太郎 ㊞
	花岡	数太朗 ㊞
	高田	竹次郎 ㊞
戸主会代表		
戸主会長	石橋	兵造 ㊞
同副会長	堺谷	幾太郎 ㊞
同幹事	石堂	柏二郎 ㊞
風戸浦地区地主惣代	高田	園次郎 ㊞
立会人	植田	孫右ヱ門 ㊞

図4–3　製錬所設置に関する契約書

出典）吉田編（1973）をもとに筆者作成。

村長は一九一六年六月に臨時村会を招集して製錬所誘致を訴え、村議会は満場異議なくこの事業を村是として認めた。しかし、村内では誘致をめぐって意見が真っ二つに分かれ、連日連夜会合が開かれることとなる。将来の生計に不安を持つ多くの村民は貴重な就業先として製錬所の建設に賛成した。一方、農地や塩田を所有する地主は、煙害を懸念して建設に反対していた。村長は数十回に及ぶ会合の中で地主会を説得し、同年八月に三菱合資会社と直島村の間で製錬所設置の契約書が交わされる。

ともに煙害を危ぶみながら、豊島は拒否、直島は誘致と二つの島は製錬所に対して真逆の結論を下している。このような差異が生じた背景には、当時の両島の経済基盤の格差がある。製錬所建設が取りざたされた大正初期、豊島では特産品である「豊島石」の加工と稲作が盛んに行われており、当時の村誌には村財政のゆとりを示す数字が並んでいた。人口の面でも直島の約一・四倍にあたる約二八〇〇人が居住している。一方、先にも述べたとおり直島の財政は破綻の危機に瀕しており、外部資本の導入に活路を求めざるを得ない事情があった。そのため、製錬所設置にあたっての契約条件も企業側に優位なものとなっており、特に煙害補償に関して、村は譲歩を強いられる形となった[*9]（図4-3）。こうして、直島は半農半漁の島から一転、「鉱工業の島」として歩んでいくこととなる。[*10]

二・三　製錬所の操業開始

一九一九年一月に島北部の風戸で製錬所の操業が開始され、多くの島民が製錬所と直接・間接に関係を持つ仕事に就くこととなる。島民は製錬所の操業そのものに従事するだけでなく、荷揚作業や原料鉱石・燃料石炭などの構内運搬といった労働力供給の役割も担っていくこととなる。これに伴って直島の経済は製錬所に大きく依存するようになり、製錬所は島の財政に大きな影響力を持つようになっていった。

操業開始直後の一九二〇年には、すでに島に居住する男性の三六・四％が工業を本業とするようになっており、操業開始後わずか一年で、兼業の者なども含めると総人口の三〇%が製錬所の経済的影響下に置かれていたことが分かる。[*11]その後、一九三三年に施設が拡張されたことで生産能力は飛躍的に高まり、これを受けて人口は大幅に増加していった（図4-2）。ここでは、宮ノ浦、本村の各集落の特徴を確認し、製錬所の操業開始に伴って二つの集落にどのような影響が及んだのかを見ていきたい。

宮ノ浦集落

宮ノ浦集落は、製錬所に隣接するため、操業開始に伴って最も大きくその姿を変えた集落と言える。製錬所操業開始前の宮ノ浦は、本村と比べるとかなり小さな集落であった。「家数人別増減帳」および「直嶋納方午外小物成帳」に残る一七世紀後半（一六七七年）の記録によれば、本村の戸数が二〇〇戸、人口は八五八人であるのに対し、宮ノ浦の戸数はわずか一〇戸、人口は五八人にすぎない。明治期（一八七二年）に入ると戸数はいくぶん増加し、三五戸にまで増えているが、それでも本村の四分の一程度にとどまっている。[*12]経済基盤は本節二・一でも挙げたとおり農業と漁業であり、一六七七年には四隻の船が漁業を行っていた記録が残っている。[*13]また、農業に関しても、江戸期に新田開発が行われた記録が残っているが農業、漁業のいずれも人口の少なさから、本村に比べると小規模なものにとどまっていた。

この港に面した小さな集落が大きくその姿を変える契機となったのが、製錬所の操業開始だったのである。先に述べた直島における人口増加の主要な要因は製錬所関係者の島外からの移住（社会増）であったため、宮ノ浦集落の北側（宮ノ浦集落と製錬所との間の地域）には次々と社宅が建設され、製錬所から宮ノ浦集落に向かって、ヘキ・オノ神・鷺の松・宮社と名付けられた（吉田編 一九七三）。島の人口が急増のただ中にあった一九五二年には、総人口の五一%が社宅に居住しており、社宅と隣接する宮ノ浦が島の交通・サービス業の中心となっていった。

離島という立地を反映して、社宅以外の福祉施設の整備にも力が入れられている。古くは、製錬所の所員に牛乳を提供するための牛舎の設置（昭和初期）に始まり、理容店の土地・家・維持費の供与、総合病院、体育館、文化会館など施設の充実ぶりは著しかった。総合病院には、内科・外科・産婦人科・小児科・耳鼻科が揃い、昭和三〇年代には月に七千人もの利用者数を記録している。また、文化会館は映画の専門技師を抱え、毎月のように封切り作品が公開され、住民はこぞって足を運んだという。

また、製錬所の操業開始に伴って、社宅の建設のみにとどまらず、宮ノ浦集落のあり方そのものも変化していくこととなる。製錬所が建設された北部の風戸地区には、一〇戸あまりのごく小さな集落があったが、彼らは図4-3で示した契約書の中にも記述のとおり（契約書の第五条参照）、製錬所建設に従って転出を余儀なくされることとなる。風戸集落は操業開始後もしばらくの間は一部の社宅と併存する形で存続していたが、その後の工場拡張に伴って土地が買収され、一九四〇年に全戸が移転した。移転先として、新たに宮ノ浦地区の山が切り開かれ、風戸の人びとはそこに居住することとなった。この地区は、元来宮ノ浦集落の人びとが居住していた地域と区別して新宮と呼ばれた。従来の宮ノ浦集落はこれと対比して旧宮と呼ばれるようになる。社宅と旧宮の間に新たに形成された新宮は島のサービス業の中心地となり、旧宮の端から社宅へと続く道路沿い（＝新宮一帯）には、八百屋・タバコ屋などの商家、喫茶店やスナック・パチンコ屋といったサービス業の店舗が軒を連ねた（玉井 一九六二、吉田編 一九七三）。

本村集落*14

本村集落は島の中央部に位置し、近世に築かれた城下町の町並みを残す集落である。近世以前、直島の集落の中心は最も南の積浦にあった。しかし、積浦の立地は外部からの攻撃を受けやすいという理由から、戦国時代に直島を領有した高原氏によって本村に高原城が形成され、城下町としての本村集落が形成されていくこととなる。高原氏がどの時点で直島を領するようになったのかは、明らかになってはいない。はっきりと記録に残っているのは中世の後半から次第に台頭していたと考えられる高原氏が、羽柴秀吉の備中高松城の水攻めに参陣し、一五八二年に秀吉から直島・男木島・女木島の三つの島の領有を認められたという事実である。高原氏は本村の東の丘に高原城を築き、集落は城下町として整備された。この城下町の町並みはほとんど変化することなく現在まで受け継がれている。江戸時代に描かれた直島旧跡順覧図絵における本村の町並みや一七八一年の天明の大火を記録した図面[*15]と現在の本村の町並みが同じであることは、本村の町並みが変わることなく守られてきたことを表している。高原氏はその後、関ヶ原の合戦で徳川家康の東軍についたため徳川幕府の旗本に取り立てられ、一六七一年にお家騒動で改易されるまで、六代九〇年にわたって直島は高原氏によって領有された。

この時期、直島では廻船業が栄え、最盛期の一六七七年に記録された検地帳によれば、いわゆる千石船（実質は三五〇〜六〇〇石）が二四隻、総積石数で九千石に達しており、小豆島全島の九八〇〇石に匹敵する規模を誇っていた。この時期直島の船持層の中で最大の船を所持していたのが堺屋（屋号）の九郎兵衛である。堺屋の子孫は現在も本村集落に居を構えており、屋号を由来とした堺谷が名字となっている。この堺屋は江戸中期には堺屋平蔵と名乗って大坂の堺屋市兵衛の持つ隆徳丸（千石積の極めて巨大な船である）に乗り、船頭として津軽青森、盛岡などの日本海方面を中心とした買い積みを行っていた。これは、近世中期に高原氏が改易された頃から徐々に衰退しつつあった直島の廻船業が大坂の商人資本によって活動する廻船稼ぎになっていった一例とみることができる。その後堺屋は七代目が再び直島で船を持ち、江戸末期から明治初頭には順進丸（一五〇石）、隆徳丸（一五〇石）、地徳丸（一五一石）の三隻の船で大坂木津川などへ塩の運送を行っていた。この時期、直島の廻船は一時期に比べれば勢いを取り戻しており、一八四九年には四八八石積を記録している。

先に述べたとおり、近世中期に直島の廻船業が徐々に規模を縮小しつつあった時期、堺屋平蔵をはじめとして島の多くの男子が船頭や水夫として京都、大坂に出稼ぎに行くようになった。彼らを通じて島の人びとは上方文化に触れる機会を持つようになり、これが城山の歌舞伎舞台の建設につながっていくこととなる。

上方文化に触れた島の人びとは、直島においても歌舞伎・狂言を自演したいという意欲を強く持つようになる。高原氏の改易後、直島は天領（幕府直轄地）となっていたため、各地の大名領と比べると芸事に対する取り締まりも緩やかであり、一九世紀初頭に、天明の大火で焼失した高原城の跡地に廻り舞台、せり上げなどを備えた本格的な芝居小屋が建設された。この芝居小屋では明治初年まで春の農・漁閑期と秋祭りには島内の役者による歌舞伎芝居が上演され、共有の財産として大切に管理されてきた。その後も昭和初期まで青年団が芝居を行い、人びとはござを敷き、弁当を持ってそれを見に行くという習慣が続いていた。[*16]

先述のとおり、本村は製錬所操業開始まで直島の中心としての機能を果たしてきた集落であり、明治期に新たに置かれることとなった小学校や役場などの教育、行政の中心となる施設はすべて本村に建設されている。[*17]一九三四年には、製錬所の操業開始に伴って児童数が急増し、教室不足を解消するために増築や既存校舎の配置の変更整備が行われた。しかし、宮ノ浦集落と比較すると製錬所開業の影響は相対的に小さく、島外からの移住者も少なかったため本村集落の景観は製錬所開業前後でほとんど変化していない。

ここまで見てきたとおり、製錬所の操業開始以降、従業員数は順調に増加を続け、直島は三菱の企業城下町として「財政優等生」の道を歩んできた。財政基盤の脆弱な多くの離島が陸側との合併を余儀なくされた昭和の大合併の際にも、一・〇を超える優れた財政力指数を背景に単独で町制へ移行している。[*18]

しかし、一九六〇年代に入ると、技術革新の結果として合理化が行われるようになり、三菱関係者の島外転出が相次ぎ（人口の社会減）、直島の総人口は徐々に減少していく。この状況に危機感を抱いた町行政が打ち出したのが、観光産業の確立という新たな施策であった。次節では、直島の観光開発の歩みについて詳しく見ていくことにしたい。

第三節　製錬所の合理化と観光事業の開始――一九六〇年代～

三・一　観光開発の端緒

第一節で記述のとおり、直島で本格的な観光開発が行われるようになるのは、一九六〇年以降のことである。ここではまず、第二次世界大戦終了後の十数年間における島の観光事業のあり方を確認しておきたい。戦後の観光開発の発端は、一九五一年に島南部の琴弾地海岸が「讃岐百景」の一つに選ばれたことにあった。島南部の自然景観が高く評価されたことで、島民の間に「観光立村」への思いが高まっていくことになる。この時期に、産業振興組合長などの有志が直島観光協会を結成し、本村集落にある桃山に展望台を建設している。これが、戦後初の観光施設となった。その後、一九五四年に町制が施行されたことをきっかけに、町内の整備が積極的に進められるようになる。一九五六年には直島バスが開通し、観光開発に必要な基盤も整えられつつあった。これを受けて、一九五七年には町議会の中にも観光委員会が設置される。観光委員会は開発計画立案のための調査活動を実施し、何が観光資源となり得るのかについて検討を重ねていった。この時期、観光委員会が資源として考えていたのは前述の琴弾地海水浴場のほか、近県随一の地蔵山からの展望、喜兵衛島古代製塩遺跡、直島製錬所、わが国唯一の立体塩田などであり、「多分に名所めぐり的な色彩の濃いものであった」(直島町史編纂委員会編　一九九〇)ことが指摘されている。観光委員会は、一九六一年には開発事業の第一弾として地蔵山の山頂に展望台を完成させている。また、時期を同じくして民間資本による宿泊施設が島の中で営業を始めるが、いずれも小さな施設であり、その集客力は限定的なものにとどまっていた。

三・二　藤田観光の進出

このような状況を背景に、三宅町長の当選を契機として直島はより積極的な観光開発へと舵を切っていく。三宅町長は直島を三つの地区に分け、次のような役割分担を考えていた。まず第一に、北部は製錬所を核として関連産業の振興をはかり、島の経済基盤とする。第二に、中央部は文教地区を中心にした教育の場、そして各集落を中心とした住民の生活の場とする。第三に、南部は美しい自然景観を活用して観光開発を実施する（三宅 一九九八）。この構想からは、製錬所に依存する従来の産業構造から脱却し、観光という新たな経済基盤の獲得をめざす町行政の姿勢を確認することができる。

こうして、観光事業を新たな島の産業の柱とすることをめざし、開発の方法が検討されていくこととなる。一九六〇年の夏には、早速臨海学校の受け入れというパイロット的な事業が実施され、それなりの成果を上げることに成功した。しかし、この事業は学校や役場の支所といった公共施設が具体的な受け入れ先になっていた。このパイロット事業実施の結果、実際に観光事業を展開していくためには、総合的な開発計画に基づく大規模な施設整備が必要であることがはっきりと認識された。そのためには、中小の業者がバラバラに開発を行うのではなく、特定の業者が総合的な開発を行う必要があると考えられるようになる。

この島南部の総合開発に手を挙げたのが、当時すでに一大チェーンを築きあげていた藤田観光であった。新たに島の南部を開発するにあたって、町行政は担当業者の選定に大いに悩むこととなる。その時、藤田観光と直島の間をつないだのが東宝社長（当時）の清水雅であった。清水は直島本島沖の尾鷲島（直島町に所属する二七の島の一つである）に別荘を所持しており、その縁で三宅町長と親交を深めていた。三宅町長は、島を訪れた清水に相談を持ちかけ、藤田観光社長の小川栄一を紹介されたのである。

藤田観光による開発は翌一九六一年から開始され、用地買収・新会社設立が矢継ぎ早に実施されていく。新会社は「日本無人島開発株式会社」と名付けられ、「山陽新幹線が開通する一九七二年までに直島を中心とした一大保養地を作る」（吉田編　一九七三）ことを目的に開発が進められていった。少し長くなるが、施設計画の概要を引用しておきたい。①中心施設として、本島と柏島の間を締め切って大養魚場を築造し、新鮮な魚の供給源とレジャー魚釣りの場とする。②琴弾地附近にホテルを建設し、短期滞在者を受け入れる。③姫泊地区に貸別荘を建設し、長期の滞在客を受け入れる。④附帯施設として海水浴場・キャンプ場・ヨットハーバー・スポーツ施設・植物園・周遊道路・接岸施設などを整備する。この概要から、瀬戸内海を中心とした滞在型観光地の建設が志向されていたことが読み取れる（直島町史編纂委員会編　一九九〇）。一九六七年には琴弾地海岸に「フジタ無人島パラダイス」が開業し、海水浴場・レストハウス（定員二〇〇名）・テンガロー（定員二一四名）が営業を始めた。同時に、揚島養魚場においても鯛養殖・鯛釣り・料理提供が行われるようになった。その後、一九七三年までに、揚島―琴弾地をつなぐ遊歩道・ユーカリハウス（定員五六名）の建設などが実施される。

フジタ無人島パラダイス開業後、数十人の島民が雇用され、売店の販売・従業員の賄い・掃除などの業務に従事するようになる。また、観光客の受け入れ口である宮ノ浦港周辺には、海水浴客を対象とした商店も見られるようになった。しかし、観光開発の主軸はあくまで藤田観光であり、住民が計画に主体的に関われるような場・システムは全くと言っていいほど整っていなかった。そのため、第三次産業に従事する島民からは「藤田観光が勝手にやっている」（吉田編　一九七三）との声が根強く、観光事業と住民との距離感は遠いものであったと言わざるを得ない。[*19] 町行政も、町有地の提供と引き替えに日本無人島開発株式会社の株を取得し、経営に一部参画していたものの、自ら企画立案を行うなどの働きかけは確認されていない。この時期の開発はあくまで業者を中心とした感が否めないものであったため、「琴弾地の観光事業は島民不在の感があり、こうした事業が発展しても果たして町財政の面以外に島民に還元されるものはあるのだろうか」（吉田編　一九七三）という批判が投げかけられている。また、次項で記述のとおり、計画倒れに終わった施設がオーストラリア植物園・コアラ園であるというのも示唆的である。施設名からは、豪州をイメージした観光地として展開していこうとする、企業側の姿勢がうかがえる。[*20] そこには、直島の地域特性や歴史を観光資源として活用する姿勢はほとんど見られない。

ここまで詳述してきたとおり、直島では一九六〇年代初頭に企業を中心とした観光開発が始まった。島南部にさまざまな施設が整った一九七三年頃までが、開発のピークであったと言える。その当時の日本では、全国総合開発計画・新全国総合開発計画に基づき、大規模工業基地の整備を軸とした開発が進められていた。全国規模で見れば「第二次産業をいかに発展させるか」が国是となっていた時期である。

政策レベルで観光開発が大きな注目を集めるのは、一九八七年の第四次全国総合開発計画（四全総）策定以降のことである。四全総では「交流ネットワーク構想」を基礎とした「多極分散型国土の形成」がめざされることとなる（川端一九九四）。この第四次全国総合開発計画の具体的な方策は、「大規模リゾート地域の整備、交通通信体系の整備」であり、一九八七年には「総合保養地域整備法」（リゾート法）が制定されている（鵜飼一九九二）。リゾート法制定に伴って、全国各地でさまざまなリゾート開発が構想されるが、その計画はいずれも「ゴルフ場、ホテル、テニスコート、スキー場、マリーナ」の建設（山田一九八九）が羅列されたものばかりであった。そのため、四全総に基づく地域開発政策は「地域の時代の掛け声とは裏腹に、全国で一層の画一化が展開してきている」（川端一九九四）という批判を免れなかった。観光開発をめぐって当時の直島で起きた問題は、バブル期に全国各地で頻発した問題構造を先取りしていたと言えるだろう。

三・三　無人島パラダイスの撤退

一九六一年の開発開始以来、一九七〇年代初頭までは少々の遅れを出しつつも計画に沿った開発が進められていた。しかし、一九七三年秋に起きた第一次オイルショックの影響により、開発計画に大幅な狂いが生じ始める。また、当時国立公園特別地域[*21]に対しては非常に厳しい建設規制が定められており、大型船の接岸施設・ホテル・コアラ園・オーストラリア植物園といった開発の中心となる施設に対し、建設の許可が降りなかったことが遅れに拍車をかけた。その結果、一九七八年頃には藤田観光による開発は事実上の中止・整理期に入る。最終的には一九八七年の日本無人島開発株式会社の解散により、足かけ二八年にわたる観光開発は終わりを迎えた。藤田観光を中心とする開発は道半ばで頓挫してしまったが、町は南部の観光開発を進める意向を強く持っていた。そこで、町が土地の譲渡先として決定したのが、通信教育事業大手のベネッセであった。[*22]世間一般には「進研ゼミ」を中心とする通信教育のイメージが強いベネッセが、なぜ直島の開発を手がけることになったのだろうか。具体的には、いったいどのような開発が実施されたのだろうか。次節では、ベネッセが軸となって行われた文化事業のあり方を検討していきたい。

第四節　ベネッセを主軸とした文化事業の実施——一九八〇年代後半〜

四・一　ベネッセの進出

直島とベネッセの出会いは、一九八五年に遡る。前節で述べたとおり、当時の直島町は「観光開発の新たなパートナー探し」という課題に直面していた。ちょうどその頃、ベネッセでは初代社長福武哲彦が「子供たちのための夢のある島を創りたい」（福武 一九九八：一六）と考えていた。そこで当時、社長室長を務めていた三宅員義が三宅町長（当時）の甥であった縁をたどって、初代社長が直島を訪れ、三宅町長と懇談の機会を持つ。これをきっかけとして、ベネッセが直島の開発に乗り出していく。一九八七年三月には、藤田観光とベネッセの間で所有地の一括譲渡契約が成立し、新たな開発がスタートした。翌一九八八年には、「直島文化村構想」と銘打った開発計画が立ち上げられる。

四・二　直島文化村構想の発表とベネッセハウス建設

「直島文化村構想」は一九八八年八月に発表された、開発計画のマスタープランの総称である。少し長くなるが、この計画の概要を示しておきたい。「直島文化村構想」においては、芸術文化を基軸に、子ども・高齢者・芸術家・企業家といった多様な立場の人びとの出会いによって芽生える、人びとの創造性を育てる場所の創出が目標として示された（直島町史編纂委員会編 一九九〇）。第一期工事としては、揚島のマリーナとしての活用・倉浦海岸周辺でのホテル建設・広木池周辺のゴルフ場建設・オカメの鼻台地でのホテル建設が計画される。[*23] 最終的には一〇年の時間をかけて、姫泊から揚島の間に、芸術家村・キャンプ場・ホテル・マリーナなどを建設することが企画されていた。

この構想はちょうど四全総の下、全国各地でリゾート開発が次々と企画された時期に発表されている。文化村構想の中でも、ゴルフ場・ホテル・マリーナの建設が謳われており「全国各地で進められているリゾート計画によく見られる施設の組み合わせだ[*24]」という批判が聞かれた。この計画がそのまま進められていれば、いずれ藤田観光の場合と同様に、企業による一方的な開発が問題視される時期がやってきただろう。

しかし、構想の中に存在した「芸術文化」への志向性が鍵となって（「人間・自然・アート・建物の対話と融合」というテーマは一貫しながらも）、その後の計画は大きく変容していくこととなる。

各種の計画の中で、最初に実施されたのは一九八九年夏のキャンプ場のオープンである。それに続いて、一九九二年夏に美術館とホテルの複合施設「ベネッセハウス」がオープンする。ベネッセハウスは、建築家の安藤忠雄によって設計されており、現代アート作品のコレクションが常設展示された。客室は一〇室と小規模で、どちらかと言えば美術館の中にホテルがあるという特徴を持つ建物である。ベネッセハウスの営業開始以降、開発の比重は現代アートの作品展示に移っていく。

四・三　「場所に固有な」作品への注目

営業開始直後のベネッセハウスには、直島とは特につながりを持たない現代アート作品が展示されていた。また、オープンから約二年の間に七回の企画展が実施されるなど（表4-3）、外部に対する発信活動に重点が置かれた。しかし、キュレーターをはじめとする関係者の努力にもかかわらず、各種展覧会に対する来客者は伸び悩んでいた。当時、現代アートは今ほど一般的な存在ではなく、東京・大阪などの大都市でようやく少し紹介が始められたばかりであった。このような社会状況を背景に、キュレーターたちの中に次の疑問が浮かぶようになる。「今は現代アートの黎明期とも言える時期である。今、あえて瀬戸内海の島で現代アートを紹介するにあたって、直島という場所と何の関係もない作品を紹介することに意味はあるのだろうか？」[*25]。

この疑問を出発点として計画されたのが、企画展「Out of Bounds」である。「Out of Bounds」は野外展の形式で開催され、美術館から飛び出した作品が敷地のあちこちに設置された。「Out of Bounds」の大きな特徴は、「瀬戸内海の風景との対話」が作品制作のテーマとなっている点にある。この企画を実現する際には、事前に二〇人の作家が直島を訪れ、下見をしている。その中で展覧会のテーマと合致し、周囲と調和しているという基準から一一作家の作品が選出された。作品の選定にあたっては、敷地内のどこに、どのような作品を設置するのかが最も重要視された。その結果、約半数の作品が場所に合わせたサイト・スペシフィックな新作となった。また、旧作の場合でも、直島の風景の中に置くことで新たなインスタレーションとなり、より生き生きと甦った（南條 一九九四）。その一例として、草間彌生の「南瓜」を取り上げておきたい。草間彌生は、ドットや網の目といった模様を繰り返し描くアキュミュレーションという手法で絵画・オブジェを制作する作家である。「Out of Bounds」で制作された南瓜は、海に突き出した

表4-3　展覧会の展開過程と文化事業（1987～2007年）

年	全体	主な展覧会	家プロジェクト
1987	3月 福武書店、町南部の土地を購入契約		
1988	8月 福武總一郎社長、町議会で「直島文化村構想」を発表		
1989	7月 直島国際キャンプ場オープン		
1992	7月 ベネッセハウスオープン	7～11月 三宅一生展ツイスト 12月～93年4月 柳幸典「WANDERING POSITION」展	
1993		4～7月 蔡国強展 7～9月 キッズアートランド展 9～10月 勅使河原宏「風とともに」展 10月～94年1月 マイクアンドダグスターン展	
1994		4～9月 山田正亮“1965-67”展——モノクロームの絵画 9～11月「Out of Bounds——海景の中の現代美術展」	
1995	7月 ベネッセハウス別館完成		
1996	11月 ベネッセハウス全客室に作品を展示	9～11月 安斎重雄写真展	
1997	7月 家プロジェクト始動		旧立石邸(角屋)調査開始
1998	6月 直島通信創刊 9月 全国美術館館長の集い 12月 メセナ国際賞受賞		2月 角屋「タイムセッティング会」 3月 角屋完成
1999		6～8月 安藤忠雄建築展	3月 角屋「達男垣」「Changing Landscape」 3月 南寺完成
2000			
2001		9～12月 スタンダード展	8月 きんざ完成
2002			10月 護王神社完成
2003			
2004	7月 地中美術館オープン		
2005			
2006		10月～07年4月 直島スタンダード2	
2007			直島スタンダード2展示作品のうち、はいしゃ・石橋・碁会所家プロジェクト参加

出典）秋元ほか編（2000）をもとに筆者改変。

古い栈橋の上に置かれている。この作品の最大の特徴は「この場所」のためにつくられているという点につきる。草間はこれ以前にも「南瓜」を制作していたが、野外での展示を意識して作品がつくられたのは、初めてのことであった。海の青さ、木々の緑の中で黄色に色づけられた南瓜は、栈橋という場所を強く意識してつくられた作品である（秋元ほか編 二〇〇〇：一五八）。南瓜は「Out of Bounds」開催中に永久設置されることが決まり、今では直島のシンボル的な存在となっている。テレビや新聞・雑誌等のメディアに直島が取り上げられる際、しばしば、栈橋に佇む南瓜の姿がそこにある。南瓜以外にも出品作品のうち約半数が常設作品として収蔵されており、島南部の野外展示の中心となっている（笠原 二〇〇〇）。

「Out of Bounds」の開催を契機として、直島ではサイト・スペシフィックワークの制作という基本方針が固まっていく。これ以降、複数の現代アートの作家により、直島という場所に固有な作品が制作されていった。「Out of Bounds」では、作品は野外に設置されたが、美術館の中でも、サイト・スペシフィックワークが制作・収蔵されるようになる。

例えば、ヤニス・クネリスという作家は、直島にすでに存在していた流木などを鉛の板で包むという作品を制作している。制作にあたっては、流木の収集などにベネッセの施設に勤務する住民が参加し、作家の指示のもとで作業を行ったり、作家と語り合う場がもたれた。この時点で初めて、島の住民が作品と関わる機会が生まれたのである。しかし、制作場所が島南部のベネッセの所有地に限定されていたこともあり、「お客さんとしてはどんどん関わってくれているんだけども、作る側との関係で島の人が関わるというのはまださほどなかった時期[*26]」であった。このヤニス・クネリスの作品以降、直島では「場所との関係から作品をつくる、そして制作のプロセスを重視する」（秋元ほか編 二〇〇〇）というスタイルが守られるようになる。

作品における場所性の表象が自然に限定されていたこの時期、住民は現代アートを学び、理解する受け手の立場におかれていた。しかし、一九九七年に新たに開始された「家プロジェクト」をきっかけに、各アクター間の関係性は大きく変容していくこととなる。第五章以降の各章では、この変容の諸相について詳しく分析していきたい。

注

＊1　本章で記述する直島の開発の歴史については直島町史編纂委員会編（一九九〇）、直島町（一九九六）、吉田編（一九七三）、四国新聞連載「島びと二〇世紀　第三部　直島と豊島」（『四国新聞』二〇〇〇年七月一〇日、一一日、一二日、一四日、一五日、一六日、一七日、一八日、一九日、二〇日、二一日、二四日、二五日）、ほか各種新聞記事、文書資料をもとに筆者が再構成している。

＊2　行政地区は宮ノ浦・社宅・本村・文教地区・積浦・離島の六つに区分される。北部の宮ノ浦、社宅は隣接しており宮ノ浦地区として括られることが多い。

＊3　『四国新聞』二〇〇〇年七月一一日より。

＊4　『四国新聞』二〇〇〇年七月二二日より。

＊5　本書の問題関心である「地域づくり」の議論においては、経済的な側面における地域社会の持続可能性も、重要な課題の一つである。観光産業の展開に伴う地域社会の経済状況の変容および、直島町の財政状況の変化についても分析する必要があることは確かである。本書では簡単にしか触れられていないが、財政分析等を含めた経済的な側面については稿を改めて論じることとしたい。

＊6　Conde Nast 社が発行している。二〇〇〇年三月号より。

＊7　直島のほか、パリ・ベルリン・アレキサンドリア・ビルバオ・リオ・ドバイの六つの都市が取り上げられている。

＊8　『四国新聞』二〇〇〇年七月一〇日より。

＊9　契約書第二条の損害賠償に関して村長は、「村長と協議の上」の文字を入れるよう交渉を重ねたが、会社側はどうしてもこの提案を受け入れなかった。結局、契約書に記載のとおり、「村長の意見を参照し」の文字を加えることになった（直島町史編纂委員会編　一九九〇）。

＊10　『四国新聞』二〇〇〇年七月一〇日より。

＊11　吉田編（一九七三）より。一九二〇年の国勢調査をもとにした記述である。

＊12　明治期の戸数は八幡神社総氏子和に基づく（直島町史編纂委員会編　一九九〇）。この時の本村の戸数は一二四戸である。

＊13　宮ノ浦の石数が三石であったこの時期、本村は二〇隻の船を有し、一四四・五石の石高をあげていた（直島町史編纂委員会編一九九〇）。

＊14　本村集落の特徴については直島町史編纂委員会編（一九九〇）および二〇〇七年五月一九日直島住民A氏への聞き取りおよび提供された文書資料をもとに筆者が再構成している。

＊15　一七八一年に本村で発生した天明の大火は、六三軒もの家屋を焼失した記録的な火災であり、その被害を示す図面が残されている。

＊16　二〇〇九年八月一七日直島住民B氏への聞き取りより。
＊17　直島小学校は一八七七年に公学開業許可を得て開学した。
＊18　『四国新聞』二〇〇〇年七月一一日より。
＊19　当時の開発に対し、地元の中学生は作文の中で「わたしが不満に思うのは、海岸の一部に無人島パラダイスと称する海水浴場ができた事である……人が住んでいるのに、無人島なんてよくも言ってくれました。……この純粋な海でお金もうけをするのは反対」（吉田編 一九七三）と批判している。
＊20　現在も、全国各地に〇〇ドイツ村、〇〇オランダ村といった海外をイメージしたテーマパークが存在している。異なる地域の文脈をもとに行われる開発のあり方については、山中・長谷川（二〇〇七）が詳しく論述している。
＊21　一九三四年、国立公園法に基づいて瀬戸内海（香川県・岡山県・広島県）が国立公園の指定を受けた。直島では、琴弾地をはじめ字姫泊・倉浦・横坊・串山・荒神島・葛島・烏島・尾鷹島・柏島・字高田浦・神子持・京ノ山・立石・揚島・地蔵山・追出・積浦の一部が指定を受けていた。開発計画のあった場所のほとんどが国立公園指定区域だったのである。
＊22　直島撤退の際、日本無人島開発株式会社は町に譲渡先斡旋を依頼した。
＊23　一九八八年第四回直島町町議会会議録より。
＊24　『AERA』一九九〇年一〇月二〇日「瀬戸内海で競う建築美」より。
＊25　二〇〇九年五月一三日秋元雄史氏（九〇年代における企画展実施当時のベネッセハウスキュレーター）への聞き取りより。
＊26　二〇〇七年六月七日ベネッセ関係者C氏への聞き取りより。

第五章　住民はなぜ景観を保全するのか
——集合的記憶の形成過程への注目

第三章で述べたとおり、地域の景観保全に関する研究において、これまでしばしば指摘されてきたのは、住民は何を根拠に保全を行い、どのような景観を創造してきたのかという問いである。本章では、直島におけるアートプロジェクトを事例に、この問いについて検討していきたい。

直島において、従来住民たちは歴史的な経緯から地域づくりにおいて受動的な立場に身を置きがちであった。しかし、住民たちは、現代アートの作品による個々人の思い出の可視化を契機として、思い出を重ね合わせ再構成していく作業を行う。そして、この作業を通じて保全すべき景観についての判断を変容させ、保全において新たな役割を担っていく。これは、現代アートの作品制作において作品のつくられる場所を生かすという制作方針がとられ、直島の幅広い歴史が各作品の中に用いられたことで多くの住民にとって思い出のある場所が可視化されたことにより初めて可能となった。本章では、この過程の分析を通じて住民が保全すべき景観を選択する際の根拠、および選択の結果として創造された景観を明らかにする。そして、そこから住民が自らの意思で保全の担い手として関わることのできる根拠について考察する。さらに、住民による景観の創造について以下の可能性を示していく。それは、住民たちが、集合的記憶の形成によって景観に新たな意味づけを与え、この意味づけを通じて「語られた景観」が来訪者にとって価値を持つという、言説活動を通じた景観の創造性の可能性である。

第一節　なぜ景観を保全し、どのような景観を創造するのか

第三章で指摘したとおり、地域づくりや観光といった多様な観点から、地域の景観保全に対して注目が集まっている。その中でも、近年活発化しているのが住民による景観創造の動きである。このような動きに対して先行研究が投げかけてきたのは、住民たちが保全する根拠について判断を変化させていくのか具体的な過程とはどのようなものなのかという問いであった。

この点について、牧野は枡潟（一九九七）の研究を取りあげながら、保全すべき歴史についての判断は時間とともに変容するという可能性を提示している（牧野 一九九九：二三七）。これまでの研究において保全の根拠として挙げられた歴史的経験はどれもそれぞれある一点、すなわちある時点での判断である。この点は、歴史的経験が保存の論理の生成過程を示唆する概念ではあるが、実証的な解明がなされていない（森久 二〇〇五）という指摘につながる部分であろう。住民たちが具体的に判断を行う動的な過程はまだ調査に基づいて十分に解明されているとは言えない。また、既存研究においては、保全活動の不参加から参加への契機は、観光客の来訪、つまりよそ者の視点の導入と規定されており（枡潟 一九九七、牧野 一九九九）、ものと関わる住民たちの経験（牧野 一九九九：二三二）が変化にどのように関わったのかという点は今後の検討が待たれる。

そこで、本章では、先行研究で課題として示されてきた、以下の二点を検討したい。第一に、参加の根拠の生成過程、第二に、不参加から参加への変化における、ものと関わる住民たちの経験の位置づけである。

第四章でも確認したとおり、直島では、ベネッセが主導する形で現代アートを媒介とした地域の景観保全活動が実施された。ベネッセは、当初、「人間・自然・アート・建物の対話と融合」をテーマに現代アートの美術館を開館し、さまざまな展覧会を開くなどの文化事業を行っていた。一連の事業を通じて、直島という作品のつくられる場所・文

脈を生かす制作方針がとられ始め、美術館内にとどまらないより広い範域における景観の保全がめざされることとなる。作品制作にあたって注目される歴史の時間的な広がりを契機として、多くの住民にとって思い出のある場所が可視化されることとなった。そして、語り合いによる思い出の再構成を行うことを通じて、景観保全に対する住民の関わりは変容していくこととなる。

本章では、住民たちは経験の中から、何を保全の根拠として選択し、どのような景観を創造していったのかを検討していく。その際、集団が過去の出来事・人物などをめぐり、現在において思い出すイメージ・印象・観念（Halbwachs 1950=1989）としての集合的記憶の形成に注目しながら検討していく。[*1] 集合的記憶論においては、集団の占有する場所の様相や細部は、それ自体集団の成員にしか理解できない意味を持っているとされる。これは、物的環境が集合的記憶の構成に非常に強い影響力を持つことの指摘である（Halbwachs 1950=1989）。本事例において、住民たちが保全の根拠を選択する鍵となるのは、思い出のある場所の可視化に伴う、思い出の再構成であることから、このパースペクティブは、事例の分析に適合的だと考えられる。

二〇世紀初頭から、三菱マテリアル銅製錬所の企業城下町として発展してきた直島は、その特徴故に、これまで住民の主体的な活動は決して活発ではなく、受身の姿勢が強いことが指摘されてきた。では、元来住民による地域づくりへの関わりが活発ではなかった直島において、現在のような新たな保全への関わりがつくりだされた過程とはどのようなものだったのだろうか。

保全という概念の中には保存と再生・活用の両面の意味が含まれている。本章では、保全の中でも特に再生・活用の面、すなわち創造の過程に注目していく。既存研究において、景観の創造として具体的に指摘されるのは、建築物の建造や修景事業、町並みの美化といった物理的な側面が主体であった。直島でも、建築物の修復をはじめとした物理的な景観創造が実施されているのは確かである。しかし、景観の創造という概念は、物理的側面のみに限定される性質のものではない。本章においては、住民たちが景観に意味を付与し、住民たちによって「語られた景観」が来訪者にとって新たな価値を生み出すという景観の創造性についても指摘していきたい。

第二節　ベネッセによる文化事業の展開と地域住民の対応*2

これまでにも述べてきたように、三菱の企業城下町という特徴から、直島の住民の多くが、企業から生活全般に関してさまざまな福利厚生を享受していた。一例として、製錬所の職員へ安価に日用品を供給する三菱直島共和会をはじめとする多様な互助組織の存在がある。そのため、これまで住民自身から「製錬所で食べてこられた直島は苦労知らずの過保護の島・お上任せの依存体質*3」との声が聞かれ、住民は、地域における活動のさまざまな側面（まちづくりなど）で受身の立場にあった点が強調して語られている。

では、このような状況の下、当初ベネッセが中心となって実施した現代アートを媒介とした地域景観の保全活動において、住民はいかなる役割を担ったのだろうか。本節では文化事業の展開過程とそれに対する地域住民の対応の変容を、大きく二つの時期に分けて見ていく。

第一に、直島文化村構想を基盤に、サイト・スペシフィックワークと呼ばれる作品を制作するという方針が確立し、家プロジェクトという事業が展開していくまでの時期。以下で詳述するが、家プロジェクトとは、島中央部の本村集落で実施された、現代アート作品を媒介とした地域景観の保全プロジェクトである。この時期、住民は受け手としての立場を経て、家プロジェクトをきっかけにそこからの脱却を模索していくこととなる。第二に、保全の対象が拡大され、島の二つの集落および北部工業地区を会場とした企画展「スタンダード展」が開催されて以降の時期である。

二・一　家プロジェクトの展開と思い出の表出

第四章第四節で記述したとおり、直島のアートプロジェクトにおいて一つの転機となったのが一九九四年の企画展「Out of Bounds」をきっかけとする、サイト・スペシフィックワーク[*4]の展開であった。しかしこの時期、直島の場所性への注目は自然と関わる部分に限定されていたため、作品における場所性の表象は自然のみに限定されていた。そのため、住民は現代アートを学び、理解する受け手の立場におかれていた。後述のとおり、従来から町並み保全への意識が高くなかったこともあいまって、この受け手としての状況が続いていれば、後に一連のプロジェクトを通じて、現代アートを媒介とした保全が模索されていく中でも住民は受容者としての立場にとどまったはずである。

では、何を契機として住民たちは受け手から脱却し、新たな役割を築き始めたのだろうか。最初の契機となったのは、一九九七年から開始された家プロジェクトであった。ここでは、家プロジェクトの展開とそれに伴う住民の関わりの変容について考えていきたい。

第四章で確認したとおり、直島には港と近接する北部の宮ノ浦、城下町の町並みを残す中央部の本村、そして南部の積浦の三つの集落があり、家プロジェクトが実施されているのは、江戸期の歴史的建造物が比較的多く残る中央部の本村集落である。プロジェクト開始前の本村集落は、高齢化と人口減少が進み始めており、人が住まなくなった家屋が荒廃し始めていた。当時、町並み保存条例の制定による伝統的家屋や町並みの保存が模索されていたが（秋元二〇〇五a）、江戸期に建築された歴史的建造物を中心とする町並みに関して、島全体として関心はさほど高くない状態にあった。[*5]

このような状況を背景に、約二〇〇年前に建てられた角屋と呼ばれる古民家がベネッセへ売却されたことをきっかけに、家プロジェクトはスタートした。この角屋に対し、当時、島南部で盛んに実施されていたサイト・スペシフィックワークを適用して、角屋を一人の作家に任せ、アート作品にするという方針が決定される。角屋は、デジタルカウンター[*6]を主要なモチーフとして作品に使用する宮島達男によって作品制作がなされ、建物の形態は江戸時代に建てられた姿を残しながら、母屋の構造と一体になる形でアート作品が展示された[*7]。この角屋をきっかけとして、本村に残る家屋を、現代アートの作家がアート作品とし、それを通じて地域の景観の保全を図る家プロジェクトが実施されていく[*8]。

家プロジェクトにおいては、「家を擬態したアート作品」（秋元 二〇〇五ａ：六二）というコンセプトが設定された。ベネッセおよび作家は、作品制作のために、直島に残る歴史的建造物が建築された時期の生活文化を収集する作業を行うこととなるのだが、その作業の過程の中で、そしてまた各作品が目に見えて完成してく中で、本村に居住する住民が自らの思い出を積極的に語り始めるようになる。この語りを行った人びととは、作家によって可視化された元の姿としての江戸期の歴史を、廻船問屋といった生業との関わりなどで生活経験と結び付けることのできる、住民たち[*9]であった。この過程の中で、「家プロができて……直島の歴史を話すようになった。今は、後悔してるのよ。両親にもっと色々話を聞いていたらよかった、と[*10]」という言葉に代表されるように、住民一人一人が、さらに思い出[*11]を表出させるようになる。そして住民たちはベネッセおよび作家に対する語りにとどまらず、個人として家プロジェクトの来訪者に対する案内を行うようになり、その案内の中で、自らの思い出を語ることを通じて、単なる作品の受け手としての立場から脱却し、独自の役割を担っていくようになる。

この時期、作品制作における場所性への注目が自然から江戸期の歴史へと拡大したことにより、現代アートを媒介とした地域の景観の保全が模索されるようになり、これに伴って住民が新たな役割を担いつつあった。

二・二　スタンダード展の開催と集合的記憶の構成

家プロジェクトの展開によって、場所性への注目が江戸期の歴史へと拡大したことを背景に、住民は従来の受け手としての立場を脱しつつあったと言える。しかし、家プロジェクト開始時期における住民の関わりは本村在住者を中心に、江戸期の歴史と思い出とを結びつけることのできる個人による散発的なものにとどまっていた。

それに比して現在では、宮ノ浦・本村の二集落の多くの住民が、作品の清掃や花を飾るなどの町の美化をはじめとした物理的な保全活動に携わるようになっている。ここでは代表的な取り組みについて確認をしておきたい。二〇〇二年には直島町まちづくり景観条例の施行をきっかけとして、町行政による屋号計画が本村集落で実施された。直島では現在にいたるまで、名字とは別に屋号が呼称として用いられる家が数多く残っている。明治初年に戸籍令が出される以前は氏の使用が禁じられており、呼称として生まれたのが屋号である。直島の屋号の中には商号がもとになっているもの、人名（持ち家の初代の人物の名前）がもとになっているもの、先住地をもじったもの、位置からきたもの、職業からきたもの、持ち船の名を屋号としているものなどがある（三宅 一九九二）。島の中には、同じ名字を持つ家が多数存在するため、「よえもんのお姉さん」「でんさくのお姉さん」という形で呼び合い、屋号を使い続けていたのである。[*12] 屋号計画は、名字とは別に屋号を書いた表札を各家に設置することで、これまで口頭のコミュニケーションの中だけにあった屋号を可視化する試みということができる。

また、本節で述べるスタンダード展では、本村集落において、各家々の歴史や生業をモチーフとしたのれんを掲げる「のれんの路地」という作品が制作され、一四軒の家々でのれんの掲示が行われた。こののれんはスタンダード展終了後に各家庭に寄付され、その後も続けて掲示が行われた。さらに、二〇〇四年には本村のれんプロジェクト実行委員会が設立され、町からの助成を受けながらのれんの数を増やしており、新たな景観がつくりだされている。[*13]

また、二〇〇四年以降ボランティアガイドの会による組織的な案内活動といった、物理的な保全にとどまらない活動も行われるようになった。では、このような展開はいかにして可能となったのだろうか。本章では特に物理的保全にとどまらない案内活動などの側面に注目していく。これは、展開の鍵となったスタンダード展の開催を契機とする、住民たちの思い出の重ね合わせを中心にその過程を追っていきたい。

家プロジェクトが展開途上にあった二〇〇一年に、美術館の開館一〇周年記念企画として開催された企画展がスタンダード展[*14]である。このスタンダード展は宮ノ浦・本村の各集落および三菱マテリアル直島製錬所を中心とした北部地区の三カ所で作品の展示がなされた[*15]。この展覧会でキーワードとされたのが、地域の固有性という概念である。主催者は地域の固有性という用語を用いて、江戸期から現代にいたるまでのより幅広い島の歴史を企画展の鍵概念として使用し、それを通じてより広い範域における景観の保全をめざした。家プロジェクトの時期には作品の対象となる歴史は江戸期を中心としていた[*16]が、スタンダード展においては、それがより幅広い歴史へと広がった。一方で、各作家は、歴史を鍵概念としながらも、作品の中で「現代の日常的な問題をとらえ、形で示した」[*17]。これは、作家は歴史を作品に反映させるが、それはそれぞれの作家が歴史のある一部分を取り出し作品に用いるという形で行われたことを示している。つまり、歴史の一部が各作品に用いられ、多様な時代を含みこむ歴史がそれぞれの作品の中で可視化されることとなったのである。

歴史への注目を契機として、景観創造の土台となる時間軸が現代にまで拡張され、本村のみならず宮ノ浦集落におけるより多くの住民にとっても思い出につながる可能性のある場所が可視化されることとなった。そして、ボランティアスタッフとして来場者案内を担った宮ノ浦・本村の住民たち[*18]の中から、住民相互の語り合いを通じて思い出を再構成するという動きが見られるようになる。

この思い出の再構成の過程について、開催場所の一つである旧卓球場を例に見ていきたい。旧卓球場はもともと、三菱マテリアルの福利厚生の一環として、従業員に牛乳を供給するための牛小屋として建設された。その後、町立幼稚園として使用された後、三菱マテリアル社員のための卓球場として使用されていたという経緯を持つ。つまり、ある一つの建物が、時代によって異なる用途に使用されていたのである。

作品においては、それぞれの時代の特徴を生かした制作が行われた。例えば、牛小屋との関係でいうと、解体工事の過程で床板の下から発見された、牛小屋当時の柵の穴やし尿の排水溝がそのまま残され、その上にマクドナルドのロゴマークをモチーフとした作品が設置された。これには、牛肉（マクドナルド）と牛舎というつながりを示す意図がある[*19]。また、幼稚園との関係では、幼稚園の表札や園章をそのまま残し、旧卓球場がかつて幼稚園として使用されていた時期の職員室や教室部分に、直島で撮影された写真作品等を展示した。

この、旧卓球場の案内を行う中で住民たちは、作品のモチーフとなっている各時代についての思い出を重ね合わせていく。人によってこの建物に深く関わった時期が異なり、そのため覚えていることが異なるのである。住民たちは、例えば、旧卓球場に皆で出向き、牛小屋だった時代については、次のような話し合いを行っている。

「牛小屋の（後は）何になったんかな」「幼稚園、幼稚園」「あったやろ、牛小屋が」「なあ、（牛の飼育係だった）Eさんがおったやろ」「おう、おったおった」「そうか、（私は）用事がなかったから牛見に来ることがなかった」……「そいで、糞尿がここに流れてくるようになってたな」「E軍曹が飼っとったな」……「（牛が餌を食べていた位置に立ち、餌を食べるジェスチャーをしながら）こうやってなあ[*20]」。

この牛小屋で、第二次世界大戦後、陸軍から復員したEさんによって牛の飼育が行われていた。Eさんは、軍隊時代の階級にちなんでE軍曹、E隊長というニックネームで親しまれており、当時を知る人が「E軍曹が飼っとった」という発言をしているのである。床に隠れて見えなくなっていた牛小屋の姿が作品の一部として再び目の前に現れたことで、住民は自分たちが「牛の乳を搾とったんを見ていた[*21]」、Eさんのいる牛小屋についてこの後もさまざまな場面で語り合うこととなる。

また、幼稚園だった時期についても、「ここは松組の教室で、子どもを通わせたものだ」と語ったり、幼稚園の当時の先生に、教室などの詳しい間取りを教わる[*22]というように「分からないこと、気になることがあったら互いに聞きあう[*23]」という作業を時間をかけて行っていく。

個人の持つ思い出は、忘れられていたわけではないが、建物の用途が変わり、関わりがなくなっていく中で、お互いに語られることがなくなっていたものであった。それが、旧卓球場という作品の置かれる場所の現出によって可視化されたのである。そして、語り合いを通じて、自分がはっきりと覚えていることにとどまらず、他の人びとが持つ思い出を知ることとなる。この語り合いの結果、再構成された旧卓球場の内面図が図5-1である。この図は、ボランティアスタッフによってスタッフノート内に作成された。そして、図を見ることで、住民たちはさらに詳しく思い出を語り合っていくこととなる。住民たちは、集合的記憶の構成を通じて、各作品において作家が取り出した直島の歴史とは何なのかをより詳しく説明することができるようになった。つまり、島外から参加したスタッフ、そしてスタンダード展への来訪者に対し、住民であるからこそ可能な、案内・語りが創出され、住民は現代アートを媒介とした景観の

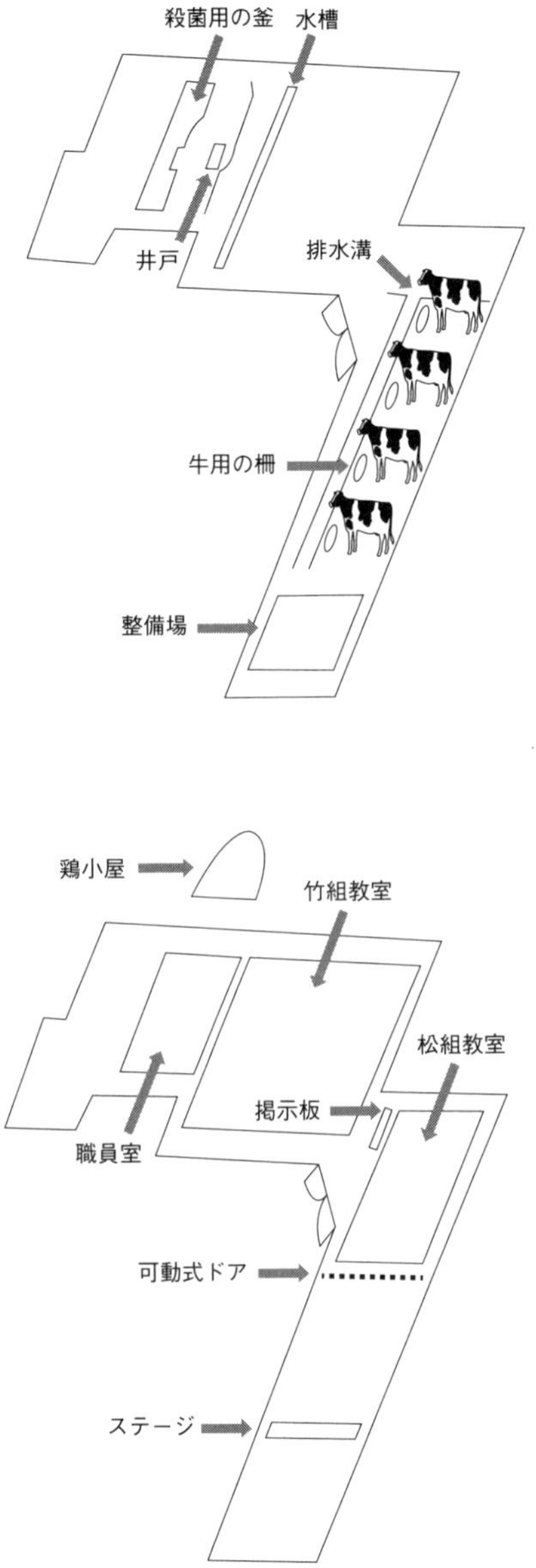

図5-1　旧卓球場*[24]において再構成された思い出

出典）スタンダード展開催時の旧卓球場スタッフノート内の図や聞き取り調査の結果などの資料をもとに筆者作成。

保全に対して、独自の関わり方をすることが可能となっていった。この景観に対する関わりの展開と時期を同じくして、物理的な保全の面でも上記のような動きが見られるようになり、住民たちの関わりは増していくことになる。

第三節 「語られた景観」の持つ意味

幅広い歴史を取り込んだ作品の制作によって思い出が可視化されたことを契機として、住民たちは地域の景観の保全への関わりを変容させていった。しかし、ボランティアスタッフとして携わるという仕組みは、この企画展に限定されたものであった。そのため、企画展終了時点で、住民は自らの活動の核となるような組織を有していなかった。それ故に、終了以降も自主的なガイド活動が続けられたものの、個々人での対応にとどまっていた。

このような状況の打破をめざして二〇〇四年秋に設立されたのが「直島町観光ボランティアガイドの会」（以下、「ボランティアガイドの会」）であった。六〇代を中心に一五名で発足したボランティアガイドの会は、二〇〇七年には年間一五〇〇人以上の観光客に案内を実施している。ボランティアガイドの会は、会合などにおける話し合いを通じた思い出の再構成を継続して行い、それをガイドの内容に反映させている。*[25]

この案内の内容を構成するという面において、ボランティアガイドの会は以下の点で特徴があった。ボランティアガイドの会を中心に保全に携わる住民には、江戸期の歴史と関わる思い出を持つ個人として家プロジェクト開始当時から関わりを持つ担い手と、スタンダード展を契機とするより幅の広い歴史への注目により集合的記憶を共有する集団の中の一員として関わりを持つようになった担い手の双方が存在していた。そこで、集合的記憶の形成を継続させるしくみ、そして双方の担い手を節合するしくみとなったのがボランティアガイドの会であった。より多くの思い出を担い手が共有し、これをもとに案内などの活動を行うことで、さらに保全における独自の役割を獲得していったのである。

上記の過程を経て思い出を共有した住民が、ボランティアガイドを行うことの意味について、ボランティアガイドFさんは、次のような象徴的な例を挙げている。[*26] 最近案内した、高松からの来訪者に「実はこの前来た時に（一人で作品だけを見ていては）色々と分からなかったことがあるから、それが聞きたいのが（今回の来訪の）一番の目的だ」と言われた。この来訪者は、三時間以上かけて、作品になっている建物がどの時期にどのように使われていたのか、家プロジェクトのタイトルとなっている屋号の由来とは何なのかなどをじっくりと聞いていったそうである。住民は案内を行う中で、来訪者へ自分たちの経験や対象への働きかけを語っていく。そして、それを通じて来訪者が単独でただそれを見るだけでは分からない、地域の景観の中に存在する生活経験とつながった景観を伝えることができる。東京からの来訪者の、「場所の文脈と無関係な現代アートなら東京にもたくさんあるが、アートと人びとの生活とのつながりを見ることができ、しかもそれを人びとの語りから知ることができるのは直島だけであり、そこに魅力を感じている[*27]」という語りもこの点を端的に指摘していると言える。

ボランティアガイドを行う住民たちは、「南側だけだったら私たちの立ち入る隙がない。（歴史と関わらない）現代アートは敷居が高い[*28]」「ベネッセが案内マニュアルとしては持っていない部分を担いたい[*29]」と語っている。ここから、自分たちが保全に関わる根拠が、上記の思い出の重ね合わせにあることを意識していることがうかがえる。例え宮ノ浦・本村集落という全く同じ空間であったとしても、住民による案内を通じて来訪者が見ることのできる景観、つまり住民によって語られた景観は、来訪者が何も知らない状態でただ、見る景観とは異なるものである。語られた景観の創造性とは、来訪者が、ボランティアガイドの案内を通じて、直島における重層的な町並みと人との関わりを、体験することができるという点にある。これは、来訪者が単独で景観を見た場合には全く体験できないし、一人の住民の思い出の表出を聞くことだけでは、一面的にしか体験できない点である。

第四節　景観創造の新たな側面

本章では当初企業が軸となって行われた、現代アートを媒介として地域の景観を保全する動きの中で、従来地域づくりのあらゆる側面において受動的な立場にあり、かつ保全に向けた動きが模索され始めた当時は保全について否定的であった住民たちが、どのような過程を経て担い手として関わるようになったのかを検討してきた。

先述のとおり、先行研究においては、地域の景観保全における住民の関わり方という点において、何を根拠として住民たちは保全すべき景観を選択しているのか、そしてその判断はどのような過程を経て行われるのかという疑問点が提示されてきた。直島の事例において、住民の選択の過程において根拠（拠りどころ）として重要な役割を果たしたのは、幅広い歴史の可視化に伴う個人の思い出の表出、そしてその思い出を相互に語り合うことを通じて形成される集合的記憶であった。その生成過程は、まず個人の思い出が表れ、そしてそれが集合的記憶として再構成され、ボランティアガイドの会という仕組みを通じてより多くの思い出が集合的記憶として形成されていくという段階をたどった。

多くの住民にとって思い出の表出が可能となったのは、現代アートを媒介にして、現在の直島という空間の中に、江戸、明治、大正、昭和それぞれの時代に実在した景観が重なり合って現れることとなったからである。この景観はどれもかつて直島に実際に存在していたものであり、何もないところから立ち現れてきたものではない。しかし、一方で、現在直島で見られる景観が、ある特定の時代の空間に同時に存在したことはない。つまり、現代アートの作品制作において、幅広い歴史が注目されたことが契機となって、これまでの直島の歴史が現在の直島の空間に折り重なって表象されることとなったのである。このことによって、より多くの住民にとって自らの生活経験と関わる場所の可視化がなされた。

これまでの景観保全に関する研究において提示されてきた疑問に対し、本章の議論が示唆するのは、以下の点である。従来の景観保全活動においては、（多少の振れ幅はあるものの）歴史上の特定の時点に注目がなされ、その時点に特化した保全が試みられてきた。そのため、保全を行う根拠となりうる人びとの経験も歴史上のある一時点に対してのものであった。つまり、保全の対象となる特定の時点と自らの経験が結びつかない住民にとってはその景観を保全する根拠を見出すことは困難であり、それが担い手の限定性という問題につながっていた。直島でも、ある時点に特化した保全が試みられた際にはこの問題が発生した。しかし、直島においてはその後サイト・スペシフィックワークという制作方針をとる現代アートを媒介にして、景観創造の土台となる時間軸が現代にまで拡張された。そのため、多くの住民にとって自らの思い出とつながる場所が可視化され、住民が担い手として参加することが可能となったのである。つまり、景観保全においてより幅広い歴史が取り込まれたことがアクターとしての住民の参加の根拠となり、担い手の拡大が促されたのである。近年、各地で試みられているサイト・スペシフィックワークを媒介とした景観保全において、このような参加の根拠が創出される可能性は高い。また必ずしも現代アートを媒介にしない場合でも、保全対象となる時間幅を広げることで、住民が保全に関わることのできる仕組みをつくることは可能であろう。

一方、保全の対象となる時間の幅が広がると、その結果創造された景観は複雑なものとなり、来訪者にとっては単純に理解しにくいものとなる。そこで住民が来訪者に対し集合的記憶をもとに語ることで生活とつながる重層的な空間として景観が理解されるようになる。本事例においては、住民の生活経験が現代アートの作品に取り込まれ、作りだされた作品を見たより多くの住民たちにより思い出の再構成が行われ、住民たちによるガイドという言説活動を通じて語られた景観が創造されるという関係が成立していた。直島の事例においては、既存研究において取り上げられてきた町並み保全において住民の果たした役割とは異なる、新たな側面が存在している。

従来の町並み保全の活動において住民たちが果たしてきたのは、建造物など実際に目に見えるものを創造するという物理的な側面での役割であった。福田（一九九六）の言う、住民による景観の創造においてもその内実として示されていたのは町民たちによる赤瓦の建造物の建築の活動であった。直島の事例においてももちろん、先に挙げたとおりアート作品である建物の清掃や花を飾る、各家庭で屋号を掲示するなどの、住民たちの動きも存在した。さらに、直島の事例においては、景観創造の新たな側面が示された。それは、住民たちがボランティアガイドの活動を通じて地域の景観に意味を付与し、この住民たちの意味づけを通して語られた景観が来訪者にとってより大きな価値を持っているということにある。語られた景観の創造性とは、来訪者が、ボランティアガイドの案内を通じて、直島における重層的な町並みと人との関わりを、体験することができるという点にある。

住民たちによる意味づけを通じて見ることで同じ景観が、新たな意味を持つという可能性については、これまでに民俗学の観点からも以下のような指摘があった。須藤護は、民俗学の観点から景観について検討する中で、地域の人びとの想いや生活体験を共有できた時に、景観は豊かに感じられ、その意味が見えてくるのではないか、と指摘している（秋道ほか　一九九九：二九九―三〇〇）。直島において示された景観創造の新たな側面は、この指摘を立証する部分であると言えるだろう。

本章の事例から、保全の過程で住民たちによって行われる景観の創造活動の範域は、物理的なものに加えて、住民たちが、景観に意味づけを与えることでつくりだされる、語られた景観という側面にまで拡張しうるという可能性が示唆できるのではないだろうか。

注

＊1　吉兼も、住民の知恵を地域の記憶として伝承する仕組みを重要な保全の根拠ととらえている（吉兼　一九九六）。この地域の記憶は、集合的記憶に相当するものである。

＊2　以下の記述は二〇〇七年三月から二〇〇八年一月にかけて実施した聞き取り調査、二〇〇七年三月に、企画展スタンダード2に対して約一カ月行った参与観察、その他ボランティアガイドの会などの各団体の会合・行事への参与観察、および聞き取り対象者から提供をうけた文書資料や各種文献をもとにしたものである。

＊3　『四国新聞』二〇〇〇年七月二五日より。同様の教示を聞き取りにおいて複数の直島住民からも得ている。

＊4　この企画展では、美術館外での作品の制作・設置が行われ、野外展という形式がとられた。

＊5　当時、直島の町並みに関して、住民は都市化のレースに乗り遅れているという焦りが強く、歴史的建造物・町並みの保存よりも建て替えを望む声が強かった（二〇〇七年六月七日ベネッセ関係者A氏への聞き取りより）。この点については、直島住民B氏（二〇〇七年一二月一三日）など複数の住民からも同様の教示を得た。

＊6　デジタルカウンターとは、集積回路によってコントロールされた発光ダイオードの装置で、デジタル数字を表示するものである（秋元ほか編 二〇〇〇）。

＊7　角屋の制作過程において作家と住民との間にどのようなやりとりがなされたのかについては第七章で詳しく説明する。

＊8　家プロジェクトは二〇〇二年までの第一期に角屋・南寺・きんざ・護王神社の四作品が制作された。二〇〇七年九月に第二期の作品としてはいしゃ・石橋・碁会所が加わり、計七作品になる。

＊9　もちろん、現在の住民たちが直接江戸期の生業について体験しているわけではない。しかし、特定の職業を継承していく中で、それにまつわる諸々の事象は代々語り継がれている。この語り継ぎは現在にいたるまで継続しており、これは本を読むことなどを通じて得られる知識とは異なる。

＊10　二〇〇七年五月二〇日直島住民C氏への聞き取りより。直島住民D氏らからも同様の教示を得た。

＊11　先行研究における、集合的記憶は諸々の思い出が組織化されて形成されたものであり（大野 二〇〇〇）、記憶の集合性とは集団成員の思い出の共有性を意味する（澁谷 二〇〇六）との指摘に従い、本書では住民が個人として持つ記憶を思い出、と定義する。

＊12　二〇〇七年五月一九日直島住民C氏への聞き取りより。同様の教示を複数の町民から得た。

＊13　二〇〇九年には、宮ノ浦も新たにのれんプロジェクトの対象地域となり、現在は「直島のれんプロジェクト」となっている。

＊14　二〇〇一年九月四日から一二月一六日にかけて開催された。

＊15　三菱マテリアル地区では旧卓球場（金村修・中村政人）、旧床屋（野口里佳）、旧診療所（宮島達男・緑川洋一・鷹取雅一・村瀬恭子）の計三カ所での展示が行われた。スタンダード展については、第六章で詳述する。

＊16　角屋では、外観に関しては建築当時の姿への修復が試みられた。

＊17　直島通信二〇〇一年九月号より。

＊18　スタンダード展各会場でのチケット販売、来場者案内を担ったのは、島外・島内からのボランティアスタッフであった。島内からのボランティアスタッフは、直島町文化協会内の郷土史研究会に所属する住民などであった。家プロジェクトにおける自主的な案内を行っていた住民も一部含まれるが、重ならない部分も大きい。

＊19　スタンダード展旧卓球場スタッフノート一〇月二四日付の記述より。ボランティアスタッフたちは、各作品ごとに一冊ずつスタッフノートと呼ばれるノートを所有していたが、このノートの中にも思い出の再構成の具体的な様相が記録されていった。

＊20　スタンダード展開催当時のボランティアスタッフたちの姿を撮影したビデオ（二〇〇一年九月一七日撮影）より。

＊21　二〇〇八年三月一六日直島住民F氏への聞き取りより。
＊22　スタンダード展旧卓球場スタッフノートの記述（日付は記されていない）および二〇〇七年一二月九日直島住民F氏への聞き取りなどより。
＊23　二〇〇七年一〇月二四日直島住民F氏への聞き取りより。複数の直島住民からも同様の教示を得た。
＊24　卓球場の形については「新建築」（新建築社刊）二〇〇一年一〇月号一〇一頁を参考にした。上の図が牛小屋の時期、下の図が幼稚園の時期の内面を表す。
＊25　二〇〇七年一〇月二二日直島住民B氏への聞き取りより。複数の直島住民からも同様の教示を得た。また、ボランティアガイドの人びとが集まる会合の場への参与観察（二〇〇七年一二月一三日）においてもこのような話し合いはしばしば見られた。ボランティアガイドの会は二〇一八年七月現在、諸事情により一時休止中である。
＊26　二〇〇八年三月一六日直島住民F氏への聞き取りより。
＊27　二〇〇七年一〇月二二日東京からの来訪者への聞き取りより。
＊28　二〇〇七年一二月一三日直島住民B氏への聞き取りより。南側とは、島南部に建つ美術館をさす。この美術館の所蔵作品の中には、直島の場所性と関わりを持たないものも多い。
＊29　二〇〇七年一二月一〇日直島住民G氏への聞き取りより。

第六章　新たに生成されるのはどのような資源なのか
――地域表象の創出過程への注目

近年、農山漁村における地域づくりの有効な手段として、地域に存在する多様な資源を活用した観光への取り組みが活発化している。観光を通じた地域づくりに関する先行研究において、明らかにすべき問題として残されてきたのは次の二点である。第一に、来訪者とのいかなる相互作用によって住民は認識を転換し、主体的な対応を生起させるのか、第二に、アクター間の関わりの結果、いったいどのような資源が新たに生成されるのか。

直島は、アートプロジェクトを媒介として地域の環境を保全し、それらの資源を生かした観光に取り組んでいる。その際、作家やキュレーター、観光客という来訪者と住民とはさまざまな形で相互に関わりを持つこととなる。第六章では、直島におけるアートプロジェクトの中でも二〇〇一年に行われたスタンダード展およびそれ以降の展開に注目し、上記の問いについて検討していく。

第一の問いに対して分析を通じて明らかになったのは、相互作用を通じて来訪者のまなざしを知り、観光における有力な資源を自らがコントロールしうるという状況を認識して初めて、住民の側の主体的な対応が生起するという事実である。さらに、第二の問いに対して分析を通じて明らかになったのは、観光という場における相互作用を通じて、住民は地域表象を創出させ、新たな資源を生成しているという事実である。

地域に存在する資源を生かした観光を対象とした研究の中では「観光という場の中で住民の主体的な対処はいかにして可能となるのか」に関心が寄せられてきた。これに対し、本章の分析が提示するインプリケーションは、住民が相互作用による認識転換をベースに、地域表象の創出という新たな資源生成を通じて、主体性を確保する可能性の存在である。

第一節　アートプロジェクトを通じて生成されるのは何か

一・一　観光の場における住民のあり方をめぐる諸議論

第三章でも指摘したとおり、過疎化や高齢化、第一次産業の疲弊といった多くの問題を抱えた現代の農山漁村において、「地域づくり」「まちづくり」と呼ばれる活動の重要性が高まりを見せているが、その中でも近年、地域に存在するさまざまな資源を活用した観光への取り組みが活発化している。

一言で地域に存在する資源と言ってもその内実は多様である。代表的なものとして農山村におけるグリーンツーリズムや漁村におけるブルーツーリズムなど豊かな自然環境が資源ととらえられ活用されるケース、町並みをはじめとした景観、遺跡、地域で受け継がれてきたさまざまな踊りや物語といった伝統文化などの歴史的環境が資源ととらえられ活用されるケースが研究の中で取り上げられてきた（足立 二〇〇四、古川・松田 二〇〇三、野田 二〇〇一ほか）。具体的にどのような取り組みを通じて地域づくりを実践していくかを考えるにあたって、観光という方策が盛んに選択されるようになった背景には、観光をめぐる社会的枠組みの変容がある。先に挙げたような自然環境・歴史的環境が、観光の資源として活用されるようになった背後には、高度経済成長期以降、農山漁村が都市生活者のノスタルジーに訴えかける「ふるさと」としてまなざされるようになり、七〇年代のディスカバージャパンキャンペーンを端緒として、現在にいたるまで「ふるさと観光」に対し社会的要請があることが指摘されてきた（川森 二〇〇一、太田 一九九三）。

このような社会的な潮流を背景に、近年、地域独自の資源を生かした観光の分析に際して、人類学や民俗学、民族学の分野において一つの潮流となってきたのが文化客体化論[*1]と呼ばれる分析視角に基づく研究である（川森 一九九六・二〇〇一、森田 一九九七、太田 一九九三ほか）。この分析視角は、人類学の先行研究において、観光が原初的な土着文化を破壊する「新帝国主義のエージェント」ととらえられ、現地の人びとが支配的な社会勢力の餌食として語られてきた状況を批判することから生まれた。文化客体化論は、このような現地の人びとの創造力を否定する論調に異を唱え、観光には確かに抑圧的な構造が存在することを認めた上で、観光を担う現地の人びとがいかにその構造に抵抗するのかという問題関心を設定する（太田 一九九三）。文化客体化論は、「観光開発に対して、そこに住む人びとがどのようにそれを受けとめ、主体的、選択的、創造的にこれに対処しているのか」（森田 一九九七）、つまり「観光を担う地方の人びとが文化を操作できる対象として新たに作り上げる過程」（太田 一九九三）を分析してきたのである。そこで強調されるのは、観光という「力関係の行使」（太田 一九九三：三九〇）に抵抗し、自らが操作可能な範域を広げていく、観光の対象となる地域の住民の姿勢である。

しかし、観光という場面における抵抗を通じた住民の主体性の確立に注目する文化客体化論に対しては、一つの疑問が呈されるようになる。それは、観光という場面において、必ず、住民が観光客のまなざしを受け止めた上で、主体的にそれに抵抗するという図式が成立するのかという問いである。環境社会学者である足立は岐阜県郡上市における盆踊りの継承を研究する中で、観光化された伝統文化が観光客の期待に応える形態に変化することで地元住民からすれば違和感を伴うものに変わってしまうという問題を挙げ、観光とは異なったベクトルで行われる盆踊りの継承のあり方を記述している（足立 二〇〇四）。足立の指摘を踏まえれば、観光という場面において、相互作用を通じて住民の主体性の確立が生起することを自明視する、文化客体化論の立場は幾分一面的なものにみえる。

文化客体化論がこのような批判を受ける背景には、この論が抱える次のような課題がある。それは、解明されるべき課題は外部から加わったインパクトと内部の動態の相関関係（森田 一九九七：三三）であると問題提起されているにもかかわらず、具体的な分析の場面では住民の側が外部[*2]のまなざしに対しどのように戦略的に対応していくのかという「弱者の戦術」（de Certeau 1980=1987）の一方向に限定して焦点が当てられてきたという点である。[*3]そのため、外部のまなざしを住民が抵抗の対象としないというケースは想定されておらず、観光が実践される場において、外部のまなざしがどのようなものであってもそれをいったん受け止め、まなざしの枠内での抵抗を試みるというモデルが形成されているのである。

これに対して本章では、足立の指摘を踏まえつつ、「住民が観光開発を回避せず受けとめ、地元の生活基盤につながる形のものにつくりかえることを通じて地域の主体性を確立する」という単純化された図式を乗り越え、「観光という力関係」（太田 一九九三）の過程を検討することを通じて、「住民は来訪者とのいかなる相互作用によって認識を転換し、主体的な対応を生起させるのか」を分析していきたい。いわば相互作用を通じた、住民自身の手による「資源生成論」の提起である。

一・二　地域表象の創出過程への注目

そこで本章では、来訪者[*4]と住民との相互作用の結果「資源のあり方」が変容していく点について検討していきたい。資源のあり方について、文化客体化論に立脚する先行研究は、観光客の視線が大なり小なり変更されて関心がよりその地域に特有のものに移り、住民が操作できる空間が広がる（川森 一九九六）という答えを出してきた。先行研究で論じられるのは、その場所を訪れる前にすでに来訪者が抱いていたイメージを基準にし、住民の側の戦略によって資源の中の一部が操作可能な形に変形されていくという考え方である。そこには、前提としてマスメディア等によって

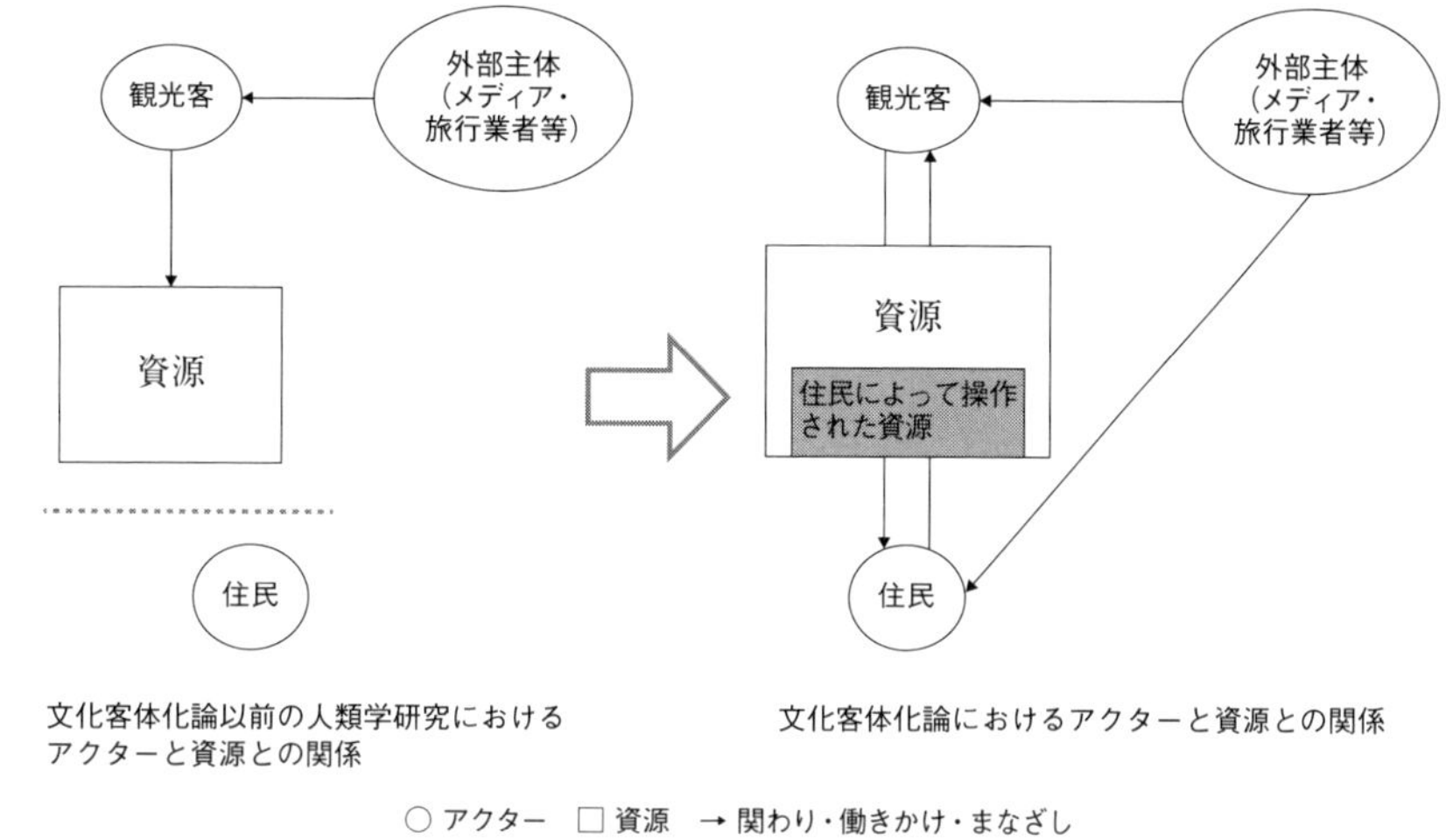

図6-1　先行研究におけるアクターと資源との関係

出典）川森（1996・2001）、森田（1997）、太田（1993）をもとに筆者作成。

つくられ観光客がすでに内面化しているその場所のイメージがあり、あくまでその枠の中で、住民の能動的な対応の結果、観光客のまなざしが向けられる部分が一部移っていくというモデルが存在する（図6-1）。

しかし、そのような限定的な範囲を超えて、アクター間の具体的なやりとりの結果、資源のあり方そのものが変容していく場合は想定できないだろうか。

先に述べたとおり、農山漁村における観光では地域に存在する多様な資源の活用が試みられてきた。その中で、地域づくりにおける「資源」の概念について次のような指摘がなされている。それは、資源の存在は決して所与のものではなく、地域づくりに関わる主体の認識過程が大きく関わってくるという点である。第三章でも記述のとおり、帯谷は内発的発展論の分析枠組みを援用した研究が、しばしば地域における資源の存在を自明視する点に疑問を呈し、地域づくりにいたる過程での住民の資源の認識過程に目を向ける必要性を指摘している（帯谷 二〇〇四）。この指摘からは、逆に従来資源と見なされてこなかった地域固有の「何か」が、住民をはじめとする諸主体の相互作用の中で資源として姿を現すという可能性を見出すことができる。

本書では、資源を個人および社会体系にとって充足をもたらす効用をもった希少な行為対象であり、物的資源、情報的資源、人的資源、関係的資源を含む広義の概念（青井 一九八七）ととらえ、議論を進めていきたい。

こちらも第三章で記述のとおり、寺岡は地域社会において多様なアクターが関わりを持つ中で、村にある何気ない日用品一つ、振る舞いの一つがまなざし、解釈によってなんらかのメッセージを発するものとなりえると述べ、地域表象*5という新たな概念を呈示している（寺岡 二〇〇三）。地域表象は、「地域（や場所）」が表出される「総過程」に着目し、そこに生活者の側からさまざまな可能性を見ようとするという特徴がある（寺岡 二〇〇七：一〇八）。地域における資源という観点から考えると、地域表象には次のような可能性が指摘されている。それは、同じものやコト・場所であったとしても、そのもの・コト・場所を繋留点としながら、意味のフレームを複数用意することで、さまざまな志向性の人びとが多層的にネットワーキングされ、重層的な文脈を持つ地域表象が立ち現れうるという点である（寺岡 二〇〇三・二〇〇七）。地域表象は、まさに相互作用の中で「生成される資源」に焦点を当てた概念だと言えるだろう。

次節以降の分析を通じて、住民が来訪者との相互作用の中で資源に対する認識過程をどのように転換していくのか、そしてアクター間の関わりの結果、いったいどのような地域表象が創出されるのかを検討していきたい。

本章では直島におけるアートプロジェクトの中でも、二〇〇一年に行われたスタンダード展およびそれ以降の展開に注目し、これらの問いについて検討していく。

第二節　スタンダード展の開催[*6]

二・一　サイト・スペシフィックワークの取り組み――自然環境への注目

第四章、第五章でも記述のとおり、直島文化村構想に基づき、一九九二年夏に島南部に美術館とホテルの複合施設「ベネッセハウス」がオープンする。営業開始直後のベネッセハウスには、直島とは特につながりを持たない現代アート作品が展示されていた。その後、場所に固有な作品（＝サイト・スペシフィックワーク）を制作するという方針をとる契機となったのが一九九四年に開催された企画展「Out of Bounds」である。この企画展の大きな特徴は、作家と瀬戸内海の風景との対話が作品制作のテーマとなり野外展の形式が取られた点にある。この年以降、直島という場所と分かちがたく結びついた作品を制作するという方針がプロジェクトの中心に据えられることとなる。しかし、作品における場所性の表象が、住民の生活・生業と切り離された抽象的な自然環境に限定されていたこの時期、住民は現代アートを学び、理解する受け手の立場におかれていた。そこには作家や観光客が直島に向けるまなざしに戦略的に対応し、イメージの一部を操作可能な形に変容させるという動きは皆無だったのである。

二・二　スタンダード展の特徴――歴史的環境への注目

その後、作家やキュレーター、観光客という来訪者と住民との関わりのあり方を大きく変化させたのが、二〇〇一年に開催されたスタンダード展であった。スタンダード展については第五章でも取り上げたが、ここではその内実についてもう少し詳しく見ていくこととしたい。

表6-1　スタンダード展会場・作家一覧

	会場	作家
三菱マテリアル地区	旧卓球場	金村修
		中村政人
	旧床屋	野口里佳
	旧診療所	宮島達男
		緑川洋一
		鷹取雅一
		村瀬恭子
宮ノ浦地区	落合商店	大竹伸朗
	宮ノ浦長屋	折元立身
本村地区	高橋家敬老庵	須田悦弘
	堺谷家蔵	杉本博司
	石橋家	木下晋
	のれんの路地	加納容子

出典）秋元・逸見編（2002）をもとに筆者作成。

スタンダード展は、二〇〇一年九月四日から一二月一六日までの約三カ月にわたって直島で開催された企画展である。この展覧会のキーワードは「地域の固有性」であり、作品の制作・設置を通じて、現代にいたるまでの直島の歴史、そしてそこで営まれてきた人びとの暮らしが可視化されていくこととなる。

具体的には、島北部の三菱マテリアル地区、宮ノ浦地区、本村地区の三カ所が主な会場となった。三菱マテリアル地区には、大正期以降島が工業開発によって成長していく時期に現れた景観が色濃く残る。宮ノ浦地区は港を抱える直島の玄関口であり、三菱の銅製錬所操業によって人口が大きく増加した地区である。一方、本村には江戸時代の町並みが残っている。「島まるごとが『歴史』を体現する生きた博物館[*7]」と評されるとおり、各エリアにはこれまで直島が積み重ねてきた時代の層がはっきりと現れている。作家は各エリアに断層のように広がる歴史を作品に取り込んでいったのである。具体的には、一三人のアーティストによって、三つの地区に分かれて作品の制作・展示が行われ（表6-1）、広域の景観保全が試みられることとなった。

このスタンダード展では、チケット販売などに島外からのボランティアスタッフが大きな役割を果たした。[*8] また、島内の一五名の住民もボランティアスタッフとして参加した。さらに、個人で協力するものも多く、特に熱心な八名の住人については町内協力者の名目で公式ガイドに記載がなされている。ボランティアスタッフの間で共有されたスタッフノートや、当時の記録から、この二三名以外にも、数多くの住民がこの企画展へ参画したことがうかがえる。[*9]

第三節　来訪者との相互作用を通じた住民の認識転換

三・一　落合商店におけるアクター間の相互作用

ここでは第一に、作品が制作され、展示される過程において、来訪者というアクターの一つである作家と住民はどのように関わったのかを確認する。第二に、もう一つのアクターである観光客[*10]と住民はどのように関わりをもったのかを見ていきたい。以下では、作品の一つである落合商店[*11]を例に検討していく。

落合商店はもともと、落合茂見さんという女性が数十年前に開いた酒屋・雑貨屋の店舗であったが、店主の高齢化のため展覧会の数年前に廃業していた。落合商店を担当した作家、大竹伸朗は店に残されていた雑貨類と自らが描いてきた絵画などを組み合わせて、この商店そのものを一つの作品とする。

大竹は初めて落合商店に入った時に店主である落合さんが暮らしていた気配、島の人びとが出入りしていた雰囲気を強く感じ、その「気配」を再現することを作品のテーマに決定する。[*12]住民にとって、在りし日の落合商店は「子どもの頃から知っている」「島のものにとってはおなじみの」場所であった。住民が買い物にきて、目当ての商品の在処が分からなければ、一杯飲んでいた常連の工員が商品を棚から取ってあげるということもよくあり、店主はそういう時にはお客さん同士のやりとりにまかせ、「だまって見てるだけ」だったと言う。三菱マテリアルで働く工員や宮ノ浦の住民がしばしば店を訪れ、商売で使う酒の仕入れをしたり、店先で「ちょっと一杯飲み」ながら、忙しい店主を気遣って時には互いに助け合うというのが商店の日常風景だったのである。[*13]

落合商店が作品として復活したことで、多くの住民が再び「来店」し、昔から店で販売されていた商品などを前に店主との思い出、店にまつわる思い出を語り合った。落合商店が再び「開店」してから、多くの住民が連日店を訪れたが、その中でも、落合商店のごく近隣に居住するEさんは毎日のように店を訪れるようになる。大竹の定めた作品としての落合商店の設定では、落合さんは、ちょっとそこまで出かけていることになっている。そのため、作家の設定に対応して、近所に住むEさんが留守番をしているような様相を呈していくことになるのである。

一方、Eさんが落合商店にいることで、観光客との間にもやりとりが生まれていくこととなる。Eさんは「店番」をしている間、観光客に対し、前述の買い物の様子をはじめとしたさまざまな落合商店の思い出を語った[*14]。さらにEさんは次のような行動にでる。作品としての落合商店の中でも、実際に店舗が営業していた時のように商品[*15]が販売されたが、Eさんは訪れた人びとに商品であるバッチの買い方を教え、また実際に多くのバッチを「売りさばいてくれた」のである。展覧会の会期が過ぎていく中で、まさにEさんの実践そのものが「作品の一部と化し」ているという状況が生まれていく。

ここで、作品としての落合商店において、Eさんの行動が持つ意味について考えてみたい。Eさんは店の近隣に居住していたが故に、落合さんが実際に店番をしていた、在りし日の落合商店に頻繁に買い物に行っていたという[*16]。近所に住む住民にとっては、店に慣れていないお客さんに商品の在処を教え、販売のお手伝いをするというやりとりはこれまでの長い生活経験を通じて体得されている実践であったと考えることができる。店を訪れる客（＝展覧会においては観光客）が買いにくる商品の種類はおみやげのバッチに変わっても、必要に応じてその場に居合わせた者同士が助け合うという実践は変わらないものなのである。落合商店の中でのE氏の行動を通じて、住民たちのかつての店における振る舞い（＝生活経験）が可視化されたのである。

スタンダード展公式カタログの中では、Eさんを含めた店の姿が「落合商店」として紹介されており、この点から作家、キュレーターも観光客に向かって思い出を語り、かつての店における振る舞いのあり方を可視化させるEさんの存在を含めて、景観の一部を構成する「落合商店」が成立すると考えていたことが確認できる。

三・二　認識転換の内実

スタンダード展における思い出の語り合いは[*17]、落合商店のみならず島のあちこちで起こった。例えば、旧診療所では、病院の規模や間取りの変遷について、分からない部分は診療所に勤務経験のある看護師に尋ねに行ったり、住民同士で病院時代の裏話が披露され合ったりした。この過程を経て、住民たちは「時には、患者がこっそり病院を抜け出して、裏にある劇場へ遊びに行ったり」したこれまでの直島の姿を来訪者たちに語っていった[*18]。つまり、住民たちは語り合いを通じて思い出を再構成し、その結果作家が取り出した直島の歴史とは何なのかをより詳しく説明することができるようになった。住民たちは現代アートを媒介とする景観に対し、独自の関わり方をすることが可能となったのである。

このような住民であるからこそ可能な語りについて、観光客、キュレーターはそれぞれ次のように述べている。

「新鮮な驚きをくれるのは島民の方々。（個人の歴史、直島の歴史は）会話を通してでしか分からないことなので本当に貴重な体験でした[*19]」。

「展覧会の主役は、直島という場所そのものなのだ。老人は……島の歴史を語り、若者はそれを見、話を聞く。……アーティストと私たちは……失われかけていた……直島の暮らしの記憶を手繰り寄せていった。その結果、見えなくなっていたものが見えてきたのだと思う」（秋元 二〇〇二：二一四―二一六）。

こういった反応はいったい何を物語っているのであろうか。ここまで確認してきたとおり、観光客や作家、キュレーターは、アートを媒介に住民が島の歴史を語ること、また実践を通じてこれまでの生活経験を可視化させることに対し、非常に高い評価を行っている。スタンダード展は各作家の作品を利用して、生活の積み重ねを（主観を交えて）

人びとに語ってもらい、目に見える風景として表に出（秋元 二〇〇二）す試みととらえられているのである。[*20]

もちろん、スタンダード展の時点で突如として作品の解釈が自由になったわけではない。現代アートには元来解釈自由性という大きな特徴があり、この特徴が中世や近代の絵画や彫刻との最大の相違点となっている[*21]（山口 二〇〇六ほか）。これまでにも、現代アートは解釈自由性を持つために、作品を媒介にして人びとが自由に語ることが可能であり、それ故場所に固有な現代アートは地域づくりに寄与しうるというある種の「方程式」が呈示されてきた。[*22] この「方程式」の中には、現代アートが持つ解釈自由性という特徴は、あらかじめそこに住む住民によって内面化されており、この特徴がすぐに地域づくりに（自覚的に）利用されるという背後仮説が見て取れる。しかし、現代アートの解釈自由性という特徴は、美術に特別なじみのない人びとにとって、決して常識といえるものではない。むしろ、アート・美術と言えば、作品の来歴や制作様式を正しく知るというイメージが一般的であろう。例えば、南側の美術館（＝ベネッセハウス）でアルバイトをした際の経験について、ある住民は次のように語っている。

「（製錬所を退職後）ミュージアムにバイトに行って。展示作品の番をしてくれるか言うてな。あの時そのままでいったら内容も覚えたりしていたと思う。けど、何人か交替で行っていて、そのうちの一人で間違ったことを言った（客に説明した）のがおってな。……そうしたらすぐに……作品を触らないよう注意するだけでいいと言われて、あんまり覚える気がなくなった[*23]」。

このような経験からも、住民にとって美術作品への関わり方と言えば、「正しい知識」を学び、それを説明するものであるという意識が強かったと考えることができる。無論、美術館の中におかれた作品であっても住民は自由に解釈することはできる。しかし、Cさんの語りからも明らかなとおり、美術館において場所と関わらない作品を媒介に住民が「語る」ことができる（そして来訪者から正統性が付与される）のは、解釈ではなく「正しい知識」になってしまうのである。また、美術館の内部および敷地内にもサイト・スペシフィックワークは複数展示されているものの、それらはいずれも自然環境に注目し基本的には作家のまなざしによって可視化された作品であり、直島の歴史、生活経験とは直接結びつきにくい。そのため、前述のとおり島の住民は美術作品の「正しい知識」（作者や制作年など）を伝える以外の役割を担うことはできなかった。この時点では、解釈自由性は観光開発に対する住民による抵抗のためのツールとしては機能していなかったのである

南側の美術館における住民の体験と、スタンダード展における住民の体験を比較すると、次の点が指摘できる。つまり、住民はスタンダード展における来訪者との直接の相互作用を通じて初めて、解釈自由性をツールとして用いながら、作品を通じて歴史を語ること、自らの生活実践を可視化させることに来訪者から正統性が付与されている点に気づいていくこととなったのである。町並みや遺跡といった従来観光の対象となってきた歴史的環境とは異なり、現代アートとして創造された各作品は、歴史を含みこむ一方で作品でもある。観光客が、島南部の作品の場合と同じように、現代アートとしての作品の特徴にのみまなざしを向けており[*24]、そこに含まれる島の重層的な時間には関心がないのか、それとも作品を媒介にして可視化された島の歴史に関心があるのかは、実際のコミュニケーションを通じて初めて判断が可能になる。スタンダード展の体験を通じて、住民は作品の解釈自由性というツールを利用して来訪者を相手に思い出を語り、生活実践を可視化させることが、観光の場面における自らの主体性を確立する手段となることに気づいたと言えるだろう。

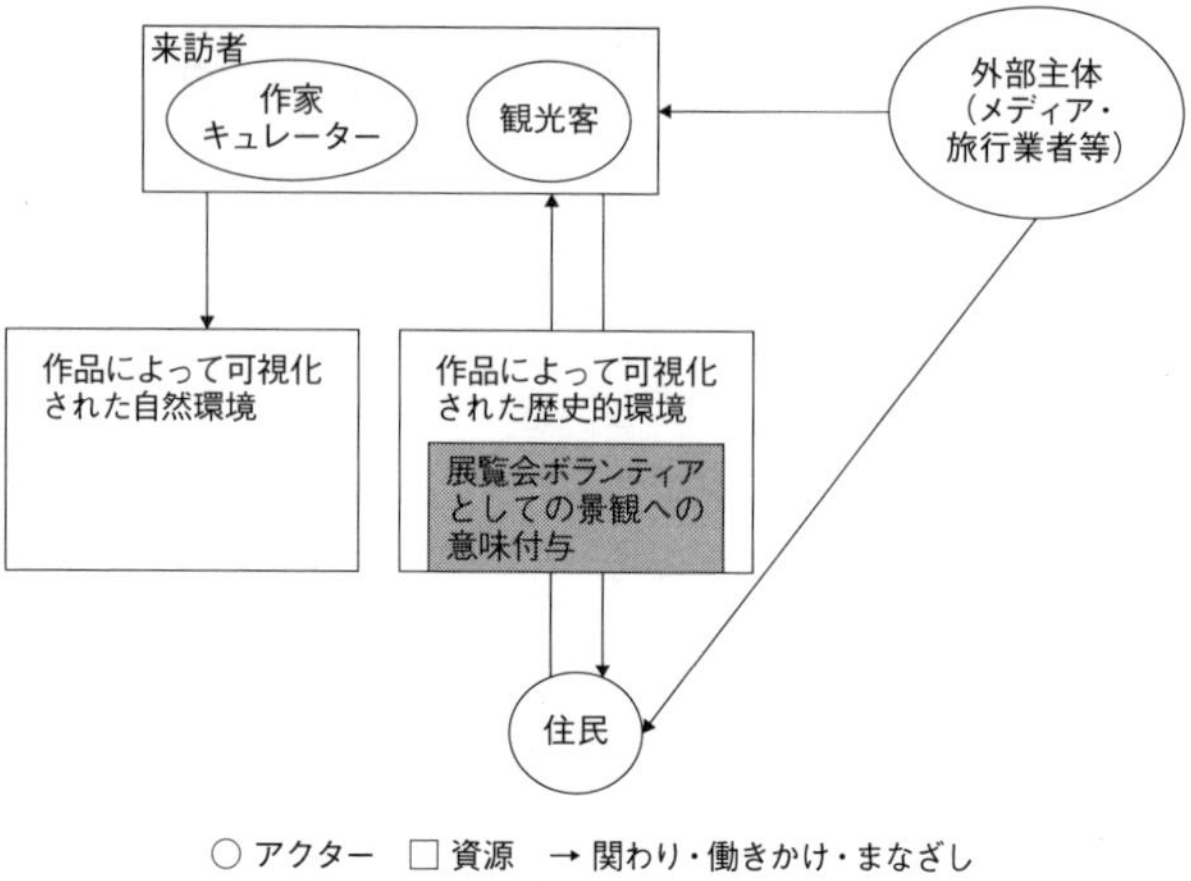

図6-2　スタンダード展におけるアクターと資源との関係

出典）筆者作成。

第四節　新たな地域表象の創出過程

スタンダード展において、住民は主に展覧会のボランティア・協力者として島の歴史を語り、また生活経験を可視化させることで景観に意味を付与してきた。このような住民の対応は、文化容体化論の指摘してきた資源の一部を操作可能な形に変容していく動きとみることができる（図6-2）。しかし、直島ではスタンダード展終了後、新たに資源のあり方そのものを変容させる動きが見られるようになる。以下では、「生活経験の可視化」と「語られた景観」の二点に注目して、この動きを検討していきたい。

四・一　生活経験の可視化

第三節では、落合商店におけるEさんの振る舞いを分析することを通じて、住民が生活経験の可視化を試みていることを指摘した。前述のとおり、スタンダード展における住民の対応は、作品を媒介にしてすでに存在する景観の中で自らが操作できる部分を広げていこうとする取り組みだったのである。

しかし、スタンダード展を通じて、来訪者が島の重層的な時間に関心を持っていることを知った住民たちは、展覧会終了後、新たに自分たち自身の手によって生活経験を可視化する活動を生起させるようになる。代表的な取り組みの一つに、第五章で記述した屋号表札の設置を挙げることができる。[*25] 屋号で呼び合うという何気ない日々の振る舞いが、表札という形態で可視化されることを通じて景観を構成する新たな資源が生成されたのである。屋号表札の設置という物理的景観の創造は、アートを媒介とせずに成立しており、住民自身の手によって地域表象が創出されたと言うことができる。

四・二 語られた景観

また前節では、スタンダード展に参画する中で、住民が語り合いを通じて思い出を再構成し、現代アートを媒介とする景観に対し、独自の関わり方をすることが可能になったことを指摘した。これもまた、作品を媒介にすでに存在する景観の中で自らの操作可能な範域を広げようとする取り組みである。

一方、第五章でも記述のとおり、展覧会終了後の二〇〇四年、六〇代を中心に一五名の住民によって「直島町観光ボランティアガイドの会」が新たに設立される。ボランティアガイドの会の会員によって思い出が語られるという点では一見スタンダード展のボランティアが単純に継続しているかのようにも見える。しかし、この会のボランティアは作品によって可視化された景観だけを媒介に語っているのではなく、四・一で挙げた住民自身の手によって創造された物理的景観等も媒介としながら、地域の景観に意味を付与している。

寺岡(二〇〇三・二〇〇七)の言葉を借りれば、作品によって可視化された景観、住民自身の手によって創造された物理的景観の双方を繋留点としながら、住民たちのさまざまな語りが重ね合わされることで多様な意味のフレームが生まれ、重層的な文脈を持つ地域表象が現出しているのである。

第五章において、筆者は住民による案内を通じて来訪者が見ることのできる景観を(住民によって)「語られた景観」

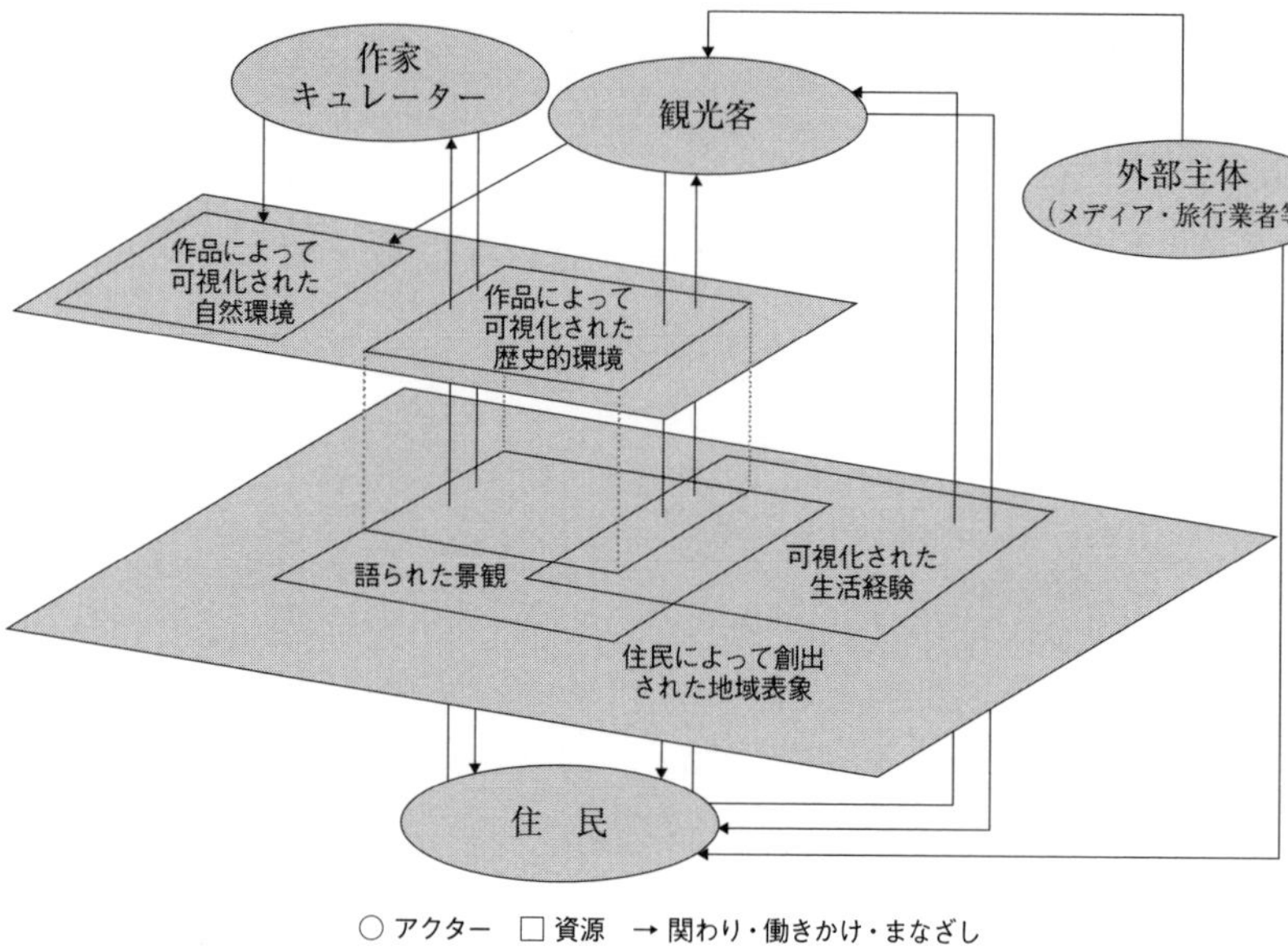

図6-3　現在の直島におけるアクターと資源との関係

出典）筆者作成。

と名付けた。この住民の言説活動を通じて創られた「語られた景観」は、観光客と住民との相互作用の場面を通じて創出された地域表象である。現在「語られた景観」は作品だけでなく多様な物理的景観を媒介に成立しているが故に、すでにある資源の一部を操作可能な形に変形させることにとどまらず、新たに生成された資源であると言えるだろう。

四・三　地域表象の創出

資源のあり方の変容を踏まえて、現在の直島におけるアクターと資源との関係をまとめたのが図6-3[*26]である。[*27]現在の直島におけるアクターと資源との関係と第一節で挙げた文化客体化論におけるアクターと資源との関係（図6-1）とを比較すると、以下の点を指摘できる。観光という場において、住民は、すでに存在する資源の一部を操作可能な形に変形する役割だけにはとどまらない。観光という場における相互作用を通じて、地域表象の創出という、新たな資源の生成を実践しているのである。

第一節で指摘のとおり、文化客体化論および地域表象に関する議論はどちらも共通して「観光という場の中で住民の主体的な対処はいかにして可能となるのか」に関心を寄せてきた。例えば、寺岡はこのような問題関心に基づき、住民たちが地域イベントにボランティアとして参画する際、住民が十把一絡げに例えば道案内をしてくれる「親切なボランティア」として括られ、住民自身のこれまでの生活経験は捨象されてしまうことへの危惧を表明している（寺岡二〇〇三）。ここで問われているのは、どうすれば、住民が十把一絡げの、それ故代替可能な、顔の見えない「親切なボランティア」ではなく、その場所で生きてきた、代替不可能な、「○○さん」として主体的な参画を行うことが可能になるのかである。

直島において新たに創出された地域表象はいずれも、住民各々の記憶や生活経験に基づいており、その意味で代替不可能な特定の個人として住民が参画を行う中から生まれていると言える。

第五節　観光の場において主体性を確保する可能性

本章では、香川県直島で実施されている、アートプロジェクトを媒介として地域の自然環境・歴史的環境を保全し、それらの資源を生かした観光を実施する取り組みを事例として取り上げ、その中で住民が来訪者とどのように関わったのか、そして相互作用の結果、どのような資源を新たに生成したのかを検討してきた。

前述のとおり、本章では「観光が実践される場において、来訪者とのいかなる相互作用によって住民は認識を転換し、抵抗を生起させるのか」を問うてきた。直島の事例において住民は、スタンダード展におけるボランティアとしての参加を通じて来訪者が島の重層的な時間に関心があることを知り、作品の解釈自由性を利用して、来訪者を相手に思い出を語り、生活実践を可視化させることが観光の場面における自らの主体性を確立する手段となることに気づいた。

前述の問いに対し、事例の分析から明らかになったのは次の点である。来訪者がその場所を訪れるという事実のみでは、住民の側からの抵抗は生起しない。相互作用を通じて来訪者のまなざしを知り、有効なツールを利用することで、観光における有力な資源を自らがコントロールしえるという状況を認識して初めて、住民の側の主体的な対応が生起するのである。

さらに本章では、アクター間の相互作用の結果、資源のあり方そのものがどのように変容していくのかという問いについても検討してきた。直島では、スタンダード展における認識転換を契機として、住民自身の手によって①アートを媒介としない形で生活経験を可視化した物理的景観および②言説活動を通じて「語られた景観」が創造された。これらは住民自身の手によって新たに創出された地域表象である。

「観光という場の中で住民の主体的な対処はいかにして可能となるのか」という課題に対し、本章の事例が提示するインプリケーションは、住民が相互作用による認識転換をベースに、地域表象の創出という新たな資源生成を通じて、主体性を確保する可能性の存在である。

注

＊1 文化客体化論は、文化実体化論（太田 一九九三）、文化構成主義（足立 二〇〇四）とも呼ばれる。本書では、文化客体化論に記述を統一して議論を行う。また、文化客体化論で文化として語られる内実は、古い町並みや踊り、物語といった歴史的環境、美しい海やそれを生かした観光漁などの自然環境を含む包括的なものであり、資源とほぼ同義で用いられている。そのため以下では文化客体化論における文化＝資源として議論を行う。

＊2 注3で記述のとおり、文化客体化論の分析においては、住民が抵抗の対象とする主体は直接その場所を訪れる観光客なのか、イメージを付与しようとするメディア等の媒体をさすのかはっきりとした区別のない場合が多いため、ここでは「外部」という言葉を使用する。

＊3　そのため、観光客のまなざしに対する関心は相対的に薄い。例えば、遠野物語という伝統文化を生かした観光の場の中で語り手がどのような実践を行っているかを論じた川森は、来訪者との直接接触する前の段階で、「『遠野物語』のイメージが自分の語る昔話に期待されているという前提を語り手は持っている」（川森　一九九六：一六五）と記述する。このように、文化客体化論を分析視点とする論文中には、住民が操作する対象ととらえる外部のまなざしが、直接やりとりする観光客というよりもメディアのイメージのように取れる記述も多い（森田　一九九七：四二ほか）。

＊4　本書では場所に固有なアートプロジェクトを対象とした観光を事例として取り上げる。このプロジェクトにおいては、外部から来訪するアクターの中に観光客だけではなく、作品を制作する作家、プロジェクトを管理・運営するキュレーターや職員も存在する。そのため、以下の議論では観光客ではなく来訪者と記述する。

＊5　寺岡は、「眼差し、解釈によってなんらかのメッセージを発するもの」のうち、地域に関わりのあるものを特に地域表象と呼ぶと定義している（寺岡　二〇〇三：一〇─一一）。地域表象論は地域のあり方を生活者自らがコントロールしうる部分を育てる可能性に関心を持っており、この点で文化客体化論と共通の問題関心を持つと言えるだろう。

＊6　スタンダード展の概要については、秋元・逸見編（二〇〇二）、「スタンダード」展報告書、新聞・雑誌等の文献資料、および聞き取りの内容をもとに筆者が再構成している。

＊7　『AERA』二〇〇一年一二月三日「島ごとアートが封印する歴史」より。

＊8　島外からのボランティアの募集は、チラシ配布とホームページによるものだったが、この呼びかけに対し、四四九名の応募があり、実際に一五四名がボランティアスタッフとして活動を行った。

＊9　『山陽新聞』二〇〇二年一月一八日ほか。

＊10　以下では、短期間島に滞在し展覧会のみに参加したボランティアスタッフは、その役割を考慮して、恒常的にプロジェクトに関与し、作品制作に携わるキュレーター、職員とは区別し、観光客の一カテゴリーとして議論を進める。

＊11　落合商店の詳細については、秋元（二〇〇六）、秋元・逸見編（二〇〇二）、秋元・安藤ほか（二〇〇六）をもとに再構成している。

＊12　大竹（二〇〇六）より。

＊13　二〇〇七年一二月二二日直島住民A氏、直島住民B氏への聞き取り、二〇〇七年八月七日直島住民C氏への聞き取り、二〇〇七年一二月一〇日直島住民D氏への聞き取り、二〇一〇年三月一四日直島住民E氏への聞き取りおよびスタッフノートの記述より。

＊14　ここでは紙幅の関係でE氏に絞って記述をしたが、E氏に限らず、複数の住民が観光客に落合商店の思い出を語っていることが確認されている。

＊15　大竹が制作したバッチが「ガチャガチャ」と呼ばれる販売機の中に入れられ、「直島みやげ　落合バッチ」として一個二〇〇円で販売された。これはスタンダード展のおみやげとして高い人気を誇った。

＊16　二〇〇七年一〇月二四日直島住民C氏への聞き取り、二〇一〇年三月一四日直島住民E氏への聞き取りより。

＊17　第五章において、スタンダード展における思い出の語り合いは（集団が過去の出来事・人物などをめぐり現在において思い出すイメージ・印象・観念（Halbwachs［1950］1997=1980、大野 二〇〇〇）としての集合的記憶の構成過程であったことを指摘している。

＊18　二〇〇七年一〇月二四日、一二月九日の直島住民C氏への聞き取りおよびスタッフノートの記述などをもとに筆者が再構成した。

＊19　スタンダード展に島外から参加した学生のコメント。スタッフノートより。

＊20　落合商店、旧診療所をはじめとするサイト・スペシフィックワークにおいては、住民は来訪者のまなざしをいったんとらえた上で、自らの生活経験をもとにそれに対応している。サイト・スペシフィックワークという場においては、来訪者から一方的に見られる受け手の立場を超え、来訪者のまなざしを知った上でそれをとらえ返す、能動的な住民の対応が正統化されていると換言することもできるだろう。

＊21　この点は家プロジェクトに参加する複数の作家への聞き取りの中でも繰り返し指摘があった。また、二〇〇七年一〇月の家プロジェクト七軒公開記念シンポジウムでも、この特徴は取り上げられている。

＊22　二〇〇七年一〇月家プロジェクト七軒公開記念トークなどより。

＊23　二〇〇七年八月七日直島住民C氏への聞き取りより。現在では、美術館における作品説明のあり方は変わりつつあり、これは、九〇年代の時点における説明のあり方である。

＊24　自然環境が作品の対象になっていた場合のように、作家による場所の解釈にのみ関心があるケースと言い換えることもできる。

＊25　屋号表札の設置には住民の要望に基づき町が景観整備事業の一つとして取り組みに参加し、設置補助を行ったものだけでなく住民が個人的に設置したものもある。

＊26　図6-3において作品によって可視化された歴史的環境から語られた景観に向かって伸びる点線は、作品によって可視化された歴史的環境が語られた景観の繋留点となっていることを示す。

＊27　本章三・一節で取り上げた落合商店の事例では作品を通じて思い出が語られ、またかつての店における振る舞いが可視化されていた。図6-3で言えば、作品によって可視化された歴史的環境・語られた景観・可視化された生活経験の三つが重なる領域に位置すると言える。

第七章　いかなる相互作用が地域再生に寄与するのか
——外部からの場所の消費を防ぐ仕組み

本章では、第Ⅱ部で取り上げる一連のプロジェクトの中でも、地域の人びとが生活する場を舞台とする「家プロジェクト」と呼ばれる事業に注目していく。第五章、第六章でも記述のとおり、家プロジェクトは、江戸時代の町並みを残す本村と呼ばれる集落において展開しており、そこでは古民家、寺院・神社といった、地域住民の暮らしと深く関わりを持つ場所を生かした作品がつくりだされている。現在の本村集落において、住民はこのプロジェクトに積極的な関わりを見せており、住民たちが担い手として重要な役割を果たしていると言うことができる。本章では、地域に生活する住民と作品の制作者側との間で、場所の解釈をめぐっていかなる相互作用（および相互作用を可能にするしくみ）が存在すれば、場所に固有なアート作品は「地域資本」となり、地域の再生に寄与することができるのかを議論していく。

分析を通じて、場所に固有な現代アート作品が地域の再生に対して果たしうる可能性を三点に分けて明らかにした。可能性として第一に挙げられるのは、現代アートを媒介として歴史や生活を可視化させることで、既存の法制度の枠内では保全の対象にならなかった景観が、地域資本として大きな価値をもちうる点である。第二に挙げられるのは、作家による場所の解釈と住民のその場所への意味づけを重ね合わせる努力を行うことを通じて、サイト・スペシフィックワークは地域資本となり、地域の再生に寄与することができるという点である。そして第三に挙げられるのは、従来、何らかの機能を持つ場所が、機能を保ったまま作品として成立すれば、住民はより積極的に担い手としての役割を果たすことができる。そのため機能を持たない場所とくらべると、機能を持つ場所は相対的に地域資本として増大できる可能性が高い。そして、作品でありながら、場所の機能を保つためには住民の働きかけのあり方が作品の中に担保される必要があるという点である。

第一節　地域再生に寄与するアートとは？

第三章で指摘したとおり、近年全国各地において、地域の自然環境や歴史的環境を生かした地域づくりの取り組みが進められている。一口に自然、歴史的環境を生かすと言ってもその活用形態は実に多様である。そして、取り組みの担い手も対象となる環境が何なのか、どのような活用をめざすのかによって異なる様相を見せている。

その中で、本書で取り上げる直島は、人びとが生活する場に、場所の文脈を取り込んだアート作品を恒久設置することを通じて景観を創造する活動を一九九〇年代後半から実施してきた。第一章でも指摘したとおり、地域の自然や歴史を取り込んだサイト・スペシフィックワークにおいては、ある特定の場所（街角や古民家、田畑などのさまざまな場所）とアートが強く結びついており、作品をその場所から切り離すことができないことが大きな特徴となっている。そのため、作品を鑑賞するためには、必ず作品が制作された場所に出向き、作品とともにその場所をも体験する必要が生じてくる。近年、人びとは、このような日常性とのつながりをもったアートに関心を持つようになっており（Urry 1990=1995）、場所に固有な現代アートによってつくりだされた景観への来訪者は各地で増加の一途をたどっている。

本章では、一連のプロジェクトの中でも、地域の人びとが生活する場を舞台とする「家プロジェクト」に注目していく。第五章、第六章でも確認したとおり、家プロジェクトは江戸時代の町並みを残す本村と呼ばれる集落において展開しており、そこでは古民家、寺院・神社といった、地域住民の暮らしと深く関わりを持つ場所を生かした作品がつくりだされている。家プロジェクトがめざすのは、「失われつつあるコミュニティの文化や風習に新しい解釈を加え、町を再生していくこと」[*1]である。現在の本村集落において、住民はプロジェクトに積極的な関わりを見せている。住民たちの関わりは、本村を訪れる人びとにとって大きな魅力の一つとなっており、マスメディアの報道においても、住民たちの取り組みは大々的に取り上げられている。[*2] 家プロジェクトの展開を通じて地域の景観を創造するにあたって、住民たちが担い手として重要な役割を果たしていると言うことができるだろう。

一見、非常に異質なものである現代アートを地域の中に受け入れ、景観創造の担い手になっていく過程は、従来の報道において、次のように説明されてきた。

「ベネッセがアート活動を開始した当初は、テーマがなじみの薄い現代美術ということもあり、必ずしも一〇〇％理解されてきたわけではなかったようだ」が、「徐々にではあるが観光来島者の姿が町中に増え始めるのを目のあたりにするとともに」に、島全体が舞台となることで「島民も現代アートをより身近なものととらえだす」。そして「島民もボランティアとしてガイド役に積極的に参加」し、このプロジェクトは「島内住民にとってわけの分からないものから地域の誇りに思えるものへと次第に変化してきた」[*3]。

つまり、当初は異質なものであるととらえられてきた現代アートが、島全体で展開するに従って段々と理解されるようになり、今や現代アート作品は地域の誇りとなっているとされてきた。この説明において前提とされているのは、住民が、歴史や生活を取り込んだ作品を好意的にとらえ、積極的に理解し、学ぼうとする姿勢を持つという点である。

しかし、ここで一つの疑問がでてくる。それは歴史や生活を取り込んだ作品であれば必ず住民によって好意的に理解され、地域づくりの資源ととらえられるのか、という点である。場所に固有な現代アート作品の制作においては、作家が歴史・生活のある部分を取り出して解釈しそれを反映させた作品をつくる。そのため、どこまで日常に深く関与するかはアーティスト次第であり、関わり方によって引っ張り出してくる日常の諸相は全く違ってくることとなる。[*4]そういった意味では、作家による場所の解釈を通じて作品がつくられ、それが面的に広がって景観を構成することが大きな特徴の一つであると言える。

つまり、すべてのサイト・スペシフィックワークが場所に固有であり、場所を解釈してつくられていることは間違いない。しかし、作家による場所の解釈と、住民のその場所への意味づけ・住民がこれまでその場所に対して行ってきた働きかけとが無条件で重なるわけではないのである。アートを媒介とした景観創造を実践するにあたっては、異なる立場におかれたアクターの意味づけが、作品の存在する場所をめぐって交錯することになる。それ故、現代アートを媒介とした景観創造においては、来訪者のまなざしによって一方的に場所が消費される（Urry 1995=2003）という危険性が常に存在する。[*5]地域に生活する住民にとっての場所の機能や文脈と作品との間にずれが生じ、従来その場所が持っていた機能や意味が失われてしまえば、家プロジェクトがめざしている「まちの再生」に対して、作品が逆機能を果たしてしまうという危惧がある。[*6]これまでにも、多くの住民が生活し、利用する場所にサイト・スペシフィックな作品が置かれる際、住民が置き去りにされてしまうことを疑問視する声があがってきた。多くの住民にとって、作品は自分たちの生活空間のただなかに突然出現し、しかもずっとそれと暮らさなければならなくなるもの（川田 一九九八）なのである。

ある特定の場所が資源としてとらえられているにもかかわらず、アクター間でその場所の解釈をめぐってずれが生じ、資源を生かしきることができない。この問題は自然環境、歴史的環境の保全・活用を対象とする先行研究においてもしばしば指摘されてきた（川田 二〇〇五、牧野 二〇〇二、鳥越 二〇〇九a・二〇〇九bなど）。どうすれば資源を生かすことができるのかについて、第三章で挙げたとおり、鳥越は「地域資本」という概念を使用して説明を行ってきた。鳥越が強調するのは、地域に生活する住民にとっての場所の機能や文脈を活用することが、地域資本の増大に必要不可欠であるという点である。では、現代アートによって場所に新しい解釈を加え、地域の再生をめざすにあたって、いったいどうすれば、地域資源の資本への変型は成し遂げうるのだろうか。それは、次の問いにつながっていくだろう。地域に生活する住民と作品の制作者側との間で、場所の解釈をめぐっていかなる相互作用（および相互作用を可能にするしくみ）が存在すれば、場所に固有なアート作品は「地域資本」となり、地域の再生に寄与することができるのか。

直島においては、来訪者のまなざしによる一方的な場所の消費が防がれ、作品が地域資本となっているからこそ、住民は担い手としての積極的な役割を果たしていると考えられる。では、現代アート作品が地域資源から地域資本となるには、いったいどのような仕組みが必要となるのだろうか。この点を、直島の事例分析を通じて議論していきたい。そして、現代アートを媒介とした景観創造が、地域の再生に対して果たしうる可能性とそこに含まれる課題を検討したい。

第二節　家プロジェクトの概要*7

第四章ですでに確認したとおり、直島では一九八〇年代後半以降、現代アートを核とした文化事業が展開されていくこととなる。島南部での美術館とホテルの複合施設の建設、現代アート作品の制作・設置を経て、一九九七年以降、島の中央部に位置する本村集落において古民家や寺院・神社といった地域住民の暮らしと深く関わりを持つ場所を生かした現代アート作品を創る取り組みが行われるようになる。この取り組みは「家プロジェクト」と名付けられ、二〇一八年現在本村集落の中に七軒の作品が展開している。ここでは、それぞれの作品について簡単に見ていきたい。

家プロジェクトは大きく二つの時期に分かれて制作が実施されている。第一期には、一軒目から四軒目までが制作された。まず、一九九八年に一軒目の作品として「角屋」が完成する。[*8] 角屋はもともと、築約二〇〇年の古民家であり、一軒の家が丸ごと作品化された。その後、一九九九年に第二軒目として「南寺」が完成する。南寺は新築の作品であるが、ここはかつて実際に南寺と呼ばれる寺が建っている場所であった。本村集落の中にある小さな丘の麓には、近世初頭に三つの寺院が存在しており、その位置関係から最も南の地蔵寺観音院が南寺（南の寺）と呼ばれ親しまれていた。作品制作当時にはすでに本殿はなくなっていたが、住民たちの中では変わらず南寺として認識されていた場所である。[*9] 続いて第三軒目として完成したのが「きんざ」である。きんざも角屋と同様に築約二〇〇年の古民家で、一九九六年まで一般の住宅として使われており、持ち主から土地を借りる形で制作がなされた。そして第一期の最後、四軒目の作品が二〇〇二年に完成した「護王神社」である。護王神社は、本村の東側を海からさえぎる丘の上にある。この周辺には南寺も含めて複数の寺社が存在しており、この神社もそのうちの一つであった。近年老朽化により傷みが激しくなったため、地元では神社の大幅改修の話が進められていた。その中で直島に関わるアクターとしてベネッセに対し改修への協力依頼がなされたのである。その際、ベネッセの側から家プロジェクトとして再建することが提案された。この提案に対する地元の了承を受けて、家プロジェクトとして本殿は改修、拝殿は新築され二〇〇二年に「護王神社」が完成した。神社という本村の精神性の中枢となる建物を手がけたことで、「家プロジェクト」としては一つの究極的な姿となったと考えられ、[*10] まずは第一期が完成したと規定される。

その後、新たに展開された第二期には、五軒目から七軒目の三軒の作品が制作された。この三軒の作品は、二〇〇六年から二〇〇七年にかけて開催された展覧会「直島スタンダード2」において公開され、展覧会終了後の二〇〇七年九月に正式に家プロジェクトに加わっている。この「石橋」「碁会所」「はいしゃ」の三軒は展覧会の開催に併せて同時に制作されている。そのうちの一軒である「石橋」は明治時代に製塩業で栄えた家であり、直島で最も大きな家の一つであった。また、「碁会所」は「きんざ」の横にある新築の作品であり、過去に碁を打つ場所として島の人びとが集まってきたことに由来して碁会所の名称がつけられている。そして「はいしゃ」は、第二次世界大戦後島で開業し、近年閉院した歯科医院をまるごと作品としている。「はいしゃ」は、第一期の家プロジェクトに比べると昭和に建てられた（相対的に）新しい建物が作品にされている。「石橋」も最盛期は江戸末期～明治期であり、第二期に入って家プロジェクトの対象となる建物の時間軸上の起点がより現代に近づいているという特徴が指摘できる。「家プロジェクト」の七軒の作品は本村集落の中で面的な広がりを見せており、これらの作品を通じて本村集落の中に独自の景観が創造されている。[*11]

第三節　「家プロジェクト」前史およびプロジェクト開始の経緯

ここまで概観してきたとおり、直島では現代アートを媒介として独自の景観が創造されており、それが大きな魅力の一つとなって多くの来訪者がやってくるようになった。では、そもそもなぜ本村集落において現代アート作品の制作・設置が試みられることとなったのだろうか？　この点については第五章でも記述したが、ここではその内実についてもう少し詳しく見ていくことにしたい。

本村集落は、四〇〇年余り前の天正年間に水軍として活躍した高原氏によって城下町が形成されており、現在も町並みなどにその面影が色濃く残っている。[*12]この古い町並みは、行政の側からも地域資源の一つと見なされており、一九六〇年代以降、町の歴史的な文化遺産を保存しながら、観光事業へと活用する道が模索されていた（直島町史編纂委員会編　一九九〇：七三三）。家プロジェクト開始直前の一九九六年に策定された直島町総合計画においても、由緒ある建物・歴史ある町並みなどの歴史的資源を保護・育成し、景観の保全を図ることが提唱されている（直島町一九九六）。しかし、この時期まで保全に向けてどのような手を打つのか、という具体策ははっきりと固まらない状況が続いていた。それと同時に、本村集落では徐々に高齢化・人口の減少が進み、空き家が目立つようになっていた。

このような状況の中、それまで島南部の敷地内で事業を展開してきたベネッセも、徐々に集落の景観保全に関心を持ち始めるようになる。当時、この文化事業の中核を担っていたキュレーターの秋元雄史は次のように語っている。

「初めは南側で美術館をやっていたので、島の暮らしはあまり考えたことがなかったんです。……そうこうしているうちに、島がだんだん衰退してきてしまって、九五年頃には空き家が目立ち始めていたんです。その頃から、南側だけでやっていても駄目なんじゃないかな……直島の人が暮らしていた部分がどんどん消滅していってしまうのはまずいんじゃないかと考えるようになりました」[*13]。

この時期南側の敷地内において直島の風景と結びついた現代アートが制作されており、島南部に豊かに残る自然を生かしたアートが複数設置されるようになっていた。しかし、集落の衰退を目の当たりにしたことで、島全体のことを考えた場合「南側だけでやっていても駄目」なのではないかという思いが芽生え、以後ベネッセも町並みの保全に関わっていくこととなる。

当初は、他の地域でも実施されている町並み保存の可能性が検討された。この「町並み保存」の検討にあたっては、秋元自身もいくつかの保存地区を訪問している。また、町並み保存に関する研究を行う大学教員を島に招くなどの取り組みが行われた。具体的な方策としては、町並み保存条例制定が模索されていくこととなる（秋元 二〇〇五a：六〇）。しかし、この方策は対象となる歴史的建造物が直島にはほとんどなかったこと、また保存状態も悪かったことから頓挫してしまうことになる。

秋元によれば、この町並み保存条例の模索にあたって県の担当課や文化庁に色々と話を聞き、かけあってみたものの、本村の家屋は歴史的に重要な物件という規定には全くあてはまらなかったという。その際に、本村の家屋・町並みについて出てきたのは「単に古く、庶民の家であるというだけで、そこにいわゆる文化財としての価値というのはない」[*14]という話であった。

この話を受けて、秋元は、「いわゆる文化財的な価値がないものは、なくてもいいのだろうか？」[*15]という疑問を抱くようになる。秋元自身は、本村の保全のあり方を模索する中で直島のたどってきた時間、暮らしによって積み重なってきた時の流れは、それはそれで大切なものだろうと思うようになっていたという。秋元の疑問は、既存の法制度の枠中で保存の対象にならない景観が、価値のないものと判断されることへの違和感を表明していると言える。秋元はこのような考え方に対しある種の反発心を感じたという。そして、そこから直島固有の、直島でしか見られないものをつくっていこうという考え方が生まれ、その中で出てきたのが「家プロジェクト」の発想であった。

「家プロジェクト」は先にも述べたとおり、地域住民の暮らしと深く関わりを持つ場所を生かした現代アート作品を創る取り組みであり、家一軒を丸ごと一人のアーティストに任せ、アート作品にする（秋元 二〇〇五a：六〇）という方法がとられた。これは、直島の暮らしによって積み重なってきた時の流れをアートを媒介として可視化させ、それを通じて景観を保全するしかけとみることができるだろう。

第四節　「家プロジェクト」における場所の解釈——角屋をめぐって

本村集落の中では七軒の作品が家プロジェクトとして展開されているが、このプロジェクトは次のようなコンセプトがある。①本村という集落をエリアとする、②その地区に長くあった既存の建物もしくは特定の場所を対象とする、

③一人のアーティストが担当する、④アーティストは建築家と協力して家を作品化する、⑤基本的にはプロセスを公開する、⑥完成した家は可能な限り永久設置する、⑦プロジェクトが途切れないこと、⑧エリアに点在させていくこと。これらの条件が選ばれたのは、作品化という過程を経てその場所の意味、その地域の歴史といったものを表出させたい、文化的な厚みをもたせたい、と考えられていたからである（江原・逸見編 二〇〇一a：九四）。七軒の作品はどれも基本的にはこの条件を満たして制作がなされており、その意味では共通していると言える。一方、あるコンセプトの下で制作がなされていても、どこまで日常に深く関与するかはアーティスト次第であり、関わり方によって引っ張り出してくる日常の諸相は全く違ってくることも確かである。[*16] この指摘のとおり、島の歴史や生活とどのように関わるのかという点において各作品は異なる様相を見せている。ここではまず、第一に創られた作品である角屋の制作過程を通じて、最初期の住民と制作者側の相互作用を見ていきたい。

概要の部分でも記述のとおり、一九九七年に約二〇〇年前に建築された古民家である角屋の売却希望が、町役場経由でベネッセに届けられた。この家に住んでいた一人暮らしの女性Aさんが高齢になったため島外に住む家族の下に移り住むことになり、売却の話が持ち上がったのである。[*17] 五月にはベネッセが角屋を購入することが決定し、七月に現代アートの作家である宮島達男に作品制作が依頼される。

角屋は、家一軒を丸ごと作品とするため、絵画などの作品とは異なり作家一人が制作のすべての過程を担うことは困難である。制作にあたっては、アーティストを中心として建築家と施工者（地元の大工）とキュレーター（秋元という四人が一つのチームとなって作業が行われた（秋元 二〇〇八）。家そのものの改修にあたっては、建物の時代考証、工法の特徴、素材と伝統技術の善し悪しなどの建築的な情報が必要であり、間取り、建築様式、改築履歴などが調査された。[*18] そして外観に関しては忠実に建築当時の姿に戻すとともに、内部に関しては宮島と建築家によってどのように空間をつくるのかが考えられていく。その中で意識されたのはオリジナルのよさを生かしながら、作品もよく見せることができる空間を組み上げていくということであった（江原・逸見編 二〇〇一a）。オリジナルのよさとは、もともとそこに存在していた家としての特質をどのように生かすのかという問題と言えるだろう。宮島自身はある場所に固有な作品をつくる際、「風景と対話をしながら、町とそこに住んでいる人たちと対話をしながら少しずつ進めていく」[*19]と語る。

「あきられないために、長く親しんでいただくために想像するわけですよね、どんな風にそこにお嫁入りをさせたらいいのか。そこにはもう古い町並みがあって、そこに代々住んでその島から出ないで死んでいくおじいちゃんおばあちゃんがいて。そういうおじいちゃん、おばあちゃんたちに対して都会から来た嫁がすっとなじむにはどうしたらいいのか、そう考えるんです[*20]」。

彼は、自らの作品を子どもに例え、作品が地域に恒久設置されることを嫁入りになぞらえてこのような説明をする。この嫁入りにあたって彼は、積極的に島の人びとと交流を持ち、島の歴史的・文化的背景についても学んでいく。島の歴史的・文化的背景のリサーチは、主に秋元などベネッセの関係者によってなされ、それが宮島に伝えられるという方法がとられた。一方で制作の現場において、住民たちとの直接の関わりが持たれることとなる。宮島自身が角屋で制作に取り組んでいる際、入れ替わり立ち替わり制作現場には近所の人びとが訪れるようになる。コンセプトにも記されているとおり、制作のプロセスは基本的に公開されており「いつのまにか（住民たちが）横にいる[*21]」状態で具体的な作業は実施されていくことになる。このように作品をつくりこんでいく時に、住民たちと言葉を交わし、顔を見ることによって、人びとの直島でのあり方を想像することとなり、それは作品に影響を与えているという。例えば、二〇〇年前の建築時には電球はなかったはずであるが、作品制作当時に家に残されていた電球は長年生活してきた「匂い」のようなものが付着していておもしろいので、残しておくという選択肢は、住民たちとの交流を経て選ばれた可能性が高いのではないだろうか[*22]。

また、角屋には、一つの大きな特徴がある。それは、制作そのものに住民が参加しているという点である。宮島は、これまで代表的なスタイルとしてデジタルカウンターと呼ばれる、数字を表示する発光ダイオードの装置（江原・逸見編 二〇〇一a）を用いた作品を制作してきた。角屋においても一二五個のデジタルカウンターを使った「sea of time '98」[*23]が制作されるのだが、宮島はカウンターのスピード調節を第三者である島の住民に任せるという選択をする。小さなドライバーを使い、一人一人が自分の好みに合うリズム設定を行うのである。こうして住民がセッティングしたデジタルカウンターが配置された作品が完成する。宮島自身は、ここに住んでいる人たちの時間を封じ込めた空間にしなければここでつくる意味がないと考えていた。[*24] 角屋においては、作家が住民の生活のあり方・住民がこれまで行ってきた場所への働きかけに積極的に接近する姿勢を示した。制作時の相互作用を通じて、作家・住民双方の場所への解釈を矛盾させないための努力が行われていることが指摘できる。

その後、二〇〇一年までに角屋を筆頭に三つの作品が家プロジェクトとして完成していくこととなる。そして、四番目に家プロジェクトとして取り組まれたのが、「護王神社」であった。これまでの作品と護王神社との最大の違いは以下の点である。護王神社は、作品として作家により解釈される対象でありながら、同時に住民の信仰の対象でもある。そのためお百度参りや神事といった信仰心に基づくさまざまな実践が継続して行われていた。護王神社は作品であると同時に、もとの神社としての機能を果たすことを目的に計画されているのである（杉本 二〇〇五）。護王神社において行われているのは、「現役」の神社を作品として改修するという試みである。住民にとって神社はさまざまな機能を持つ信仰の対象である。それ故、他の作品と比べてさまざまな場面で、作家の場所への解釈と住民が神社に対して持つ意味づけのずれが顕在化しやすい。護王神社の改修にあたっては、このずれをどのように調停していくのかが先鋭に問われることとなっていく。神社の改修をめぐって、制作者側と住民との間ではいかなる相互作用が実践されたのだろうか。そして作品としての護王神社は、どのようにして地域資本になったのだろうか（あるいは、なっていないのだろうか）。次節ではこの点について考えていきたい。

第五節　護王神社の両義性――信仰の対象であり、かつ作品であるとは[*25]

護王神社は江戸時代初期に高原氏がそれまでの古い神社を合祀し、高原城城南の鎮守として奉斎したと伝えられる神社で、代々本村集落の人びとが氏子となってきた。建物は明治一五年に炎上した後に改築され、その後も何度かの改修を経てきたが、近年老朽化が激しくなっていたため修復の話が進められていた。改修への協賛を求められたベネッセが、家プロジェクトとしてつくることを提案し、氏子の了承を受けたことは概要にも記述のとおりである。[*26] 現役の神社を作品として改修する。このことは、家プロジェクトの目的である地域の再生に対し、どのような可能性があるのだろうか。そして同時に何が課題となるのだろうか。

五・一　神社を家プロジェクトとして改修するということ――その可能性と課題

まず、神社が家プロジェクトとして改修されるメリットを指摘しておきたい。第一に挙げられるのが、神社が建物として残ることである。住民が神社を信仰の対象とし、神社に対して働きかけをする大前提となるのは神社がそこに存在していることである。「場所」としての神社が瓦解してしまえば、人びとの関わりは失われてしまう。

第二のメリットは、建物としての神社が残ることで、神社の機能も残しうることである。第一のメリットと第二のメリットはこれまではっきりと区別されてこなかった。しかし、神社の機能が残るためには、住民の働きかけのありかたが、作品としての神社の中に担保される必要がある。

公共空間におかれた現代アート作品の維持管理を住民が担う可能性として、先行研究が指摘してきたのは次の点である。作品が鑑賞するためだけの存在ではなく、ある種の「機能」を持つことで、住民は担い手になりうる。川田は各地で「お地蔵さま」として親しまれている路上の石仏が、格好の手本であると述べている。お地蔵さまは住民によって管理され、地蔵盆という行事を通じてコミュニケーションの結節機関となっている（川田 一九九八）。川田は、作品が機能を持つことで、住民が担い手になる可能性を示唆している。護王神社が元来持ってきた機能が保たれれば、住民による維持、管理は積極的に継続されるだろう。それによって初めてアート作品としての護王神社は「地域資本」になるのである。

一方、神社を家プロジェクトとして改修することには、次の課題がある。これは、二点目のメリットと表裏一体であるが、作家の解釈と住民の解釈のずれが顕在化しやすいという点である。このずれが埋め合わされなければ、場所は一方的なまなざしによって消費される対象となる。消費の結果として残るのは、「建物」としての神社のみである。

五・二　石灯籠が意味するもの

ここからは前記の検討を踏まえ、護王神社改修をめぐっていかなる相互作用があったのかを具体的に検討していきたい。護王神社の本殿・拝殿の改修において、ベネッセの担当者が当初大きな問いとしてとらえたのは、いったいどの時点に建物の様式を戻すのかということであった。キュレーターである秋元は当初、神社が整備された江戸初期を想定していたという。神社においては改修が繰り返されており、どの時点に戻すのかという点で悩みがあった。[*27] その中で、護王神社の制作を行った杉本博司は、伊勢神宮の中でも最古の様式が残る瀧原宮を参考に制作を計画する。[*28] これは、作家の側から見た神社という場所の解釈である。実際には本殿の側面、背面部分を以前のまま残し、その他の部分はこの杉本案に沿って改修された。ベネッセに改修協力を依頼する以前に住民が考えていたプランは、建替直前の建物をそのまま修復するというものであり、杉本案の様式はそれとは異なるものであった。しかし、ベネッセの担当者の心配をよそに、神社の様式の変容は住民たちによって大きな問題とはとらえられていない。

一方で、神社の様式とは別の点をめぐって、作家と住民の間で解釈のずれが顕在化する状況が生まれる。このずれは、神社の石灯籠をめぐって発生した。護王神社は、改修を決定してから実際に計画が固まるまでに数年の時間がかかっている。以前から置かれていた石灯籠は「つぶれかけだった[*29]」ため「改修するなら」ということで、すでに氏子の手によって石灯籠が寄付されていた。問題は、この石灯籠の設置位置であった。本村集落から護王神社に向かう階段を登っていくと、入り口には石柱と鳥居がある。そこを抜けると石灯籠があり、石灯籠の向こうには狛犬がいる。狛犬の先に拝殿、本殿があるという並びになっている。この石灯籠の位置について、作家から変更の希望が出されるのである。作家にとって、自らに制作が依頼される以前に寄進されたこの石灯籠は「美しくないもの[*30]」であった。そこで、作家は石柱より手前、つまり階段を登りきった最も手前に石灯籠を動かすことを主張する。しかし、住民が「動かすわけにはいかん[*31]」と強く主張したことで、石灯籠をめぐって長期間にわたる交渉がなされることとなる。外見からすれば、神社の様式が変わることの方が大きな問題であり、石灯籠の位置は相対的に小さな問題のように思える。なぜ、住民は石灯籠の位置にこだわったのだろうか。住民は、石灯籠を元の位置に置くべき理由について、次のように語る。

「ちゃんと寄付してくれた人に悪いじゃろう。これからも協力してもらわにゃいかんのに、目立たないところに勝手に動かすわけにはいかん。前からそこにあったのに[*32]」。

この言葉に代表される、住民の石灯籠に対する解釈について、以下で検討していきたい。

神社を維持していくためには、氏子の人びとの金銭的、身体的協力は欠かすことができない。氏子たちにとって、石灯籠はその人物の協力の象徴とも言える存在なのである。そのため、寄付にあたって決めた設置場所を尊重することは、寄付をした氏子の神社への働きかけを尊重することであった。「(位置を動かせば)灯籠を寄付した意味がなくなってしまう」という主張は、ただ単に灯籠を目立たない位置に動かすという問題を表しているわけではない。灯籠を寄付してくれた人の、神社への主体的な働きかけがないがしろにされることを危惧しているのである。それは、神社の氏子が代々維持してきた、神社への関わりのあり方を否定するという問題にもつながる。氏子たちは、自らが神社の維持のために行ってきた働きかけと矛盾するものであるが故に、灯籠の異動を拒んだのである。

かなりの時間をかけて話し合いが行われた結果、石灯籠の配置についてはすでにある形を尊重することで合意され、狛犬の手前に置かれることで決着した。

五・三　お百度参りをめぐって

一方で、作家と住民の間に生じるずれは、常に必ず埋め合わされているわけではない。作家の場所への解釈が、結果として住民の神社への働きかけに困難を生じさせ続けている点もある。ここではその例として、お百度参りをめぐって生じるずれについて検討していきたい。護王神社には、お百度を踏む際の指標となる「お百度石」があり、従来から病気平癒を祈願するお百度参りが盛んに行われてきた場所である。親戚や近所の人びとが手術をしたり、危篤状態に陥った際には、お百度が踏まれている。護王神社において、お百度は従来「お百度石」と拝殿との間をまっすぐに周回して行われてきた。しかし、家プロジェクトとして改修が行われた際にお百度石と拝殿・本殿の間に白州がつくられ、人が入れない構造になってしまう。氏子たちからは従来の形でお百度参りができなくなった、という不満が聞かれ、氏子代表も拝殿に入れなくなったことを非常に気にしている。[*33]現在は、暫定的にお百度石から拝殿の左側を周回して、お百度参りが行われている。この点においては、一見作家の場所への解釈が圧倒的に優先されているように見える。しかし、氏子たちは、このずれを解消するための努力を怠っているわけではない。従来の形でお百度参りを行うために、自ら具体的な代替案[*34]を提示し、交渉を続けている。杉本氏が「分かってくれるまで、何年かかるかな」[*35]という氏子代表の言葉からは、調停されないやりとりを通じて、機能の改善を追究する姿勢が見てとれる。

五・四　現代アート作品が地域資本に「なる」ために

ここまでの検討を踏まえて、現代アート作品が地域資本になる可能性について改めて考えてみたい。先行研究において、作品がある種の「機能」を持つことで、現代アート作品が地域資本としてより大きな役割を果たす可能性が指摘されてきた。護王神社が地域資本たりうるには、作品であると同時に、もとの神社としての機能を果たすものであることが必要だったのである。そのために求められるのは、相互作用を通じて、ともすれば軽視されがちな、住民の神社への働きかけのあり方をきちんと担保した上で改修が行われることであった。石灯籠の配置は、住民のこれまでの神社への働きかけを端的に示すものであったことが、両者のやりとりを通じて明らかになった。また、お百度参りをめぐるやりとりは、作家と住民の間に生じる解釈のずれを示している。そして、このずれは住民の神社への働きかけを阻害するものであった。護王神社においても両者のずれは必ず埋め合わされているわけではなく、現時点ではこのように問題も生じている。しかし、住民の側からの提案をもとに、やりとりを続けることを通じて、神社の機能をよりよく保つための努力は継続されていることが分かった。作品の対象となる場所を挟んで、制作者側と住民との間で調停されないやりとりが続けられることによってのみ、場所の機能は保たれることが示唆されている。このように、作品であると同時に、神社としての機能を果たすための努力が実践されてきたからこそ、護王神社は住民の信仰の対象であり続けているのだろう。ここから家プロジェクトとしての護王神社は、地域資本に変型されていると言うことができるだろう。

第六節　やりとりを継続することの重要性

本章では、場所に固有な現代アート作品、そしてそれが面的に広がって創造された景観が地域の再生に対して果たしうる可能性とそこに含まれる課題を検討してきた。可能性として第一に挙げられるのは次の点である。現代アートを媒介として歴史や生活を可視化させることで、既存の法制度の枠内では保全の対象にならなかった景観が、地域資本として大きな価値を持ちうる。先行研究において、既存の法制度は景観の価値を希少性に基づき序列化する傾向にあり、この背景には、景観をランク付けで比較考量しうるものとしてとらえる視点があることが指摘されてきた。この視点を通すと、希少性や経済的有用性でとらえきれない、それぞれの景観が持つ独自の価値は捨象されてしまう（関一九九七）。現代アート作品として場所に新しい解釈が加えられることで、従来捨象されてきた、それぞれの景観が持つ独自の価値が魅力ある地域資本になる可能性が示された。

第二に挙げられるのは、作家による場所の解釈と住民のその場所への意味づけを重ね合わせる努力を行うことを通じて、サイト・スペシフィックワークは地域資本となり、地域の再生に寄与することができるという点である。これは、角屋の制作過程から明らかにされた。

そして第三に挙げられるのは、次の点である。従来、何らかの機能を持つ場所が、機能を保ったまま作品として成立すれば、住民はより積極的に担い手としての役割を果たすことができる。そのため機能を持たない場所とくらべると、機能を持つ場所は相対的に地域資本として増大できる可能性が高い。そして、作品でありながら、場所の機能を保つためには、住民の働きかけのあり方が作品の中に担保される必要がある。また、場所を挟んで制作者側と住民との間でやりとりが続けられることによってのみ、場所の機能は保たれうる。これは、護王神社の改修過程から明らかにされた。

一方、課題として次の点が残されている。作家による場所の解釈と住民のその場所への意味づけは常にある点でずれを持つ。両者の間で継続した相互作用が失われれば、あっという間に場所は一方的に消費されてしまう。今後、サイト・スペシフィックワークを媒介とした景観創造の取り組みが広がる中で、住民の場所に対する解釈とは矛盾する、「場所に固有な」現代アート作品が乱立する景観の出現は大いにありうる。そうなればそれらの作品は、バブル期に全国各地に建設された、金太郎飴のようなリゾート施設と何らかわりないものになってしまう。そのような取り組みは、一時的には観光事業として成立するかもしれないが、地域社会の再生に果たしうる役割はごく限定的なものにならざるを得ないだろう。場所に固有な現代アート作品は、「地域資本」として存在して初めて、地域の再生に寄与するのである。そして、地域資源としての「ある場所」の地域資本への変型は、制作者側と住民との間で、調停へ向けた相互作用が継続されることによってのみ可能となるのである。

注

＊1　『直島通信』二〇〇一年一月号より。
＊2　例えば『朝日新聞』二〇〇七年四月二日、『ヨンスポ』二〇〇六年五月号「島を巡る一日　第三回」ほか多数。
＊3　『月刊レジャー産業』二〇〇五年一一月号「一〇年以上にわたる継続的な現代美術への取り組みが地域の活性化に貢献　香川県・直島エリア」より。同様の記述は、『朝日新聞』二〇〇五年八月二四日ほか多数の新聞、雑誌記事に見られる。
＊4　『直島通信』一九九八年六月号より。
＊5　この問題については宮本（二〇〇九）でも議論しているので、併せて参照のこと。
＊6　場所に固有な作品は、地域の再生に対して、順機能も逆機能も果たしうる両義的な存在なのである。
＊7　事例地の概要については、『直島通信』、直島町史編纂委員会編（一九九〇）、江原・逸見編（二〇〇一ａ）、秋元・安藤ほか（二〇〇六）、秋元ほか編（二〇〇〇）、逸見編（二〇〇七）ほか各種文献資料、新聞をもとに構成した。
＊8　一九九八年に第一期完成。一九九九年三月に「Changing Landscape」「達男垣」の二作品が制作され第二期完成。
＊9　二〇〇七年八月七日直島住民Ｂ氏への聞き取りより。同様の教示を複数の住民から得た。
＊10　『直島通信』二〇〇三年一月号より。

＊11　『直島通信』においても、家プロジェクトの各作品は町の景観の一部となっているとの指摘がある（『直島通信』二〇〇八年三月号より）。
＊12　直島町史編纂委員会編（一九九〇）およびなおしま町歴史探訪マップ（直島町提供）より。例えば、二二〇年前の天明元年の図面と今の町並みには多くの共通点が見られる（二〇〇七年五月一九日直島住民C氏への聞き取りより）。
＊13　二〇〇九年五月一三日秋元氏への聞き取りより。本節における秋元氏の語りは、この二〇〇九年五月一三日の聞き取りによる。
＊14　二〇〇九年五月一三日秋元氏への聞き取りより。
＊15　二〇〇九年五月一三日秋元氏への聞き取りより。
＊16　『直島通信』一九九八年六月号より。
＊17　ここで、住人の名前がAさんなのに角屋がなぜ角屋と呼ばれているのかを説明しておきたい。直島では現在にいたるまで、名字とは別に屋号が呼称として用いられている家が数多く残っている。Aさん宅は道沿いの角にたつ建物であったことからこの名がつけられている。明治初年に戸籍令が出される以前は氏の使用が禁じられており、呼称として屋号が生まれた。直島の屋号の中には商号がもとになっているもの、人名（持ち家の初代の人物の名前）がもとになっているもの、先住地をもじったもの、位置からきたもの、職業からきたもの、持ち船の名を屋号としたものなどがある。家プロジェクトの中では「角屋」のほか「きんざ」も屋号である。きんざは、初代の名を金左衛門と言い、近隣の者たちが日常使用しやすいよう、上二文字だけをとってきんざと呼んでいた（三宅　一九九二）。
＊18　『直島通信』二〇〇一年一月号および江原・逸見編（二〇〇一a）より。
＊19　二〇〇九年四月六日宮島氏への聞き取りより。
＊20　二〇〇九年四月六日宮島氏への聞き取りより。
＊21　二〇〇九年四月六日宮島氏への聞き取りより。
＊22　一九九八年七月に実施された住民向けのスライドレクチャーでの宮島氏の発言より（秋元ほか編　二〇〇〇）。
＊23　直島は海に囲まれた島であるため、家の中にも海をつくりたいという宮島の思いから、床の部分に水が張られ、その「海」の中にデジタルカウンターが沈められている（宮島　二〇〇八）。
＊24　一九九八年七月に実施された住民向けのスライドレクチャーでの宮島氏の発言より（秋元ほか編　二〇〇〇）。
　一方で作品制作に住民を参加させることは、作家にとって別な意味での難しさを孕んでいる。それは一言でいえば「作者性」の問題と言うことができる。制作に他者を参加させるということは、参加した人たちが失敗したら全部自分の責任になるということであり、失敗も含めて引き受けられるのか、それは果たしてアート作品として成り立ちうるのかという問題を含む（二〇〇九年四月六日宮島氏への聞き取りより）。宮島は、作品に他者を取り入れるという覚悟をもって角屋の制作を行っており、これ

は彼自身が作品における住民の受け入れのあり方そのものを新たにしていく過程でもあった。作家の側にとっての「場所の解釈」をめぐる議論、および場所に固有な作品をつくる際に生じる作者性の問題については稿を改めて論じたい。

＊25 事実関係については直島町史編纂委員会編（一九九〇）、直島八幡神社ホームページ（八幡神社 二〇一〇）および聞き取りのデータをもとに再構成した。

＊26 護王神社は、同じ敷地内にある八幡神社の末社である。八幡神社の屋根の葺き替えと護王神社の改修が重なり、氏子組織は経済的に厳しい状況にあった（『直島通信』二〇〇三年六月号より）。これまでも、島内で経済的に余裕のある人びとが神社の改修を援助するのは、ごく当たり前のことであった。鯛網が盛んだった時期には鯛網の関係者が、製銅全盛期には三菱マテリアルからの寄進があったという（二〇〇九年八月一七日八幡神社氏子F氏への聞き取りより）。このような経緯から、ベネッセに対して改修協賛の依頼がなされた。

＊27 二〇〇七年六月七日ベネッセ関係者D氏への聞き取りより。

＊28 『直島通信』二〇〇三年一月号より。

＊29 二〇〇九年八月一七日護王神社氏子E氏への聞き取りより。

＊30 二〇〇七年六月七日ベネッセ関係者D氏への聞き取りより。

＊31 二〇〇九年八月一七日八幡神社氏子F氏への聞き取りより。護王神社は八幡神社の末社であるため、八幡神社の氏子代表も、作家とのやりとりに参加していた。

＊32 二〇〇九年八月一七日八幡神社氏子F氏への聞き取りより。

＊33 護王神社氏子代表G氏の発言より（『直島通信』二〇〇三年六月号）。

＊34 具体的にはお百度石と拝殿の間の白州に幅一〜一・五メートルの通路の設置を要望している（二〇〇九年八月一七日護王神社氏子代表E氏への聞き取りより）。

＊35 護王神社氏子代表G氏の発言より（『直島通信』二〇〇三年六月号）。

第Ⅲ部
アートプロジェクトを通じた持続可能な地域づくりの行方

「大島・カフェシヨルの外観」（2013年3月31日筆者撮影）
カフェシヨルはその後、2016年に新しくできた社会交流会館内に移転した。

第八章　ハンセン病療養所における経験をいかに継承するのか
――香川県高松市・大島青松園における取り組み

近年、多様な建造物群や自然景観、歴史的景観を保全し、広く公開しようとする動きが活発化しており、その中でも特に戦争、災害、公害、差別といった否定的記憶を伝承する負の歴史的遺産への関心が高まっている。歴史的遺産の中には多様な要素が含みこまれており、その中のどこに光を当てるのかを争点とする議論が活発化している。アートプロジェクトを通じて負の歴史的遺産を保全する時、そこにはどのような特徴が見出されるのだろうか。そして、アートプロジェクトであるからこそ可能になることはあるのだろうか。本章では、差別をめぐる負の歴史的遺産であるハンセン病療養所を事例として取り上げ、この点について検討を行う。

ハンセン病療養所をめぐる先行研究においてはこれまで「被害の語りが圧倒的に優位な立場を確立することで、そこに回収しきれない多様な語りが捨象されてしまう」点が問題として指摘されてきた。ハンセン病療養所の保全・公開においては「被害の語りが優位になる陰で捨象されがちな主体的営為をいかに伝えていくのか」が問われているのである。

本章ではハンセン病療養所におけるアートプロジェクトを媒介とした保全・公開活動を事例として、この問いを検討した。活動の軸の一つである、大島を味わうことをテーマとしたカフェシヨルにおける取り組みの分析を通じ、そこでは楽しみを伴う主体的営為としての食をめぐる複数の生活実践が巧みに表象されており、従来捨象されがちであった入所者の多様な経験が継承されていることが明らかになった。

第一節　遺産化現象の隆盛

炭鉱や造船所、製糸場などの近代産業に関連する遺産や、地質や自然景観といった自然に関する遺産、また昭和三〇年代の町並みと呼ばれるような比較的近い過去の身近な暮らしに関連する遺産など、これまでは地域に残る遺産として意識されることが少なかった建造物群や自然景観、歴史的景観を保全し、広く公開しようとする動きが近年活発化しつつある。

現代は、従来保存の対象として法律で定められてきた文化財という枠にとどまらず、生活様式、技術や芸能、自然物や景観、人間の所業や出来事、災害の痕跡や記憶にいたるまであらゆるものが文化遺産[*1]となりうる時代であり、そこでは可能な限り網羅的に共有の遺産としてさまざまな体験と文化を保存することが試みられる（小川 二〇〇二、荻野 二〇〇〇）。荻野の言葉を借りれば、あらゆるものが遺産となる「遺産化現象の加速化」（荻野 二〇〇二）が急速に進んでいるのである。

多様な遺産の中でも特に近年、近代化産業遺産および負の歴史的遺産への注目が高まりつつある。例えば、典型的な近代化産業遺産であり、二〇一四年にユネスコの世界文化遺産に登録された富岡製糸場には、メディア報道等を契機に多数の観光客が訪れるようになり、ヘリテージツーリズムと呼ばれる新たな観光の形態が模索されている。地域資源を活用した観光に取り組むことで地域振興をめざす動きは各地で活発化しており、このような社会的潮流は今後も継続していくことが予想される。一方、近代化産業遺産という日本の発展過程を象徴する遺産とは逆の立場にある、戦争やさまざまな災害、公害や差別といった「近代史の否定的側面を示す」（荻野 二〇〇〇）負の歴史的遺産の保全をめぐる動きも同時に各地で生起している。二〇一一年の東日本大震災以降福島第一原発事故の記憶のアーカイブ化や被災者自身による被災地の自主的な案内（東 二〇一三、渡邊 二〇一三）など災害に関する遺産をめぐる活動が盛んになりつつある。

さらに前述の災害にとどまらず、近年では差別をめぐる負の歴史的遺産である、ハンセン病療養所の保全と公開をめぐる動きも活発化している。二〇〇九年に施行されたハンセン病問題基本法において、療養所施設の地域開放や歴史的建造物の保存が謳われ、各療養所で地域開放をめざした将来構想がまとめられると同時に、二〇一四年の栗生楽泉園における重監房資料館開館のように療養所内の施設を保存し、資料館として広く公開する動きが進められている。[*2]こういった、災害や公害、差別といった人類の負の足跡をたどる（井出 二〇一三）ダークツーリズムと呼ばれる観光のあり方も、先のヘリテージツーリズムと同様、徐々にその形が模索されつつある。

このような社会状況の変化と軌を一にして、社会学分野においても一九九〇年代後半から歴史的環境という概念が提唱され、有形・無形の歴史的遺産が集中して存在することでつくりだされる一定の場を幅広く対象とする研究が増加している（片桐 二〇〇〇ほか）。この点については第三章でも記述のとおりである。これまで保全・公開の対象とされてこなかった遺産に大きな注目が集まり、ツーリズムという形でそこに多くの人びとが訪れるようになった時、その保全と公開をめぐっていったい何が課題となってきたのだろうか。次節では、この点について詳しく見ていくこととしたい。

第二節　負の歴史的遺産の保全・公開をめぐる課題

二・一　ヘリテージツーリズムの興隆に伴って生起する問題

一つ一つの遺産は、常に肯定・否定どちらかの側面だけを持つ単純な存在であることは少ない。しばしば一つの遺産の中には多様な要素が含みこまれており、その中のどこに光を当てるのかを争点とする議論が活発化しつつある。前節で、遺産の公開に伴って外部から人びとが訪れる各種ツーリズムの興隆が見られることを確認したが、産業遺産においてはこのツーリズムの興隆によって起きる次のような問題が指摘されてきた。それは観光化が一種の消毒作用を伴うため、そこでは日本の産業化を牽引した栄光や威容などの肯定的な側面のみが提示され、過酷な労働環境や環境被害といった否定的な側面が消されてしまうという点である（荻野 二〇〇〇・二〇〇二）。端島炭鉱（軍艦島）の産業遺産としての表象を研究した木村は、表象の形態としてとり得る選択肢の一つに「近代化の礎としてのナショナルな物語」という肯定的な側面を強調する戦略を挙げているが、同時にそれが負の記憶を含めた多様な経験を削ぎ落としてしまう危険性も指摘している（木村 二〇〇九）。二〇一五年に端島炭鉱（軍艦島）が明治日本の産業革命遺産の一つとして世界遺産への登録勧告を受けた際に、韓国から徴用工問題をめぐって登録への反発が起こったことは記憶に新しいが、これは木村の危惧が現実のものとなっていることを示している。産業遺産の保全、公開においては肯定的側面が強調されることで否定的側面が消毒されてしまうことが問題視されてきたのである。

二・二　さまざまな経験をどう伝えるのか

一方、負の歴史的遺産においては、そもそも災害や差別といった否定的側面への注目が遺産化の出発点となっている。そのため、産業遺産とは異なり、負の側面が削ぎ落とされるという問題に直面する可能性は低い。*3 それでは、負の歴史的遺産の保全と公開をめぐって、「多様な要素の中でどの点をクローズアップするのか」という表象をめぐるせめぎあいがないかと言えば、決してそうではない。そこでは消毒作用とは異なる点が新たに課題として浮かび上がってくるのである。以下では、本章で取り上げる負の歴史的遺産、ハンセン病療養所をめぐる先行研究において何が課題として指摘されてきたのかを見ていきたい。

二〇〇一年、長期にわたって続いてきた隔離政策の誤りを問うらい予防法国家賠償請求訴訟に対し原告勝訴の判決が出されたことを契機として、隔離をめぐるさまざまな問題が広く社会に認知されることとなった（青山 二〇一四、坂田 二〇〇九）。社会的関心の高まりを反映して、社会学分野でもハンセン病療養所に生きる人びとを対象とする研究の蓄積が進んでいるが、そこに共通して見られるのはハンセン病者の「生の多様性・複数性に照準し」（有薗 二〇〇八ａ）、生活の場である療養所の中で生きられてきた生の豊かさや主体性、そこでの生活活動がもたらす創発性や文化形成に注目する分析視点である（青山 二〇一四、有薗 二〇〇八ａ・二〇〇八ｂ、桑畑 二〇一三、坂田 二〇〇九・二〇一四）。これらの研究は被害や人権侵害という表現によって一様に説明し尽くされるものではなく（有薗 二〇〇八ａ）、差別を告発する権力闘争に還元できないハンセン病者の営みの広がり（坂田 二〇〇九）に注目してきたのである。

近年、こうした視点に立つ社会学分野の研究から、らい予防法国家賠償請求訴訟によって広く流布することとなった「被害の語り」が孕む問題点が指摘されている。それは、被害の語りが圧倒的に優位な立場を確立することで、そこに回収しきれない多様な語りが捨象されてしまうという点である。議論の前提として確認しておくが、この指摘は決して国賠訴訟そのものの否定を意味するのではない。これまでハンセン病者が自らの経験を社会問題として表象し流通させる手段を持つことができなかった状況の中で、訴訟は彼らが自らの経験を他者へ向けて語り始める重要な契機となった。そこで被害の語りが反復されることを通じて彼らの被った苦難が社会争点化され、ハンセン病者の経験が隔離政策の被害として位置づけられたことが重要な社会的意義を持つという点については共通の了解がある（青山二〇一四、有薗二〇〇八a・二〇〇八b）。

一方、国賠訴訟ではその戦略上隔離被害に焦点が当てられ、それに沿った運動の枠が形成された。入所者にとって運動の中で被害と向き合い、被害者として自己を呈示することは自己の無力さを提示することでもあった（青山二〇一四）。そのため、入所者から個々の経験が「被害」として一括りにされることに対して違和感が表明され、被害のほかにも語るに値する経験があるというメッセージが発せられるようになる（有薗二〇〇八b）。

有薗は、（自ら仕事の場をつくりだしていくという）入所者たちの日常的実践[*4]における主体的営為の語りに着目し、こういった実践の経験が彼らの現在を支えている（自己存在の肯定を支えている）こと、だからこそ被害の枠に収まらないこのような経験もハンセン病者の歴史の重要な側面の一つであることを指摘する。そこで問われているのは、被害の枠におさまらないものも含めた、ハンセン病を患った人びとから紡ぎだされる多様な物語をどのように残していくのか――彼らの生きてきた証をしるすバトンをどのように受け渡すことができるのか――という点である（有薗二〇〇八b）[*5]。

このような被害の枠におさまらない、多様な生のあり方をどのように描き出していくかという点は、公害被害を環境社会学の視点から分析する研究においても問われてきた。例えば、関は新潟水俣病の調査を通じて次の点を指摘している。裁判において、被害者は被害者としてのみ存在し、地域の生活者であるという視点は捨象される。しかし、患者は苦痛のみだけではない日常を暮らしており、被害者が生活者としての言葉で表現できる「身の丈の水俣病」を見据えていくことも重要である。関は、この点を踏まえて水俣病の教訓化を考えた時、水俣病を地域の日常の中からとらえなおそうという視点を持ち、地域の中の対立や葛藤を超えて関係性を修復しようとする「水俣病被害者運動という地域づくり運動」に可能性を見出している（関 二〇〇三）。

関の被害者に対する分析視点は、調査対象はちがえど有薗の指摘と共通する部分がある。一方で記憶・経験をどのように伝承するのか（関の言葉を借りれば「教訓化」）を考えた時、ハンセン病問題は公害被害とその条件が異なる部分がある。療養所では断種、堕胎手術が行われ（桑畑 二〇一三）、入所者たちは子どもを持つことがかなわなかったという事情から療養所の人口は減少の一途をたどっており、いずれそこに住む人がいなくなる時期が到来する。そのため、療養所という地域に住む人びとが今後もずっと伝承の担い手となるのは不可能な状況である。この点を踏まえると、入所者の高齢化が急速に進む中でハンセン病を患った人びとの多様な経験をどのように伝えていくのかを検討することは喫緊の課題であると言える。

現在、瀬戸内三園（長島愛生園・邑久光明園・大島青松園）を中心にハンセン病療養所の世界遺産登録をめざす動きも活発化しており、ハンセン病療養所施設という負の歴史的遺産の保全・公開において「被害の語りが優位になる陰で捨象されがちな主体的営為をいかに伝えていくのか」という問いは重要性を増している。ハンセン病療養所という負の遺産は近年の保全・公開という流れを受けて、入所者が誰一人いなくなった後も長期にわたって存在することとなる。そのため負の歴史的遺産という歴史的環境に流れる時間は相対的に長いスパンで考えられるものである。この歴史的環境の時間の中に、いかにして（歴史的環境の時間と比較すれば相対的に短い）入所者によって生きられてきた時間の多様性を含みこませることができるのだろうか。

本章では国内に一三あるハンセン病療養所の一つ、大島青松園における食をテーマとするアートプロジェクトを媒介とした記憶の保全・公開活動を事例として、この問いを検討していくこととしたい。

第三節　大島青松園におけるアートプロジェクトの展開過程

三・一　瀬戸内国際芸術祭における大島の位置づけ

香川県高松市大島にあるハンセン病療養所大島青松園は、[*6]一九〇九年に岡山・広島・山口・島根・徳島・香川・愛媛・高知の八県連合立療養所「第四区療養所」として発足し、一九四六年に現在の名称である「国立療養所大島青松園」へと改称された。南北約一五〇〇メートル、東西約六〇〇メートルの島の大部分は国有地である。高松市沖の島という立地上、船舶が島外との間を結ぶ交通機関である。これまでアートとは特段縁のなかった離島の療養所にアートプロジェクトが展開することとなったきっかけが二〇一〇年から三年に一度実施されている瀬戸内国際芸術祭である。[*7]瀬戸内国際芸術祭は瀬戸内の島々を会場に、アートを媒介として地域の資源を発見し、それが設置される場所に光を当てることをめざして始まった取り組みである。芸術祭開催にあたっては、産業廃棄物問題に揺れた豊島や、ハンセン病療養所の所在地となってきた大島など近代化の負の遺産を抱えた島々を会場とする姿勢が打ち出され、やさしい美術プロジェクトというグループによる取り組み「つながりの家」が実施されることとなる。

三・二　やさしい美術プロジェクト「つながりの家」

やさしい美術プロジェクトは、二〇〇二年に発足した名古屋造形大学の教員・学生によるグループである。[*8]やさしい美術プロジェクトは、病院利用者とのコミュニケーションや病院が立地する地域文化を生かして「文化を発信する地域に開かれた病院の創出」をめざして愛知県や新潟県で活動を行ってきた。二〇〇七年に、瀬戸内国際芸術祭のディレクター北川フラムから、やさしい美術プロジェクトメンバーの高橋伸行に声かけがあり、高橋が大島に通い始めたことから、大島青松園において「つながりの家」と呼ばれる活動が展開されていくこととなる。

「つながりの家」は、次に挙げる三つの活動が主軸となって行われた。第一に、入所者が暮らしてきた一般独身寮一五寮を活用した展示スペース「GALLERY15」、第二に、大島を味わうことをテーマとしたカフェ「カフェシヨル」、第三に瀬戸内国際芸術祭のボランティアであるこえび隊のメンバーによる来訪者むけの「ガイドツアー」である。[*9] そこでは、入所者によるさまざまな生活実践が表象されていくこととなる。

活動の詳細を記述するのに先立って、ここで本章における生活実践の定義を確認しておきたい。桑畑は、ハンセン病者の実践を制約的な状況下で生活を切り盛りするためになんとかやっていくことを一義的な目的としてなされるものであると指摘している。その上で、生活を切り盛りしていくことを目的とした——しかしさらなる意味ももちうる——実践という意味合いで「生活実践」という概念を提唱している。桑畑は戦後復興期における沖縄愛楽園の調査を通じて、この生活実践の様相を具体的に明らかにしている。そこでは、ほぼ廃墟と化した療養所において入所者が自らの手で住生活を再建した過程や、さまざまな手段を活用して食糧等の物資を調達していった様子が詳細に描きだされている（桑畑 二〇一三）。本章では桑畑による「生活実践」の定義を援用して議論を進めていく。「生活実践」は有薗のいう「日常的実践」と定義の上で重なる部分が大きく、ほぼ同義の意味で使用されているといっていいだろう。

次節では、入所者による食をめぐる実践が取り上げられた「カフェシヨル」に焦点を当て、そこでいったいどのような営みが想起され伝えられることとなったのかを確認していきたい。

第四節　カフェシヨルにおける生活実践の表象

四・一　食をめぐる生活実践への注目——おかしのはなし[*10]

やさしい美術プロジェクトのメンバーであり、「つながりの家」のディレクターである高橋は二〇〇七年以降大島に泊りがけで通い、入所者の人びととの関係を深めていった。その中で、自分が島のことを全く知らなかったこと、島のことが外には知られていないことに気づき、「自分が何かここに作品を作るのではなく、ここにあるものを外側に見せていくことをやらなくてはいけない」と考えるようになる。[*11] 高橋のこの思いを出発点に、やさしい美術プロジェクトのメンバーたちによって前述の三つの活動が企画されることとなる。

ここで本節において取り上げるカフェシヨルの概要について簡単に紹介しておきたい。「シヨル」という店名は香川の方言に由来する。香川では「〜している」を「しよる」と言い、この方言がそのまま店名になっている。シヨルの建物は新築ではなく、もとは第二面会人宿泊所と呼ばれる施設で、入所者との面会のために島を訪問する家族などが宿泊するために使用されていた。二〇〇九年の時点で第二面会人宿泊所はほとんど使用されておらず、この第二面会人宿泊所を改装してつくられたのがカフェシヨルである。改装にあたっては古い壁材をはがして漆喰が塗られ、大島の浜をビーチコーミングして拾ったガラスや入所者が浜に埋めた陶器のかけらが壁面に装飾された。また、陶芸を特技とする入所者の指導のもと大島で採れた陶土を使った大島焼の器が製作され、カフェシヨルではほぼすべてのメニューを大島焼の器で味わうことが可能となっている。

カフェシヨルの運営を担当することになったのは、やさしい美術プロジェクトのメンバー、泉麻衣子と井木宏美の二人である。ここではまず、泉を中心して実施された、菓子「ろっぽうやき」再現の取り組みについて見ていく。泉は「つ

写真8-2　ろっぽうやき（2013年3月10日筆者撮影）。

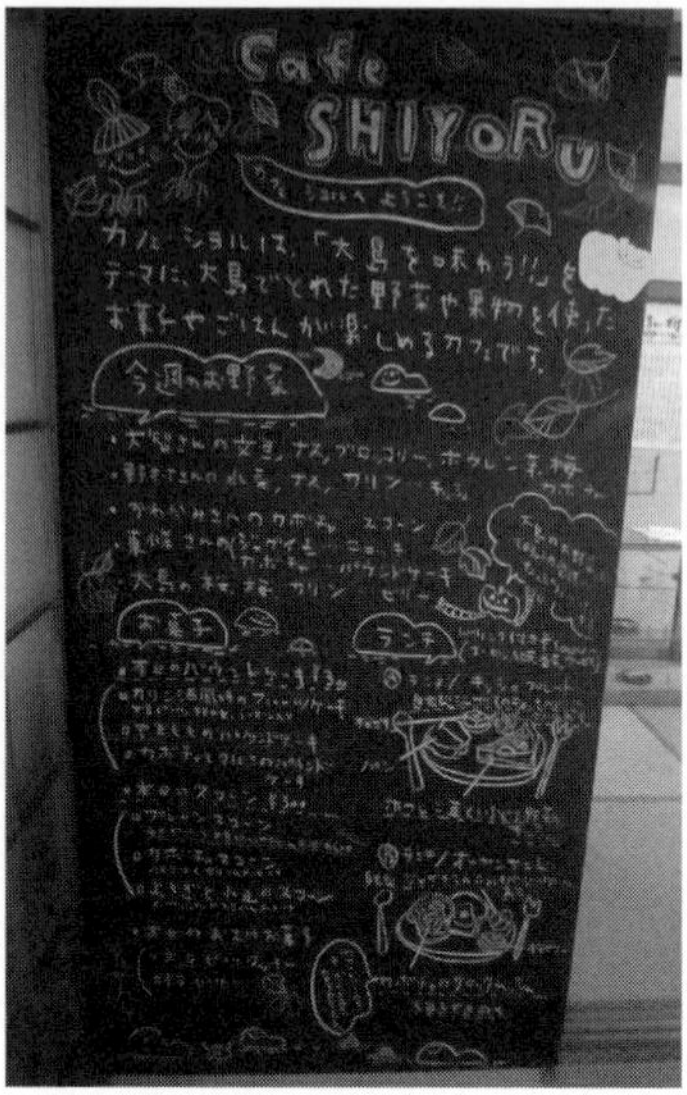

写真8-1　カフェシヨルのメニューボード（2010年10月31日筆者撮影）。

ながりの家」の取り組み以前からやさしい美術プロジェクトに参加し、病院内における作品づくりに取り組んでいた。これまでの作品制作にあたっては、まず入院患者にインタビューを行い、インタビュー内容をもとに作品プランを考えるという方法をとってきたため、大島でも同様に入所者へインタビューを重ねていくことになる。

当初、泉がインタビューでしばしば聞くこととなったのは、歴史的な事実や、つらかったことなど被害についての経験であり、日常の暮らしを感じるエピソードはなかなかでてこなかった。その後インタビューを続けていく中で徐々に生活感を感じるエピソードが現れるようになり、その中で特に人びとが柔らかい表情で語ったのが、療養所内の加工部で製造されていた菓子「ろっぽうやき」をめぐる話であった。ろっぽうやきとは和菓子の一種であり、サイコロのような立方体の饅頭で六面が焼き上げられており中にあんこが入っている。入所者たちが自らとろっぽうやきとの関わりついて熱心に語るのを目の当たりにした泉は、プロジェクトにおいてろっぽうやきの復刻をめざしていくことを決める。同時期にプロジェクトメンバーの井木は島でカフェの運営を検討しており、食をめぐる取り組みという点でのつながりから共同で運営にあたることが決まり、ろっぽうやきはカフェのメニューの一つとして提供されることとなる。
ろっぽうやきの復刻においては当時の加工部で製造に関わった人びとや製造の様子を見ていた人びとから製法について詳細なアドバイスがなされた。

「私は手伝いに行ったことがあってな。……うちの寮から加工に行っている人がおったから。ちょっと手伝ってくれませんかと。……そこで見たことを（シヨルの二人に伝えた）[12]」。

「つくっとったんはほぼ真四角というかね、横の方から見るとね……厚みがあってね、中はこしあんだからね。皮が三ミリくらいの厚さはあったかな。そうとう作りよったんじゃないかな、何百とも。……だって一人が何十個も頼むんだから。……鉄板の上で返しよるうちにね、最初は丸いやつでも返していくと四角くなるんですよ。ほぼ[13]」。

前述のとおり、ろっぽうやきの復刻をめざして泉氏が聞き取りを行っていく過程で、入所者たちによって菓子の製造、販売をめぐるさまざまな実践が想起されていくこととなったのである。
ろっぽうやきは戦後材料が手に入るようになった昭和二〇年代後半から昭和五〇年代まで、療養所に入る前には菓子職人だった入所者を中心に加工部でつくられており、現在の入所者の大多数がその味をよく知っている。自治会（共和会）が発行する機関誌「青松」では一九六八年二月号に「まんじゅう屋繁盛記」という記事が掲載されており、製造風景の写真とともに加工部の様子が次のように描かれている。

「園内のまんじゅう屋こと自治会購買部直営の加工部は近頃大いに繁盛している。主任のKさんと部員三名で一カ月に十日余り開業している。……Kさんは入園する以前からまんじゅう屋が本職で、加工部で作られるまんじゅうの品質は外部から入ってくる物におとらず安くて、うまい。……店は古くてもそこで作られるまんじゅうは安くてうまいので大いに繁盛している」。

入所者の間でろっぽうやきの評価は高く、「加工部が、作りますよ、欲しい人は注文してくださいと言えばみんなが頼んでいた[*14]」人気商品だったのである。

また大島青松園、邑久光明園、長島愛生園の瀬戸内三園では友園交歓という交流がなされており、入所者は各療養所の友人を互いに訪問しあっていた。その際にもろっぽうやきは人気のお土産であり、他園の友人たちから「今度くるときはよかったら二〇ほど持ってきて」と依頼されるなど大島名物のような存在であった[*15]。こういったエピソードから、園内外を問わず評判が高かったろっぽうやきを入所者自身がつくっていたという実践は、入所者たちにとってポジティブな思い出として記憶されていることが分かる[*16]。そのため、復刻したろっぽうやきは入所者の間で人気を博し、一般向け営業を実施しない日に島内限定で二日間のみの販売を行った際に二三〇個を売り切ったという記録がある（高橋 二〇一〇c）。

泉はろっぽうやきを再現する過程における入所者の語りを同時に映像に記録し、GALLERY15における企画展「大島に暮らす」展の中で展示した[*17]。さらに再現されたろっぽうやきに、おかしのはなしという焼印を押して提供し、ろっぽうやきに込められた記憶を、味を共有することを通して伝えるこころみ全体を「おかしのはなし」と名付けている（泉 二〇一五）。ろっぽうやきを食べた来訪者は、映像作品を視聴することで、その製造過程や、そこに込められた思いを知ることとなる。

「おかしのはなし」において再現されたろっぽうやきは、食をめぐる主体的な実践を表象するものであったと言うことができるだろう。

四・二　農産物の生産をめぐる共同性の表象

カフェシヨルでは、ろっぽうやき以外にも大島で収穫される果実や野菜を使用したさまざまなメニューが提供されたが、それらは入所者たちが趣味耕地で栽培・収穫したものがおすそ分けされたものである。カフェでは○○さんの春菊、水菜、○○さんの白菜といった形でメニューボードに生産者名が示され、来訪者は自分が食べている野菜や果実を誰が作ったのかを知ることができる。[*18] 以下では、趣味耕地で収穫された野菜や果実がカフェに提供され、生産物が来訪者との間で共有される意味について考えていきたい。

戦中戦後の食糧難の時代、耕作地における食糧生産は、自治会が耕作権を買い取って農耕作業者を指定し、厳重な供出制度を設けるという形で実施されてきたが、食糧事情の改善に伴いその必要はなくなり、一九五四年に耕作地は趣味耕地として希望者に分配されることとなる（国立療養所大島青松園 一九六〇）。

趣味耕地[*19]での耕作は人気を博し、多いときには二五〇人余りの人びとが参加し、一人畳六〜七枚のスペースで農作物作りに精を出した。自治会機関紙「青松」一九六八年二月号には耕作地で農作業をする入所者の写真が掲載され、夏作物として西瓜、メロン、ナス、トマト、南瓜、胡瓜、ピーマンなど、秋作物として白菜、ネギ、大根、かぶ、人参、キャベツ、カリフラワー、ごぼうなど多様な農作物が栽培されていることが記述されている。耕作地が趣味耕地として開放された翌年である一九五五年一〇月の「青松」には「私たちの一番開放的な楽しみの一つに趣味耕地と云うのがある。……限られた生活範囲に、がぜん趣味耕地は私たちの娯楽場、社交場、運動場となったのである」という記載が残っており、趣味耕地の人気ぶりの一端が垣間見える。その後「青松」一九七四年一二月号の中でも「物を作り育てると云うことは楽しみなものである」と記述されており、耕地の開放からある程度の時間が経過しても、耕作が熱心に行われていたことが分かる。趣味耕地となってからは特にスイカの栽培が盛んに行われ、毎年七月には品評会が開催され互いにその腕を競い合った。最盛期には一年に八万キロのスイカが収穫されたともいわれており、趣味耕地でスイカをつくっていない人も、食べ飽きるほど貰ったり、ご馳走されたりしていた。さらに、スイカのみならず、トマトなどさまざまな農作物が生産者から人びとにおすそ分けされており、喜ばれていたという。ここからは、野菜や果実をつくり、他者とそれを共有することは楽しみを伴う生活実践と認識されていることが読み取れる。

体調の問題などから、趣味耕地での耕作ができない人びとにとって入所者仲間からおすそ分けされる農作物は大切な品であった。目の見えないDさんは、体調を崩して食事がほとんど喉を通らなかった時、島内で作られた西瓜は食べることができ、それを知った友人たちが畑で作った西瓜を次々届けてくれたという（ベッドの下にはいつも三つ四つ大きな西瓜の玉がころがっていたそうである）。その後食べられる西瓜の量はだんだん増え、最終的には普通に食事ができるようになった。Dさんは危ういところを西瓜によって息をつないだと語っている。[*20]

前述のとおり大島で盛んにつくられてきたスイカはカフェシヨルにおいては、ドリンクに入れるスイカ氷やシャーベットとなって人びとを楽しませた。高齢化に伴って畑を耕す人は年々減少しているが、シヨルに定期的に農作物を届ける入所者たちがおり、彼らからは「おいしいって言ってくれる。ありがたい」[*21]という声が聞かれた。また、カフェと連動する形で、GALLERY15において畑作業における入所者同士の声かけの様子が作品として展示された。「大智×東條展」と題されたこの展示では、入所者同士がかけ合う声が精密な録音機器で記録されギャラリーの空間全体に音響が再現された。作家である高橋は、島に泊りがけで通う中でこの声に出合い、この声を記録する必要を感じたという。ここでは生き物と風の息吹を含めた空間を録り、聞きながら目を瞑ると情景が見えていく空間がギャラリーに再現されることがめざされた。[*22]近年では耕作者もずいぶん少なくなったが、数百人の耕作者がいた全盛期には農繁期ともなればいたるところで何人かが寄り合い、大げさな言葉も飛び出してその応酬が島畑の壁から壁に伝わり、向こうの壁からも応酬がきていっそうにぎやかになったという。[*23]この作品を通じて、来訪者たちが趣味耕地における生産の様子を知ることができる仕掛けがつくられていたのである。

療養所における農産物の生産・分配・共有をめぐって、青山は次の点を指摘している。多磨全生園の耕作地（慰安畑）において、耕作者が収穫物を独占することはまれであり、多くの耕作者は他の人びとへおすそ分けをして歩いた。青山はここに「平等の論理」を見出し、この患者社会固有の論理が彼らの共同性を支えていたことを指摘する（青山二〇一四）。

青山が取り上げた事例と大島青松園の事例は、「個人が権利を持つ耕作地で生産された収穫物がおすそ分けの形で広く共有されていた」という点で共通しており、大島青松園においても、農産物の生産をめぐる共同性が発露しているということが可能であろう。

入所者仲間へのおすそ分けからカフェへの提供にその形を変えてはいるが、収穫物を独占せず、他者と共有する（カフェの場合、来訪者との共有）という、農産物の生産をめぐる共同性がそこには表れていると言えるだろう。*24

四・三　楽しみを伴う主体的営為としての食をめぐる生活実践

第四節における議論をまとめておこう。カフェシヨルにおいては「大島を味わう」というコンセプトのもと、加工部で製造されてきた菓子であるろっぽうやきの復刻販売と、趣味耕地で収穫された果実、野菜を使用した料理の提供がなされた。ろっぽうやきの復刻がめざされた契機は、やさしい美術メンバーの泉が、菓子をめぐる入所者の語りが、被害の語りとは異なる日々の暮らしを表出させるものであることに気づいた点にある。泉が入所者の語りから見出したのは、被害・苦しみを受けた受動的存在という枠におさまりきらない、食をめぐる楽しみを自らつくりだしながら日常生活を送る人びとの姿だった。同時に、これまでの経緯から果実、野菜を生産し他者と共有する過程もまた人びとから楽しみを伴う日常的実践としてとらえられていたことが分かった。二〇一〇年のろっぽうやき販売をきっかけに、加工部で製造されていたその他の菓子類についても復刻が進められ、当時の製造方法などの丁寧な調査を経て二〇一三年には加工部のもう一つの人気商品であったくりまんじゅうもシヨルで販売されるようになった。

カフェシヨルにおける取り組みでは、いずれも楽しみを伴う主体的営為としての食をめぐる生活実践が表象されており、従来捨象されがちであった「被害以外の語るに値する経験」がそこでは継承されていると言える。だからこそ、入所者自身がろっぽうやきの購入や収穫物の提供といったさまざまな形でカフェシヨルに積極的に関わっているのではないだろうか。二〇一〇年以降、出張シヨルと題して園内のバリアフリー施設において入所者限定の営業も実施され、多くの入所者がシヨルのメニューを楽しんだ。

小坂は、やさしい美術プロジェクトの調査の中でカフェシヨルの活動が飲食を通して入所者の身体知を継承する活動であることを指摘しているが、その活動は大島でかつて使用されていた解剖台の展示や歴史的事実を解説するガイドツアーという被害を表象する取り組みと同列に併記して論じられており、それぞれの活動の特性（被害を表象しているのか、そうでないのかという点）は特に区別されていない。本稿では小坂の指摘に加えて、シヨルの取り組みにおいては楽しみを伴う主体的営為が表象されており、「被害以外の語るに値する経験」がそこでは継承されていることを指摘しておきたい（小坂 二〇一四）。

また、島外からの来訪者が高橋に対して語った「ハンセン病の療養所は辛くて悲しい歴史そのものだけれど、実際に大島に来てそれだけではない、何かを感じた」という言葉は、シヨルを通じて伝えられる「被害以外の語るに値する経験」を来訪者が受け取ったことにより発せられたと考えることができるだろう。高橋は、「歴史の年表には載らない、生き抜く力のドラマがひとり一人の入所者の記憶の中にある」と語り「ハンセン病回復者とひとくくりでは決して見えてこない……人間の生き様にふれること」の重要性を指摘している（高橋 二〇一〇b）。

第五節　さまざまな経験の継承可能性

本章では、大島青松園で実施されているプロジェクト「つながりの家」を事例として取り上げ、負の歴史的遺産であるハンセン病療養所において、被害の語りが優位になる陰で捨象されがちな主体的営為をいかに伝えていくのかを検討してきた。

青山も指摘するとおり、資料館という設備における展示の中では、らい予防法国家賠償請求訴訟を契機にクローズアップされた、隔離政策の誤りと被害の諸相が強調される。そこでは、入所者たちの生の多様性は大幅に縮減されざるを得ない。一方、食をめぐる生活実践を伝えるカフェシヨルの取り組みは、被害とは異なる入所者たちの経験を浮かび上がらせ、入所者たちのさまざまな経験が被害のみに還元されてしまうことを巧みに回避している。[*25]

第一節でも記述のとおり、現代は、ありとあらゆるものが文化遺産となりうる時代である（小川 二〇〇二、荻野 二〇〇〇）。小川は、遺産化するとは保存し公開・展示することと言い換えることが可能であり、保存に際しては「過去」に属する事物の存在意義を「現在」という保存の時点において一定の基準に基づいて解釈し意味づける作業が行われていると述べている。その上で、保存の営みがなされた時点における価値観がそこに保存されているという視点の重要性を指摘している（小川 二〇〇二）。

それでは、この小川の指摘を踏まえてシヨルの取り組みを考えた時、浮かび上がってくるのはいったいどのような点だろうか。特徴として挙げられるのは、シヨルの取り組みを通じて、入所者たちが存命であり、自らの経験・意味づけを語ることが可能な現時点において、入所者自身が自らの生きてきた時間をどのようにとらえ、それをどのように伝えようとしているのかを残すことが可能となっているという点である。

シヨルの取り組みを通じて保全の営みがなされた時点（＝入所者たちが存命で、語ることが可能な現時点）における入所者たちの価値観がハンセン病療養所という歴史的遺産に含みこまれたということができるだろう。高齢化が進む中で、将来的には入所者がいなくなる時期が到来するが、食をめぐる生活実践の伝承の中に、入所者たちの経験・価値観は保全されていくことになる。一人ひとりの記憶の中には経験が豊かに残されているが、主体的営為を表象する取り組みが媒介することによって初めてそれは消えることなく伝えることが可能になる。

大島青松園の入所者数は年々減少しており、子どもを持つことが許されなかったという事情もあって、将来的には療養所から入所者がいなくなる時期が到来する。入所者がいなくなった後もハンセン病療養所は負の歴史的遺産として保全・公開が続けられていくことになるが、その中で食をめぐってなされた生活実践が語りつがれ、カフェのメニューというものを媒介として入所者たちの楽しみを伴う主体的営為が表象されることで、負の歴史的遺産という歴史的環境の長い時間の中に、入所者によって生きられてきた時間の多様性の一端を含みこませることが可能となるだろう。[*26]

注

＊1　小川（二〇〇二）において、文化遺産という言葉はユネスコの世界遺産条約における文化遺産という狭義の概念ではなく、自然環境や記憶といったものも含む広義の概念として使用されている。

＊2　『朝日新聞』二〇〇九年四月一八日、『山陽新聞』二〇一一年五月一二日より。

＊3　ただし、時間がたつにつれて負のイメージが消されていく可能性を完全に否定することはできない。荻野は網走刑務所を例に挙げ、観光地化が進む中でテーマパーク化が加速する可能性を示唆している（荻野 二〇〇〇）。

＊4　有薗は、療養所内で日常的かつ集団的に行われてきた活動に着目し、療養所生活を少しでもましなものにするために試みられてきた諸活動を「日常的実践」と呼んでいる。日常的実践という言葉の中には人間の行為を状況への働きかけとしてみる点とそれによって社会的世界が変化する契機を見出そうとする点に特徴があると指摘されており（有薗 二〇〇八b）、本章でこの用語を用いる際は有薗による定義を援用する。

＊5　青山は国立ハンセン病資料館のリニューアル前後の展示企図の違いを分析することを通じて、資料館で展示される歴史が患者集団の記憶に基づかない過去へ、国家の出来事（＝人権侵害としてのハンセン病政策）という過去に向けて流れだしたことを指摘する。入所者にとって各療養所から集められた、自分たちとのつながりが分かる展示品であふれた旧資料館は自分たちの経験そのもの、生きてきた記憶のかたちであったが、それが新資料館においては失われたのであり、入所者はこの点を残念に思っている（青山 二〇一四）。これも、ハンセン病療養所の保全と公開の過程において当事者たちの多様な経験の表象が失われていく出来事の一つだと言える。

＊6　大島青松園の概要については国立療養所大島青松園創立百周年記念誌編集委員会編（二〇〇九）をもとに筆者が再構成した。

＊7　瀬戸内国際芸術祭の概要については北川・瀬戸内国際芸術祭実行委員会監修（二〇一〇）をもとに筆者が再構成した。

＊8　やさしい美術プロジェクトの概要については高橋・井口編（二〇一〇）、やさしい美術プロジェクトによる報告書「やさしい

美術平成二二年度大島での取り組み活動報告」をもとに筆者が再構成した。

＊9　二〇一三年の芸術祭開催時にはカフェシヨル、GALLERY15、ガイドツアーに加え入所者が暮らしてきた一般寮に「大島資料室」が開設された。そこには入所者が使用していた品々が展示された。また入所者の蔵書を集めた「北海道書庫」も同時に設けられた。「北海道」という名称は島の北側の「北海道」と呼ばれた地区にこの一般寮があることに由来する（北川・瀬戸内国際芸術祭実行委員会監 二〇一四）。

＊10　本章四・一の記述については二〇一三年五月一一日、二〇一三年六月八日の高橋氏への聞き取り、二〇一四年二月一〇日、二〇一四年四月二一日の泉氏への聞き取り、二〇一四年二月二三日のA氏への聞き取り、二〇一四年二月二三日のB氏への聞き取り、高橋氏のブログ（高橋 二〇〇九）、やさしい美術プロジェクトによる報告書「やさしい美術平成二二年度大島での取り組み活動報告」をもとに筆者が再構成した。

＊11　二〇一三年五月一一日高橋氏への聞き取りより。

＊12　二〇一四年三月二四日C氏への聞き取りより。

＊13　「大島に暮らす」展の中で展示された映像作品「おかしのはなし」の中でのA氏の語りより。映像作品「おかしのはなし」の中では三名の入所者がそれぞれ自身の知るろっぽうやきについてのエピソード、製法などを語っている。

＊14　二〇一四年二月二三日A氏への聞き取りより。

＊15　二〇一四年三月二四日C氏への聞き取りより。友園交歓の際、大島を訪れた他園の入所者がろっぽうやきを多数購入して帰るなど、名物としてのろっぽうやきのエピソードが複数の入所者により語られている。また泉氏は、加工部で製造に携わっていた女性から、ろっぽうやきの形が悪いとKさんから「こんなの駄目だ」と注意を受けたというエピソードを聞いている。Kさんのこだわりからも、加工部がろっぽうやきの質に留意して製造を行っていたことが分かる（二〇一四年四月二一日泉氏への聞き取りより）。

＊16　大島青松園におけるやさしい美術プロジェクトの取り組みを調査をした小坂は入所者への聞き取りから、ろっぽうやきが現在の入所者間の新たな社会関係をもつなげていることを指摘している（小坂 二〇一四）。ろっぽうやきをめぐって入所者間で新たなつながりが構築される理由を考えた時、ろっぽうやきがつらさや苦しさではなく、楽しみを伴った主体的営為を想起させるからこそ、それをめぐって入所者たちは積極的に関わり合うと言えるのではないだろうか。

＊17　「GALLERY15」では二〇一〇年の会期中に五回の企画展が開催されたが「大島に暮らす」展は「大島の身体」展と同時に第五回目の企画展として実施された。

＊18　二〇一三年にカフェシヨルの運営がこえび隊に引き継がれた後、ランチメニューは休業中であるが、大島でとれた果物等を使用したメニューが継続中である。

＊19　以下の趣味耕地をめぐる記述は二〇一四年二月二三日B氏への聞き取り、『青松』一九五五年一〇月号、『青松』一九六八年二月号、『青松』一九六八年一二月号、『青松』一九七四年一二月号、および香川県健康福祉部薬務感染症対策課（二〇〇三）、国立療養所大島青松園（一九六〇）による。
＊20　『青松』一九六六年八月、随筆「西瓜の味」より。D氏は二〇一〇年のオープン後ショルを訪問するようになる。
＊21　『毎日新聞』二〇一一年三月二日より。
＊22　やさしい美術プロジェクトによる報告書「やさしい美術平成二二年度大島での取り組み活動報告」、高橋氏のブログ（高橋 二〇一〇a）、二〇一三年六月八日の高橋氏への聞き取りより。「大智×東條展」はGALLERY15における五回にわたる企画展のオープニングを飾る企画として実施された。
＊23　『青松』一九五五年一〇月、随筆「趣味耕地」より。
＊24　農作物のつくり手である入所者にとって、生産物を他者に貰ってもらえること、そしてそれが喜ばれることは自己存在の肯定が確認される出来事であったと言える。
＊25　一方で、アートプロジェクトはハンセン病療養所における記憶の伝承のあらゆる側面をすべて担うことができるわけではないという点にも留意しておく必要がある。アートプロジェクトを媒介として療養所内のさまざまなものを呈示するにあたっては、その展示手法をめぐって次のような課題も提起されている。歴史学者である阿部は、二〇一三年の芸術祭におけるつながりの家の取り組みの一つである資料室を訪れ、そこに展示された書籍や木工品の数々についての情報説明がないことを惜しみ、展示解説シート設置があった方がよかったのではないかと述べている（阿部 二〇一三）。高松市は二〇一四年に大島振興方策を策定し「歴史の伝承」を柱の一つとしている（高松市 二〇一四）が、このような流れの中でアートプロジェクトが歴史の伝承の何をどこまで担うべきかについては今後検討を重ねていく必要がある。
＊26　本章で扱った事例では食を対象とするアートプロジェクトが主体的営為の伝承を可能としたが、人びとによって紡ぎだされる物語が多様であることを鑑みれば、主体的営為の表出を媒介するものもまた多様であってよいと考えられる。主に資料館において展開する「被害の語り」と並列する形で多様な手段を媒介として主体的営為を表出する取り組みが活発化することで、彼らの生きてきた証をしるすバトンを豊かに受け渡すことが可能になるのではないだろうか。多様な手段が可能であるというと、本書の問いの一つである「アートでなくてもいいのではないか？」という点を肯定してしまうようにも見えるかもしれないが、そうではない。本事例のようにアートプロジェクトであるからこそ表出できることは確かにある。この点と他の手段も利用可能であるということは区別して考えられるべきだろう。

第九章　「現在」を描き出すアートの持つ潜勢力
――新潟県十日町市・旧松之山町における取り組み

第二章で、アートプロジェクトが興隆する今、地域社会においてアートであるから可能なことがあるのかどうかを検討する必要があることを指摘した。本章では、新潟県十日町市・津南町で実施されているアートプロジェクト「越後妻有アートトリエンナーレ」の作品の一つである「上鯫池名画館」を事例としてこの点を検討していきたい。

景観に関する先行研究では、景観の動態的な再形成における人と場所の関係性をベースとした実践の重要性が示唆されてきた。人と場所との関係性をベースに新たに景観をつくりだす活動が活発化する中、人と場所との関係を表出する媒介項として場所に固有なアート作品（＝サイト・スペシフィックワーク）を取り入れる手法が注目を集めるようになっている。一方、これまでも確認してきたとおり、アートによる地域づくりの興隆を受けて、それに対する住民の関与のあり方について新たな問題がクローズアップされるようになった。それは、作品において人と場所との関係性のどの部分をどのように描き出していくことで作家と住民が「地域の資源を共同で発展させていく」（大成二〇一〇）ことが可能となるのかという点である。

本事例においては、作品に描き出す集落の場面設定に対し住民がイニシアティブを持った上で、住民間に「密なコミュニケーションを基盤として成立する生活景」という作品に対する「物語」が共有されていることが分かった。さらに、作品が集落の「今」を切り取ることを強く意識していたことから、写真作品に写るものをミュージアムショップで販売することが可能になった。写真作品とミュージアムショップという仕掛けを組み合わせることで、これまであたり前にそこにあったものが来訪者にとって新たな魅力ある商品となっていったのである。この点は、地域の「現在」を描き出すアートプロジェクトが持つ潜勢力と言うことができるだろう。

第一節　アートプロジェクトを通じた景観の再形成

一・一　景観形成における「人の関わり」への注目

第三章で「景観」概念の拡大について述べてきたが、近年景観をただ目に見える景色としてのみとらえるのではなく、人びとの日々の暮らしや生業との関わりによって形成されてきたものととらえる視点が注目を集めている。例えば、ユネスコの世界文化遺産は文化的景観を登録対象の一つとして挙げている。ユネスコは文化的景観を①人類によって意匠・創造されたことが明白な景観、②有機的に進化し続ける景観（棚田等）、③自然的要素が強い宗教的・芸術的・文化的な事象に関連する景観、と規定しており、自然環境と文化、人間の共同作品が文化的景観と見なされてきたことが指摘されている（谷 二〇〇四、野間 二〇〇八など）。

日本における文化的景観のあり方について、金田は次のように指摘している。ユネスコが文化的景観を世界文化遺産の登録対象としたのは一九九二年のことである。ユネスコの文化的景観を重視する流れを受けて、日本でも文化的景観に関する法律制定の検討が進められた結果、文化財保護法の改正により文化的景観が新たに文化財のカテゴリーに加えられた。文化財保護法において文化的景観は「地域における人々の生活又は生業及び当該地域の風土により形成された景観地で我が国民の生活又は生業の理解のため欠くことのできないもの」と規定されている。この規定から、文化的景観は現在もなお人間生活・活動と直接関わっていることを特徴としており、その点で極めて動態的であることが分かる（金田 二〇一二）。

ユネスコの規定、文化財保護法の規定はいずれも人の生活と景観との継続的な関わりを重視する。そこで、生活や生業のあり方が大きく変容し続けている現代社会においてはどのように景観を保全していくのかが常に問われることとなる。

さらに国宝のような物と異なり、文化的景観では人びとが現実に生活している。そのため、博物館展示品のように隔離・固定をするわけにはいかない。そこで、動態的な維持・再形成の形が模索されることとなる（金田 二〇一二）。動態的な維持・再形成は「創造（想像）的保存」（金田 二〇一二）、「伝統文化の創造」（福田 一九九六）、「景観保全実践の創出」（箕浦 二〇一二）とも呼ばれる。これらの主張に共通する特徴として次の二点を挙げることができる。第一に、「住民とその場所との共同的な関係性」（箕浦 二〇一二）に根差した景観保全の論理が通底している点、第二に、過去にあった現実の姿だけに対象を限定するのではなく、場所と人との関係性を表出する景観を新たにつくりだす点である。

人と場所との関係性をベースに新たに景観をつくりだす活動が活発化する中、人と場所との関係を表出する媒介項として場所に固有なアート作品（＝サイト・スペシフィックワーク）を取り入れる手法が注目を集めるようになっている。本書で取り上げてきたさまざまな事例において、サイト・スペシフィックワークを用いた景観の再形成が盛んに実践されるようになっているのである。

一・二　人と場所との関係をどう描くのか

前述のとおり、景観の再形成が展開する過程においては、いかなる生活・生業のあり方をどのような方法で表出していくのかが問われることとなる。さまざまな方法の中でなぜサイト・スペシフィックワークは媒介項として活用されるのだろうか。その理由としては、次の二点を挙げることができるだろう。第一に、河川等の自然環境、町並み等の歴史的環境の双方を表出することができるため。[*1] 第二に、江戸・明治・大正・昭和・平成……と連綿と続いてきたその場所の歴史を現在の空間に折り重ねて表象することができるため。端的に言えば、作品を通じて、空間・時間の両面において幅広くその地域の特性を目に見える形で表現することが可能ということである。このような特性からアートプロジェクトの実施を通じた景観保全は今後もさらに多くの地域で実践されることが予想される。

一方、アートによる地域づくりの興隆を受けて、それに対する住民の関与のあり方について新たな問題がクローズアップされるようになった。それは、一言で言えば作品（とそれを媒介項として表出された景観）に対し住民がどのような形で、どの程度関わるのかをめぐる問題である。サイト・スペシフィックワークにおいては作家による場所の解釈が作品に反映される。そのため作家という来訪者のまなざしによって一方的に場所が消費される、過度の芸術志向により芸術家が「地域をアートのために搾取する」（高橋 二〇一二）ことへの危惧が示されてきた。この点は、本書においてこれまで指摘したとおりである。

また、一方的な消費・搾取といった問題を免れたとしても、作品に対する住民の関わりの形や程度に関しては作家自身から次のような疑問が呈されている。

「アートプロジェクトは個人制作とは違い、制作過程に第三者＝協力者が介入することで生まれる表現活動である。そこでは協力者は……労働を提供するのみの単なる『お手伝い』にもなりかねない」（大成 二〇一〇：五〇）。

大成は「作品が協力者のものになりにくい」という課題を挙げ、この課題はアートの地域づくりの嚆矢である越後妻有においてさえも、一部の作品を除き一〇年を経てもなお解消しきれていないことを指摘している（大成 二〇一〇）。

先に述べたとおり、先行研究では景観の動態的な再形成において人と場所との関係性をベースとした実践が重要であることが示唆されてきた。それでは、作品において人と場所との関係性のどの部分をどのように描き出していくことで作家と住民が「地域の資源を共同で発展させていく」（大成 二〇一〇）ことが可能となるのだろうか。

これまで自然環境や特定の地域に生息する野生生物の保護、歴史的建造物の保全など幅広い事例を通じて人と場所の関係性の問題が議論されてきた。この関係性という点において、関は場所と人、場所を媒介とした人と人との「あいだ」で生み出されてきた「語り」の重要性を指摘している。「語り」は空間的にも時間的にも意味と文脈を共有するスケールの中でなされ、共有のスケールで語り、語られる事柄は「物語」と呼ばれる。関は、北海道帯広市における防風林を事例としながら、「物語」が語られ、共有されることで、身体が埋め込まれた実践的な日常世界の延長上に具体的でリアルな未来が描き出され、それが地域社会の環境創造の営みにつながることを示してきた（関 二〇〇九）。本書の問題関心にひきつけて考えると、継続的な制作活動の過程において作品の中にどのようなスケールに基づくいかなる「物語」が紡がれるかが鍵となると言えるだろう。次節以降、「共有のスケール」と「物語」の概念を補助線にしながら、越後妻有アートトリエンナーレで展開する「上鰕池名画館」という具体的な事例の分析を通じて、この問いを検討していきたい。

第二節　松之山エリア作品群における「上鰕池名画館」の特徴*2

第二章で記述のとおり、越後妻有アートトリエンナーレは、新潟県十日町市・津南町において二〇〇〇年から三年に一度のペースで開催されてきた国際芸術祭である。第一回開催時には全体で一四六点であった作品数は回を追うごとに増加し、第五回開催時には、会期中の作品数は過去四回の約一八〇点に新作約一八〇点を加えた三六七点となっている。越後妻有アートトリエンナーレにおいて、東京二三区をしのぐ広大な開催地域は合併前の自治体区分に合わせて六エリアに分けられており、各地域の特性を生かした作品群が展示されている。[*3]

ここでは、事例地の所在エリアである松之山エリアの作品群の概要をとらえた上で、上鰕池名画館の特徴を確認していきたい。

表9-1　松之山エリア新規作品数・会期中展示作品数一覧

開催年	新規作品数	会期中展示総作品数
2000年（第一回）	18	18
2003年（第二回）	19	29
2006年（第三回）	10	35
2009年（第四回）	23	48
2012年（第五回）	6	39

注）作品数は、各回ガイドブック（越後妻有大地の芸術祭実行委員会編 2000、大地の芸術祭・花の道実行委員会東京事務局監 2003、北川フラム・大地の芸術祭実行委員会監 2006・2009・2012）において松之山エリア作品として取り上げられており、作品番号が付与されている作品を筆者がカウントし一覧にした（開催回によって番号付与の有無が異なる作品については一度でも付与のあるものは一作品とカウントしている）。タイトルが同様で取り組みが継続している作品に関しては、ガイドブック上新作の表記であっても継続の作品としてカウントしている。

松之山エリアは旧松之山町を範域とする。東西約一二キロ、南北約九キロ、総面積は約八六平方キロメートルで、観光地としても著名なブナの自然林「美人林」を有し、里山の姿を色濃く残す地域である。松之山エリアでは第一回に一八点の作品が展示されたのを皮切りに第五回までに計七六点の作品が制作されてきた。表9-1は松之山エリアにおける各開催年ごとの新規作品数と会期中展示総作品数の一覧である。過去の作品の一部が恒久設置となるため、新規作品数と（その時点で恒久設置されている）過去の作品数の合計が展示総作品数となる。[*4]

初回以降、量の拡大をめざして総作品数は増加傾向にあった。しかし近年では財政面や受け入れ体制、作品の維持管理面などさまざまな観点から、作品数を拡大していくことは困難ととらえられるようになっている。実行委員会は、今後の展開として既存作品の維持・向上とともに、新規作品については数よりも質の向上に重点を置くことを想定しており（大地の芸術祭実行委員会 二〇一三）、第五回開催時における展示総作品数の微減はこのような流れを反映していると考えられる。

初回開催時からこれまでの作品制作の傾向としては、「野外彫刻的な作品から地域の記憶や思いを紡ぐ作品[*5]」への変遷が指摘されてきた。換言すれば彫刻を設置する従来型のパブリックアートから参加・協働型のアートプロジェクトへ変容してきたということである。

確かに松之山エリアにおいても、初回開催時に制作され恒久設置となっている作品のほとんどがパブリックアートの形態をとっている。展覧会のコンセプトの変容を受け、第二回以降、地域の参加・協働を謳った作品が増加しているが、その多くが単発・短期間のワークショップ、交流の成果によるものである。[*6] 作家が継続的に地域に関わり続け、作品そのものが動態的に展開しつづける「ワークインプログレス」と呼ばれるタイプの作品は意外に少ない。[*7] そのような作品の一つが、本章で取り上げる「上鰕池名画館」である。

越後妻有アートトリエンナーレにおいては、「アートを媒介にした地域づくり」（北川 二〇一二）がめざされ、一連の取り組みを通じて地域の景観を保全することが志向されてきた。その中では、静態的な作品設置にとどまらず、日々変化する景観を動態的にとらえ継続的に地域に関わることが求められている。これは、美術の世界において、先に挙げた「ワークインプログレス」と呼ばれる進行型の作品が台頭してきたのと軌を一にしている。第一節で記述のとおり、文化的景観保全においても動態的維持・再形成のあり方を探ることが重要な課題として挙げられており、進行型の作品の重要性・需要は高まっていると言えるだろう。[*8]

上鰕池名画館の展開する上鰕池集落では複数年にわたって持続的に取り組みが続けられ、回を追うごとに作品は新たな景観を表出した。このことから、進行型の作品を媒介とした景観の動態的維持・再形成のあり方を探るにあたって適切な事例であると考えられる。次節以降では事例の分析を通じ、作品において人と場所との関係性のどの部分がいかに描き出されていったのかを見ていきたい。

第三節　「上鰕池名画館」前史

三・一　上鰕池集落の概要[*9]

上鰕池名画館の会場である上鰕池集落は二〇一二年時点で全一七戸五五人からなる集落である。農業が盛んに行われてきた地域であり、その中でも特に稲作がその中心となってきた。農用地の大半が棚田であり、天水田であることや地滑り多発地帯であることから、高度成長期に推進された耕地整理などの集約・合理化への対応は困難であり、従業者数、生産額の両面で縮小傾向にある。また（旧）松之山町の他の地域と同様に高齢化、人口減少に悩まされており、江戸時代後期～昭和三〇年代まで五〇戸前後で安定していた戸数は現在約三分の一になっている。

三・二　「上鰕池名画館」前史――棚田弁当とはがきプロジェクト[*10]

上鰕池名画館の作品制作に先立ち、二〇〇六年に作者の大成哲雄・竹内美紀子はそれぞれ上鰕池集落を舞台に「棚田弁当」「はがきプロジェクト」と銘打った作品を展開している。「棚田弁当」は、上鰕池集落の棚田をモチーフとした弁当箱を制作し、そこに棚田でとれた米、地元の食材が入った弁当を詰めて提供するという作品である。大成はまず空中写真をもとに棚田の形を調べた後、形状に関心を持った棚田へ実際に足を運び、立体面での特性を確認した上でこの作品をつくった。また、棚田弁当は松之山エリアのステージ、里山自然科学館「キョロロ」レストランで提供されたが、レストランでは集落で稲作に従事する四人の住民のインタビュー映像が流され、上鰕池集落における農業をはじめとする生活のあり方が伝えられた。

はがきプロジェクトは集落の旧農業用共同作業場を会場に、「ふるさと」をテーマにしたはがきを集め、はがきのバーコードについている特殊インクをブラックライトで照らした光のインスタレーションである。会場には同時に豆打ち作業の音、とうみ（農機具）の音が流され、訪れる人を迎えた。特殊インクは約七二時間で消えるため、集落の人びとも同窓会名簿や親戚名簿を活用し、はがきを集めるよびかけを行った。はがきは呼びかけると返ってくることから会場は「上鰕池こだま堂」と名付けられ、会期中に約四五〇〇枚のはがきがこだま堂に集まった。

第四節　「上鰕池名画館」の取り組み

四・一　作品制作の契機および作品の特徴[*11]

二〇〇六年の「棚田弁当」で住民に対するインタビューを行った大成は、四人の語りの面白さに気づき、住民を作品に「そのまま出す」方法を検討し始める。同時に彼は、「棚田弁当」の際には集落住民の関わりに濃淡が大きかったことに気づいており、より多くの住民がプロジェクトに積極的に参加できる方法を模索していた。[*12]そこで採用されたのが写真作品という方法である。この作品の大きな特徴は名画が写真のモチーフとなっている点にある。名画をモチーフとする着想のきっかけを作者は次のように語っている。

「美術やってる人なら多かれ少なかれ絶対あると思うんだけど……『ああ、これ名画風だ』って思う風景って普段の生活でもあると思うんだ。上鰕池でもすでに、関わっている時にいくつかそんなことを思っているわけですよ。農作業しているところなんてミレーの……『種まく人』っぽいなとか[13]」。

この着想に基づき、上覶池名画館は「ゴッホやセザンヌといった西洋の名画の世界観や構図を手がかりに、住民が生活の一場面を演じ、集落の今を写真で表現するアートプロジェクト」（大成 二〇一〇）として展開していく。二〇〇九年には一九の写真作品がつくられ、二〇一二年には新たに三つの写真作品が加えられて計二二作品となり、集落住民の参加総数は四一名となっている（表9-2）。

プロジェクトは、第一に集落への取材・出演交渉・撮影、続いて展示場制作、最後に写真作品とミュージアムショップからなる「上覶池名画館」の会期中の運営という流れで行われた。

集落への取材・出演交渉の過程では、まず集落の複数の住民と作家間で、数十枚の名画を前に観賞会を行い、どの作品が集落の暮らしのどの部分とつながるかを検討する試みがなされた。

この試みについて、作家、住民はそれぞれ次のように述べている。

「五〇個とか六〇個とか忘れちゃったけど、（代表的な世界の名画を）いっぱい選んで、それを集落の人たちに見せる。……だからすごいね、変な鑑賞会。名画をみんなで見ているのに、『これなんとかみたいだね』ってその絵とは全く違うことをみんなで論じているっていうね[14]」。

「最初に（作家が『牛乳を注ぐ女』を前に）『この風景（だと）どこ（どのシーンと重なるだろうか）』って言ったから『いや、この集会場に赤鍋っていうのがあって、今でもお酒を燗して飲むし……』っていう話をしたら、『じゃあ……赤鍋』っていうことで。その習慣・風習をやっぱり作家の方で、色々取材をしながら、なんだよね[15]」。

こういった語りから、一連の写真作品はいかなる特徴を持っていると言えるだろうか。

語りの内容からも明らかなとおり、名画と現在の集落における暮らしのどのシーンに重なりを見出すかという作品の根本において、そこに暮らす住民からの提案や情報提供による部分が大きいことが指摘できる。換言すれば、どの名画の構図・世界観を用いれば、集落の何を描くことが可能かという作品の根幹に関わる点において、住民がイニシアティブを握ることが可能になっているのである。

表9-2　上鰕池名画館　作品名およびもととなった絵画一覧

作品名	もとの名画
山菜採り	ミレー「落穂拾い」
赤鍋	フェルメール「牛乳を注ぐ女草」
草刈り	マネ「草上の昼食」
冬の午後――大相撲取り組み表	セザンヌ「カルタ遊びの人びと」
五月	ホイッスラー「画家の母の肖像」
手	ミケランジェロ「最後の審判」
一本杉	ゴッホ「糸杉」
裁縫	フェルメール「レースを編む女」
宝橋	ムンク「叫び」
野菜人	アルチンボルト「夏」
帰り道	ダヴィンチ「モナリザ」
こんクラ	マネ「笛を吹く少年」
母子の時間	ラファエロ「小椅子の聖母」
簞笥	セザンヌ「タンスのある静物」
溜め池	モネ「睡蓮」
樹	モンドリアン「灰色の樹」
まむし酒	――
盆栽	セザンヌ「大きな松のあるサントビクトワール」
田休祭	ダヴィンチ「最後の晩餐」
プチトマト(2012年新作)	マンテーニャ「死せるキリスト」
やまさわぎ(2012年新作)	モネ「日傘をさす女」
ぜんまい(2012年新作)	ポロック「秋のリズム」

注）上鰕池名画館では、「参考資料」として作品のもととなった名画を印刷したボードが設置されていた。表9-2はこのボードの記載をもとに作成している。作品「まむし酒」のもととなった絵画は「シークレット」として明らかにされていないため表には記載していない。

四・二　地域の再考か名画のパロディーか——作品をめぐる二つの評価

前述のとおり、上鰕池名画館では名画をモチーフに集落の暮らしが描きだされている。なぜ、いわゆるスナップ写真ではなく「名画」をモチーフとした写真作品としたのかという疑問に対して大成は、「地域住民、鑑賞者双方の入り口になるように、また（名画に描かれた景観とのずれから：筆者注）地域を再考するため」（大成 二〇一〇）と答えており、パロディーが目的ではないことを強調している。

しかし、住民の中には「名画のまねっこではないか」[*16]との疑問を持つ者もいる。写真作品をパロディーととらえる立場で問題視されているのは、名画の構図を再現するために多少リアルな日常とのずれがでる点である。例えば、田休祭[*17]における実際の宴会時の着席位置とのずれや草刈り[*18]における農作業中の休憩場所の実際とのずれなどを挙げることができる。

しかし、このようなずれの存在にもかかわらず集落全体として見れば第五回開催時も全戸参加で取り組みは続けられた。そこにはプロジェクトの継続を地域再考の機会ととらえる住民の姿勢が見出せる。では、上鰕池名画館の取り組みに動態的に関わる住民は、いったい作品に（まねとは異なる）どのような意味を見出しているのだろうか。次節では住民が作品に見出す意味・文脈に注目していきたい。

第五節　「上鰕池名画館」を通じて表出される生活景

五・一　生業に関する生活景――稲作をめぐって

写真作品の撮影において撮影場所は集落内に限定された。作品を通じて志向されたのは、農業をはじめとする地域の生業や集落で育まれてきた文化、人が関わることで形づくられてきた自然のあり方を描き出すことであった。

近年、都市計画学や地理学、社会学の分野において、文化的景観の中でも日常の生活が色濃くにじみ出た地域固有の眺め、生きられる生活の空間を特に「生活景」と呼び、その生成原理や創造過程を分析する動きが活発化している（中川 二〇〇八、玉野 二〇〇九、渡戸 一九八五ほか）。作品のコンセプトから、上鰕池名画館における二二の写真作品は多様な「生活景」の表出を志向していると換言することができるだろう。

ここでは、まず最初に生業に関する生活景――特に集落で重要な位置をしめてきた稲作に関連する生活景が表出された作品を検討していきたい。

作品群の中で、稲作と深く関係するのは草刈り、一本杉、田休祭、赤鍋、溜め池の五作品である。最初の二作品は農作業に関する姿を描き、[*19] 続く二作品は田植え後、神社での豊作祈願と同時に開かれる宴会を描く。溜め池は天水田での米づくりのために雪解け水を溜める池を描いた無人の作品である。

前項でも例を挙げて指摘のとおり、各作品において、名画の構図・世界観との兼ね合いで多少リアルな日常とのずれが出ていることは否めない。しかし、作品出演者をはじめとする集落住民にとって重要ととらえられているのは、構図や位置とは異なるものであった。草刈り出演者の一人は、作品を前に、実際の農作業中の休憩の様子について次のように語っている。

「今うちの田んぼは日陰が一カ所道んとこへカーブになってる。そこへ本家の人が来たら、父ちゃんお茶飲まねえか言って呼んだりさ……『父ちゃんお茶だぜ』『おー』って。そこでやっぱりただござを一枚ツーッと敷いてそこへ……誘ったり、今度は（本家の人が）『おい、たまには上に上がってこい』なんて[20]」。

筆者の聞き取りに対して、複数の住民が作品を前に「おらが家の休憩のあり方」を熱心に語り、その大切さを強調している。彼らの語りから、「近くの田で作業をしている親戚、近所の人がいれば声をかけ合い、一緒に休憩しさまざまな話をすること」が農作業中の重要なコミュニケーション手段の一つととらえられていることが分かる。[21]上鰕池集落では、豊作を祈る収穫祈願祭など農業をめぐる多様な側面で豊かな共同性が保持されている。作品を前にした集落住民の語りから、当該作品に対し、共同性の保持にあたって必要不可欠である集落内の密なコミュニケーションの表出を読み取っている様子がうかがえる。

同様に、着席位置にずれの見られる田休祭に対しても、作品に描かれる宴会のあり方の方に思いが寄せられている。運動会などの季節の行事にあわせて、集会所では年に数回宴会が開かれる。その宴会の一つにおいて、田休祭の出演者の一人は、作品に写っているのと同様の食器・料理を前に次のように語っている。

「（今日も同じ人が）あれ（作品に写っているのと同じ重箱）を二つ重ねで持ってきて、ほら。……いつも自然に持ち寄って、みんなして同じものをついで食べて、こうやって飲んで。そのコミュニケーションで、なんでもうまくいくんじゃないかなと思う[22]」。

草刈り、田休祭に対する彼らの語りからはいったい何が読み取れるだろうか。それは、作品において、上鰕池集落における円滑な共同作業の実施に大きく寄与してきた密なコミュニケーションが表出されていることを評価する姿勢である。草刈り、盆栽、帰り道など複数の作品に描かれる（上鰕池を代表する景観）「棚田」もこの密なコミュニケーションを基礎に維持されているのである。

五・二　余暇に関する生活景――大相撲初場所点取り大会

続いて、冬季の余暇に関連する生活景を確認しておきたい。日本有数の豪雪地帯であるこの地域では、一二月から長ければ五カ月近く雪に閉ざされた中で日々暮らしていくことになる。その中で、冬季の娯楽として盛んに行われているのが「大相撲初場所点取り大会」である。上鰕池相撲協会事務局が全戸配布する取り組み表に予想を記入して競うこの大会は、千秋楽の後に集会所で的中数が多い順に番付が発表され、上位者はまわしを着用するのがならわしになっている。[*23] 上鰕池名画館においては、冬の午後――大相撲取り組み表と裁縫の二作品でこの取り組みが描かれている。冬の午後では自宅で近所の仲間と互いの予想を語り合う住民の姿が、裁縫には、冬の間の手仕事として上位者が着用するまわしをつくる住民が描かれている。リアルな日常とのずれという点では、カルタ遊びの人びとの構図に併せて、机の上の酒の位置が普段と異なることなどが指摘されている。[*24] しかし、冬の午後に出演した住民が作品を前に語るのは次の点である。

「『昨日どうだった？』『失敗したんだー』とかさ、そういう話題ができるわけ。何回か繰り返してるうちにコミュニケーションがすごくできるわけ。……テレビ観て五、六人が点数を付けながら一杯やってることもしばしばだ[*25]」。

外出頻度が著しく減る冬季、この大会は人びとが集まるきっかけとして大きな役割を果たしているのである。事務局を務める住民も相撲を介したこのような付き合いを非常に重視しており、作品に付き合いのあり方が描かれていることを強調している。[*26] 住民たちの語りからは（稲作をめぐる作品群に対する住民の評価と同様に）、作品におけるコミュニケーションの表出に対する評価を見て取ることができるだろう。

五・三　写真作品に見出される地域の文脈

第五節では名画をモチーフとして生業・余暇をめぐる生活景が描き出される過程と作品に対する住民の語りを詳しく見ていくことを通じて、住民が作品にどのような意味を見出しているのかを確認してきた。

作品に対する住民の語りから、彼ら・彼女らは作品に集落内の密なコミュニケーションの表出を読み取っており、それを評価していることが分かった。コミュニケーションのあり方と（共同性の保持を通じて維持されてきた）可視的な文化的景観が随所に描かれている。また、写真作品にはもちろん棚田、ぜんまい畑などいわゆる目に見える文化的景観が同時に作中に表現されたことで、住民間に「密なコミュニケーションを基盤として成立する生活景」という作品に対する「物語」が共有されたと考えられる。[*27] そのため、作中に登場する物の位置の違いといった微妙なずれは住民の基準からすれば相対的に小さな差異ととらえられ、大きく問題にはならなかったのではないだろうか。[*28]

五・四　写真作品から飛び出したもの——ミュージアムショップ

写真作品に加え、上鯉池名画館のもう一つの重要な構成要素となったのが「ミュージアムショップ」である。作家は、上鯉池名画館を写真作品のみに限定して考えてはおらず、そこからつながる住民、景観と連動させることで集落全体を作品ととらえていた（大成 二〇一〇：五一）。そのため名画館の入り口には作品撮影箇所の地図が置かれ、来訪者が作品に描かれた景観を実際に訪ねていくことができるよう工夫された。そして、作品に出てくる人やものをつなげる仕掛け[*29]としてミュージアムショップが設けられたのである。

集落の女性たちから、普段自家用に栽培している野菜等の販売を積極的に打診されたことを受け、ミュージアムショップの運営は集落に一任された。そこでは販売ルールや経理のみならず、何をどのように売るのかについても完全に集落側に委ねられた。

ここでは販売されたさまざまなものの中で、山菜に関連するものを取り上げてその特徴を確認していきたい。上鰕池集落では春になると山菜の採取、出荷が盛んに行われており、作品の中でも山菜採りに関連する生活景が多く描かれている。山菜採取を直接取り上げたのは山菜採り、やまさわぎ、五月、ぜんまいの四作品であり、山菜採りとやまさわぎが山菜採取の姿そのものを描き、五月、ぜんまいは保存のために採取してきた山菜を集落で揉み、干す姿を描いている。

松之山地域では減反政策への対応から山菜を畑で栽培するケースが増えており、山取から栽培へという傾向が見られる。[*30]この傾向を反映し、写真作品「山菜採り」においても住民から提案されたぜんまい畑で撮影が行われている。「山菜採り」においては、構図のもととなった「落穂拾い」で女性がエプロンを袋のようにして麦穂を拾っているのと重ね合わせる形で集落の女性が「ぜんまい袋」[*31]を下げて山菜を採る姿が描かれている。

このぜんまい袋は市販されておらず、集落の女性たちがそれぞれ自分なりに形状に工夫をこらして手作りで作成するものである。[*32]ミュージアムショップでこのぜんまい袋が販売されるやいなや生産が間に合わないほど人気を博し、「都会の若い人に……ほんとに簡単なあんな袋がすごく売れるのか」[*33]と集落の人びとを驚かせた。

二〇〇九年開催時の好評を受けて、二〇一二年開催にあたっては前年の冬から出品用ぜんまい袋の裁縫にいそしむ者もいた。従来、販路が見出しにくく外部への販売対象とは見なされてこなかったぜんまい袋が、「山菜採り」に描かれたことを契機にショップ一押しの商品となったのである。[*34]ぜんまい袋の事例からは、作品中に登場するものが、写真を飛び出してミュージアムショップに現れることで、新たな魅力ある商品になると同時に来訪者と集落住民をつなぐ可能性を指摘できるだろう。

第六節　密なコミュニケーションを基盤として成立する生活景

本章では新潟県十日町市・津南町で実施されているアートを媒介とした地域づくり「越後妻有アートトリエンナーレ」の作品の一つである「上鰕池名画館」を事例に、作品において人と場所との関係性のどの部分がいかに描かれてきたのか、そして作品を通じて住民がどのように「地域の資源を発展させてきたのか」(大成二〇一〇)を検討してきた。先行研究では、景観の動態的な再形成における人と場所との関係性をベースとした実践の重要性が示唆されてきた。本事例においては、作品に描き出す集落の場面設定に対し住民がイニシアティブを持った上で、住民間に「密なコミュニケーションを基盤として成立する生活景」という作品に対する「物語」が共有されていることが分かった。

前述のとおり、持続可能な地域づくりという観点から、景観の動態的維持・再形成に貢献する進行型の作品に対する注目が高まっている。住民が展開を続ける作品に継続して関わるためには、作品に対して、集落や旧小学校区などの「日常の具体的な人間関係に裏打ちされる」(関二〇〇九:一八一)スケールで(その時点その時点での現在世代が持つ)地域の文脈に基づいた「物語」が共有される必要があることを指摘できるだろう。

また、作品を通じた地域資源の発展という点について、ミュージアムショップにおける写真作品を飛び出したものの販売に注目して検討を行った。上鰕池名画館では、現在集落で当たり前につくられていたり、使われたりしているものが写真作品中に登場した。そして同時にそのものたちは写真作品を飛び出してミュージアムショップに現れた。写真作品とミュージアムショップという仕掛けを組み合わせることで、これまであたり前にそこにあったものが来訪者にとって新たな魅力ある商品となっていったのである。

このような展開が可能となった理由として、作品が集落の「今」を切り取ることを強く意識している点を挙げることができる。写真作品に写るものを販売できるのは、写真作品が「上鰕池の人たちの普段の生活の一コマ」[*35]を表現するというルールを守っており、作品に写ったものは集落で今もつくられ、使われるものであったがゆえである。

一方で一部の人びとの間で問題になった位置をはじめとする微妙なずれを解消するという意味では、過去に撮影されたスナップ写真の方が地域を表現する作品として望ましいという見方もあるだろう。例えば昭和三〇〜四〇年代の生業をめぐる生活景や大相撲初場所点取り大会の様子は写真集として出版されているし[*36]、地域のコミュニティカフェ等においても同様の写真展示がなされている。実際の場面とのずれが皆無であるという点においてはこのようなスナップ写真に軍配があがるだろう。

しかし、写真集に記録されたり、科学館に展示された写真は、従来の博物館に展示された文化財と同様隔離・固定されている。それ故に時間の経過とともに集落の「今」の暮らしからのずれは大きくなっていくため、ミュージアムショップの取り組みのように、写真に写るものを即座に商品として販売するような方策はとりにくい。

関は防風林をめぐる物語の形成過程を分析する中で、農家が耕地防風林という自然環境を維持し続けるためには、防風林にさまざまな意味を重ねていくことに加えて、経済的な持続可能性を実感できる状況が必要であると述べる（関二〇〇九）。これは、景観の持続的な再形成には財政的な展望も必要になってくることを示唆していると言えるだろう。この点においても、ワークインプログレスという進行型の作品はその時点その時点の現在世代が関わり、その姿が映しだされるが故に、上鰕池名画館に象徴されるようなある種の「仕掛け」をうまく設定することで、その時点でそこにあるものを魅力的な商品にしてみせることを通じて、地域に財政的な展望をもたらすことも可能であることを指摘しておきたい。

前述のとおり、今後アートを媒介とした地域づくりにおいては進行型の作品の需要が高まっていくことが予想される。その流れの中で、作品の展開過程において、どのようにその時々の現在世代が保持する地域の文脈を共有していくのか、そしてそれと同時に作品の特性を活用してどのように財政的な展望を示していくことができるかが問われていると言えるだろう。

注

＊1　自然環境の表出の典型として、越後妻有アートトリエンナーレにおける「川はどこにいった」（磯辺行久作）を挙げることができる。磯辺はダム開発・コンクリート護岸により直行となっている信濃川の蛇行跡を調べ、三・五キロにわたる河川敷に五メートルごとにポール七〇〇本をたてて再現した（北川 二〇一〇：六三）。この作品の設置を通じ、河川の蛇行跡という従来の保全方法では表出させにくい姿が描き出されている。

＊2　第二節の松之山エリア作品群については大地の芸術祭実行委員会（二〇一〇・二〇一三）、北川（二〇一〇）、十日町市（二〇一三）、十日町地域ニューにいがた里創プラン推進協議会（一九九六・一九九八）を基に筆者が再構成している。

＊3　二〇一五年の第六回開催時には、一〇のエリア分類に変更された（北川フラム・大地の芸術祭実行委員会監 二〇一五）。

＊4　第一回作品のうち九作品、第二回作品のうち一五作品、第三回作品のうち二作品、第四回作品のうち八作品が第五回開催時に公開されている。

＊5　『朝日新聞』二〇〇九年九月三日より。ほかにも複数の雑誌・新聞で同様の指摘がなされている。

＊6　この種の作品の中には、維持管理を住民が担っているものもあり、筆者にはこのようなタイプの作品を否定する意図はない。すでに完成した作品と住民との関わりという点においては、これまでに作品を媒介に住民によって「語られた景観」の重要性も指摘してきた。

＊7　作家が継続して地域に関わっている作品としては、松之山インスタレーション（川俣正）、GYOSHO（潮田友子）、坪野フィールドパーク（岩間賢）、上鰕池名画館（大成哲雄・竹内美紀子）などがある。

＊8　アートを媒介とした文化的景観保全の議論において、西田は記憶の果たす役割について次のように述べる。「記憶を大切にするということは、様々な事象が過去から現在につながっているという過去との連続性を取り戻すとともに、現在生きている人々の思い出を大切にすることでもある。風景に関する大切な記憶とは我々現在世代にとって大切な記憶にほかならない。棚田や古い農家や町並みが大切なのは、それらが現在世代の記憶の中に鮮明にやきついていると同時に、それらが眼前から消失しようとしているからである。文化的景観も、過去世代の記憶でもあるが、基本的には現在世代の記憶にほかならない」（西田 二〇〇九）。

現在世代が時の流れとともに移り変わっていくことを考慮すれば、その時点での現在世代の記憶が反映され続けるためにも、作品が動態的であることが求められると言えるだろう。

＊9　上鰕池集落の概要については大成（二〇一〇）、松之山町史編纂委員会編（一九九一）をもとに筆者が再構成した。

＊10　棚田弁当、はがきプロジェクトについては、大地の芸術祭東京事務局編（二〇〇七）、市報とおかまち二〇〇六年第一七号、大成（二〇一〇）、大成氏への聞き取り（二〇一二年一一月三日実施）、上鰕池集落住民への聞き取り（二〇一二年一二月一日ほか複数回）をもとに筆者が再構成した。

＊11　作品制作の契機・特徴に関しては大成氏への聞き取り（二〇一二年一一月三日実施）および大成（二〇一〇）、集落住民A氏への聞き取り（二〇一二年一二月一日実施）に基づく。上鰕池名画館は二〇〇九年の第四回開催時、二〇一二年の第五回開催時に公開された作品である。

＊12　大成には同時に、「その土地とそこに暮らす人々に本当にアートが必要なのかという疑問」（大成二〇一〇：五〇）もあった。

＊13　二〇一二年一一月三日大成氏への聞き取りより。

＊14　二〇一二年一一月三日大成氏への聞き取りより。

＊15　二〇一二年一二月一日集落住民A氏への聞き取りより。

＊16　二〇一三年六月三〇日集落住民B氏への聞き取りより。

＊17　「田休祭」では「最後の晩餐」をモチーフに田植え後に集会所で開かれる宴会の姿が描かれる。名画の構図に近づけるため長机は普段の宴会で置かれる位置とは異なる位置に設置され、住民の立ち位置も「最後の晩餐」の弟子の位置に合わせてある。

＊18　「草刈り」では「草上の昼食」をモチーフに、農作業の合間に住民がござを敷いて休憩する姿が描かれている。名画の構図に近づけるため出演者の一人の所有する棚田の前の日当たりのよい場所で休憩する姿が描かれているが、実際は田の側にある木陰で休憩をとる。

＊19　一本杉では、集落の神社一二社にある樹齢四〇〇年を超す杉の木を背景に、農作業を終え山から徒歩やトラクターで集落に戻ってくる人びとの姿が描かれている。

＊20　二〇一三年六月三〇日集落住民C氏への聞き取りより。

＊21　二〇一三年六月三〇日集落住民D氏への聞き取りなど複数の住民から同様の指摘があった。農地への移動に車が使われる以前は、集落から山間部の棚田への往路・復路においても同様の会話が楽しまれた。

＊22　二〇一三年六月三〇日集落住民E氏への聞き取りより。

＊23　上鰕池名画館展示における作品解説より。

＊24　二〇一三年六月三〇日集落住民B氏への聞き取りより。

＊25　二〇一三年六月三〇日集落住民E氏への聞き取りより。
＊26　二〇一二年一二月一日集落住民A氏への聞き取りより。
＊27　共有のスケールの基準は、上鰕池集落という居住範域である。
＊28　一方、作品として撮影された写真は日常生活そのものをそのまま撮影したスナップ写真とは異なることも事実である。この点にずれを感じる住民がいることは不思議ではなく、そのような意思表示も一つの重要な意見である。本書において、ずれを感じる人びとを否定する意図は全くないことを改めて述べておきたい。
＊29　二〇一二年一一月三日大成氏への聞き取りより。以下のミュージアムショップに関する経緯の記述もこのインタビューによる。
＊30　二〇一三年七月二日集落住民F氏への聞き取り、二〇一三年四月三〇日集落住民G氏への聞き取り、十日町市（二〇〇七）より。上鰕池で最初に山菜を畑で栽培した人物は旧松之山町時代に町が選ぶ名老百選の一人として表彰を受けている。
＊31　山菜採取用の袋の呼称。ぜんまい以外の山菜の採取にも用いる。これとは別により多くの量を採取する際に用いる「てご」と呼ばれるリュックサック型の袋もある。
＊32　二〇一三年七月二日集落住民F氏への聞き取り、二〇一三年四月三〇日集落住民G氏への聞き取り、二〇一三年四月三〇日集落住民H氏への聞き取りより。肩かけひものサイズ調整を可能にしたり、短い持ち手をつけるなど作成者により異なる工夫がある。
＊33　二〇一二年一二月一日集落住民A氏への聞き取りより。
＊34　ミュージアムショップではぜんまい袋だけでなくぜんまいそのものも販売された。
＊35　二〇一二年一一月三日大成氏への聞き取りより。
＊36　いき出版編（二〇一三）は、小千谷市、魚沼市、南魚沼市、湯沢町、十日町市、津南町を対象としており、その中には農作業、山菜採り、大相撲初場所点取り大会の写真が多数掲載されている。

第一〇章　アートプロジェクトの可能性と課題
――地域とアートの関係を展望する

第一〇章ではここまでの議論の総括を行った上で、本書の分析対象であるアートプロジェクトの今後の可能性と課題について検討していく。本書の入り口となる第Ⅰ部ではまず、現代アートと地域社会が関わるようになった歴史的経過を検討した。その上でアートプロジェクトの隆盛に伴って生じた問題点を析出し、本書でどのような点を明らかにしようとするのかを示した。続く第Ⅱ部では一九九〇年代以降アートプロジェクトが実践されている香川県直島の分析を通じて「記憶や経験をもとに環境が創造された後、その環境を基盤にしながら、経験はどのように豊富化されるのか、そしてそこからさらにどのような環境が生まれるのか」を検討した。第Ⅲ部では、瀬戸内国際芸術祭の会場の一つである大島、越後妻有アートトリエンナーレの会場の一つである十日町市松之山上鰕池を事例に、地域づくりを考える時アートによって可能になったのはいったい何なのかを検討した。

これまでの議論を踏まえ、地域で展開するアートプロジェクトにおいて今後検討が必要になる点を指摘しておきたい。地域社会の側から検討が必要なのはいかにして「現在世代の人びとの経験に根差す作品制作」を行っていくのか、そして「アートであるから可能になることとは何か」の二点である。一方、アートの側に求められるのは、「地域社会に表現者として関与することを望むのか」を今一度考える視点である。双方がこの視点に基づく丁寧な相互作用を継続することで、その地域・その作家だから可能な表現のあり方が見えてくるだろう。そして、そういった作品が並ぶアートプロジェクトは、「そこにしかない」独自の取り組みとなるのではないだろうか。

第一節　アートプロジェクトの展開がもたらしたもの

一・一　アートプロジェクトの隆盛とそこに投げかけられる問い

近年、アートプロジェクトによる地域づくりが隆盛しており、全国各地で芸術祭、ビエンナーレ、トリエンナーレなどの名を冠したアートプロジェクトが活発に実践されている。地域の魅力や資源をアートによって引き出す試みは地域づくりの有力な方策として注目されており、地域再生の切り札の一つとして語られることも多い。

第一章ではまず、現代アートと地域社会という一見かけ離れたように見える二者が、いったいどのような経過をたどって接点を持つことになったのかを確認した。アートの側から見た一つの大きな契機は「オフ・ミュージアム」と呼ばれる動きの活発化であった。作品が社会から切り離され、美術館に閉じ込められることの弊害が批判され、美術館の外部で作品が展開されるようになったのである。オフ・ミュージアムの動きは世界各地で活発に見られ、日本にも大きな影響が及ぼされた。

一方、日本において地域の側から見たアートとのつながりの端緒は「彫刻のあるまちづくり」であった。一九六〇年代の宇部市、神戸市の取り組みを先駆例として、その後「彫刻のあるまちづくり」を実施する自治体が急増した。一方で、取り組みの増加に従い彫刻公害等の問題点も指摘されるようになる。こうした問題点を克服するため、作品と場所の関係を意識したパブリックアートが生まれることとなる。その後、パブリックアートと交代に現れたのが本書で主に取り上げるアートプロジェクトであった。アートプロジェクトの特徴は、場所の固有性の重視、協働、制作プロセスの重視にある。

先に確認したオフ・ミュージアムの傾向、地域社会における固有の文化を生かした地域づくりへの関心の高まり、地方行政における文化支出の重点のソフト面への移行が交錯する形で、一九九〇年代以降アートプロジェクトを通じた地域づくりが模索されるようになる。

一方でプロジェクト数が増加するに従って、地域社会・アーティストの双方からプロジェクトに関する疑問が提示されるようになった。第二章では一九八〇年代以降のアートプロジェクトの展開を確認した上で、各アクターにとってアートプロジェクトに関わることの光と影を確認し、本書で明らかにすべき問いを提示した。

一九八〇年代以降、牛窓国際芸術祭をはじめとするいくつかの萌芽的な事例を経て、九〇年代には香川県直島で、二〇〇〇年代に入ると新潟県（現）十日町市・津南町で現在にいたるまで続く取り組みが開始される。二〇〇〇年代以降、都市部においてもアートプロジェクトは興隆しており、数十万人が訪れる大規模なものだけでなく、小規模・単発のものも含めれば二〇一八年現在、日本全国で非常に多くのプロジェクトが実践されている。

一方、プロジェクトの増加に従ってそこから生じる問題点も指摘されるようになった。地域社会にとっての問題点とは、地域がアートの表現の道具として利用されることへの危惧である。そしてアートに関わる側から示された問題点は、アートが持つ社会批判機能の弱体化、作品の質の不問化、アートの手段化（＝地域活性化という目的であれば手段は必ずしもアートでなくてもよいのではないか）の三点であった。

本書では、社会学の分析枠組みを用いてこれらの点を検討し、さまざまな事例に共有が可能な特徴を見出していくことをめざした。そこで、第三章において地域づくり、環境保全といった本書の議論と深く関わるトピックにおいて、主に社会学の視点からどのような先行研究が行われてきたのかを整理し、残された課題を提示した。

一・二　なぜアートに関わり、アートから何が生成されるのか

第Ⅱ部では香川県直島における取り組みの分析を通じて、第Ⅰ部で示された問いのいくつかに答えることをめざし

た。アートに関わる側から示された問題の一点目、社会批判機能の弱体化については、先行研究において次のような指摘がなされていた。それは、社会批判機能の弱さにのみ焦点を合わせるのではなく、一見うまくいっている取り組みの内実にいかなる過程が含まれているのかを知ることが必要だという指摘である（神野 二〇一六a）。本書ではこの指摘に従い、「うまくいっている」と見なされる取り組みの展開過程を詳細に追うことを通じて、地域との協働の結果いったい何が生まれているのかを確認した（第五章・第六章）。

具体的な分析に先立ち、第四章では直島の開発の歴史を検討した。大正時代に三菱マテリアルの銅製錬所を誘致し企業城下町として発展を続けてきた直島は、製錬所の合理化に伴って観光産業の確立をめざすようになり、一九六〇年代以降藤田観光による観光開発が模索された。その後、藤田観光の撤退と入れ替わりに東南部で文化事業を手掛けるようになったのがベネッセであった。マスタープランである「直島文化村構想」における芸術文化への志向が鍵となって、一九九〇年代以降現代アート作品の展示が事業の中心となっていく。そして、一九九四年に開催された野外展「Out of Bounds」を契機として、サイト・スペシフィックワークの制作・設置が試みられるようになったのである。

続く第五章では、「Out of Bounds」とそれに続いて一九九七年以降展開した「家プロジェクト」、二〇〇一年に開催された「スタンダード展」を中心とした分析を行った。ここでは、現代アートを媒介に地域の景観を保全するという動きの中で、従来地域づくりに対して受動的な立場であった住民たちが、どのような過程を経て担い手として関わるにいたったのかを検討した。直島においては、島の幅広い歴史が各作品の中に用いられたことで多くの住民にとって思い出のある場所が可視化された。これを契機に住民たちは集合的記憶を形成するようになり、ボランティアガイドの活動を通じて担い手として独自の役割を持つにいたっている。第五章の分析から見出されたのは、住民たちによって「語られた景観」が来訪者にとって価値を持つという言説活動を通じた景観創造の可能性であった。

第六章では、第五章に続き「スタンダード展」とそれ以降の動きを分析した。スタンダード展の体験を通じ、住民は作品の解釈自由性というツールを用いて来訪者に思い出を語り生活実践を可視化させることが、観光という場面において主体性を確保する手段となることに気づいた。来訪者との相互作用によって、認識転換が起きたのである。さらに、この認識転換をベースに住民自身の手による生活経験の可視化が実践されるようになった。住民自身の手による新たな資源生成がなされるようになったのである。

第三章で、記憶や経験をもとに環境が創造された後、その環境を基盤にしながら、経験はどのように豊富化されるのか、そしてそこからさらにどのような環境が生まれるのかという「社会的仕掛け」（家中 二〇〇九ｂ）を把握する必要について述べた。この点について、第五章、第六章の知見から明らかになったことをまとめておきたい。

直島においては、まず現代アート作品を媒介とした歴史的経験や記憶の可視化が、景観をつくりだす動きの端緒となる。その後、歴史的な経験や記憶を可視化した作品をめぐって住民間、および住民と来訪者との間でコミュニケーションが生成する。このコミュニケーションを契機として言説活動を通じた語られた景観がつくりだされると同時に、住民自身が担い手となる新たな物理的景観がつくりだされるようになる。新たにつくりだされた物理的景観をめぐってコミュニケーションは豊富化され、これが語られた景観の創造につながっていくという過程をたどった。物理的景観の創出をきっかけとしてコミュニケーションが生まれ、それが語られた景観の創造につながっていったのである。

また、地域社会から示された「地域がアートの表現の道具として利用されるのではないか」という危惧に対し、直島で実施された家プロジェクトの事例分析を通じてアートと地域が互いを消費するのとは異なる関係を築きうることを確かめた（第七章）。

第七章では、「家プロジェクト」を事例に、地域に生活する住民と作品の制作者側との間で、場所の解釈をめぐっていかなる相互作用が存在すれば、場所に固有なアート作品は「地域資本」となり、地域の再生に寄与することができるのかを検討した。事例の分析を通じ、作家による場所の解釈と住民のその場所への意味づけを重ね合わせる努力を行うことを通じて、サイト・スペシフィックワークは地域資本となり、地域の再生に寄与することが可能となることが分かった。一方、作家による場所の解釈と住民のその場所への意味づけは常にある点でずれを持つ。そのため両者の間で継続した相互作用が失われれば、場所は一方的に消費されてしまうという課題があることも明らかになった。

ここでは、第七章で取り上げた地域資本の生成過程において、外部のアクターが果たす役割についても確認しておきたい。アートプロジェクトを通じた景観創造は、現代アートを媒介として、記憶や歴史的経験が可視化されることが出発点となる。この段階で記憶や歴史的経験の可視化に失敗すれば、以後の社会的仕掛けはそもそも存在することはできない。そういった意味で、作家と住民との場所解釈をめぐるやりとりは、アートプロジェクトを通じた景観創造のトリガーとして非常に重要な位置を占めていると言えるだろう。

一・三　アートプロジェクトであるから可能なこととは何か

続く第Ⅲ部では、瀬戸内国際芸術祭の会場の一つである大島、越後妻有アートトリエンナーレの会場の一つである十日町市松之山上鰕池を事例に、アートの手段化という課題について検討した。ここで問われるのは、地域づくり、地域の歴史的環境の保全を考える時、アートによって可能になったのはいったい何なのかという点である。

第八章では香川県大島のハンセン病療養所大島青松園における取り組み「つながりの家」を事例にこの問いを検討した。近年、差別、戦争、公害といった否定的記憶を伝承する負の歴史的遺産への関心が高まっている。第九章で取り上げたハンセン病療養所は、差別にまつわる負の歴史的遺産であると言える。

歴史的遺産を残し、それを公開していく過程においてはそこに含まれる多様な要素のどこに光を当てるのかが議論されてきた。その中でも、ハンセン病療養所をめぐっては被害の語りが優位となり、その一方で入所者たちの主体的な営為は捨象されがちであることが指摘されてきた。「主体的な営為をいかに伝えていくのか」という点において力を発揮したのが「つながりの家」の取り組みである。カフェシヨルやGALLERY15においては、食をめぐる複数の生活実践が巧みに表象され、入所者たちの主体的営為が継承されていたのである。これらの表象の中には、アートという方法であるからこそ可能になるものが含まれていたことを指摘しておきたい。

第九章では十日町市松之山上鰕池において展開した「上鰕池名画館」からこの問いを検討した。近年、景観を人びとの日常生活や生業との関わりによって形成されてきたものととらえる視点が注目を集めており、人と場所との関係をベースに新たな景観をつくりだす活動が活発化している。そのような潮流のもと、本書で見てきたサイト・スペシフィックワークは、人と場所との関係を表出する媒介項として注目を集めるようになった。サイト・スペシフィックワークが増えていく中、作家と住民の協働のもとでいかにして地域の資源を発展させることができるのかが問われている。

上鰕池名画館においては、「今」を切り取ることを意識した写真作品とミュージアムショップという仕掛けの組み合わせにより、これまであたり前にそこにあったものが来訪者にとって新たな魅力ある商品となっていった。上鰕池の事例から明らかになったのは「現在」を描き出すアートプロジェクトが持つ潜勢力である。上鰕池名画館に象徴されるようなある種の「仕掛け」をうまく設定することで、地域に財政的な展望をもたらすことも可能であると言えるだろう。

第二節　地域はアートとどう関わるのか

二・一　動態的に変化する地域とアート

ここまでまとめたとおり、本書ではまずアートプロジェクトが展開していった歴史的経緯を確認した上で、プロジェクトの興隆から生まれた疑問点について整理した。その上で、アートを制作する側、地域社会の側それぞれの視点から提示された疑問について、事例分析を通じて答えることを試みてきた。ここからは、地域の中でアートプロジェクトを展開していくにあたって、今後検討が必要になる点について考えていくこととしたい。

まず、地域社会がアートプロジェクトと関わる際に検討する必要が出てくるのが、現在そこに生きる人びとにとって、自分たちの経験に根差した景観創造がいかにして可能となるのかという点である。

場所に固有なアート作品は、作品が制作された時点での地域社会の歴史、人びとの記憶が取り込まれている。しかし、現在の地域社会は産業構造の変化をはじめ大きな変容に直面しており、当該地域の人びとにとって「自らの生活経験に根差した」作品のあり方は時間の経過に合わせて大きく変わっていくことが予想される。そこからある時点の歴史のみに着目するにとどまらず、時間の経過による変容を取り込み現在世代の人びとの経験に根差した、動態的な作品制作が要請されるのではないだろうか。第九章でも述べたが、近年文化的景観の保全に関する先行研究においても、人びとが現実に生活する景観地における動態的な維持・再形成の形が模索されていることが指摘されており（金田二〇一二）、地域の歴史的履歴の更新に合わせた取り組みのあり方が希求されていると言えるだろう。

例えば、第六章で取り上げたスタンダード展における「落合商店」は、二〇〇一年時点ではつい数年前まで営業がなされていた店舗であり、数十年にわたる営業期間中に訪れた多くの住民にとって、日々の生活で利用した思い出のある場所であった。だからこそ、生活経験をベースとした相互作用が生まれたのである。この点については、旧診療所や旧卓球場などスタンダード展の他の会場でも同様であると言えるだろう。しかし、これから島で育っていく世代にとって、自分たちが日常生活で利用した思い出のある場所はかつての人びとが利用したそれと同じとは限らない。*1世代が移り変われば、思い出のあるもの・コトも変化していくのである。現在世代の人びとの経験に根差す作品制作を考えていくとき、その時々を生きる人びとの記憶を（作品を通じて）いかに表出するのかが鍵となっていくのではないだろうか。

二・二　アートによって地域の何を表出するのか

また、地域社会がアートプロジェクトと関わる際に重要となるもう一つのポイントは、自分たちが住む場所でアートによる地域づくりを考える時、アートプロジェクトによって地域の何を表出していきたいのかを熟考する必要が高まっているという点である。先行研究でも指摘されているとおり、地域づくり・地域振興の手段はアート以外にも数多く存在する。その中で、なぜアートプロジェクトを選ぶのかについて十分な検討が必要な時期になっているのではないだろうか。アートプロジェクトが希少度の高い取り組みだった時期には、それを実施すること自体に地域振興としての意味があったかもしれない。[*2] しかし、第二章で確認したとおりアートプロジェクトが珍しくなった今、ただ単に他の地域で成功しているから同様の取り組みをするという段階にとどまらず次のような姿勢が重要になってくるのではないだろうか。

それは自分たちの住む地域の自然、歴史といったさまざまな特性のどの部分をアートによって表出したいのか、どのような作家と関わっていくことを望むのかを考え、地域再生にあたって主体的にアートという方法を選択していく姿勢である。[*3] これは、自分たちの地域においてアートでないとできないこと、アートであるから可能になることとは何かを見つけだしていく姿勢と換言することもできる。

鷲田は、鶴来現代美術祭の分析を通じ、「旧町」と「行政的地域」という二重の地域のずれや「旧い町並み」「伝統的な産業技術」「祭り」という三種類の伝統の重点の置き方をめぐる試行錯誤を指摘している。その上で、地域づくりを目的とするアートプロジェクトが行われる各地で類似の課題が存在しており、鶴来現代芸術祭の記録を利活用可能な形で公開することを通じて、その経験を他地域での企画構想に生かすことを提案している（鷲田二〇一六）。アートプロジェクトの取り組みが蓄積しつつある今、鷲田の指摘するとおり他地域の経験を参考にしながら、自分たちの地域独自の特性とアートプロジェクトがどのように関わることができるのかを考えることも可能になりつつある。

第三節　アートは地域とどう関わるのか
――誰が地域と関わるアートプロジェクトを実践するのか

続いて、アートを制作する側が地域社会と関わる際に検討が必要な点について見ていきたい。第二章において、アートを制作する人びとがプロジェクトに関わるメリットとして、現代社会との接点の再発見、発表の場の確保、制作拠点の確保の三点（熊倉監 二〇一四b）が指摘されてきたことを述べた。本書で対象とした作品を制作する作家たちはいずれも主体的に地域と関わり、地域社会の多様なもの・コトに「表現者として」関与（熊倉監 二〇一四b）していった人びとだと言えるだろう。*4

一方で現在、不景気の影響で若手の発表の機会が減り、芸大・美大がアートプロジェクトにおいて学生に発表の場を与えているという状況がある。その中で、合うか合わないかは人によって差があるのに、一律にやってみないかとすすめるのは問題があるのではないかという疑問が作家の側から呈されている（会田・藤田 二〇一六）。会田の疑問は学生に制作をすすめる芸大・美大や制作者としてプロジェクトに参加する学生に対して投げかけられたものである。しかし、この指摘は学生だけに限らず、地域で展開するアートプロジェクトに関わるすべての作家に共通するものだと言えるのではないだろうか。

景気の悪化で発表の機会が失われる中、発表の場・制作拠点が確保されるアートプロジェクトは作家にとって魅力的な場である。一方で、地域づくりを目的とする各種の芸術祭・ビエンナーレ・トリエンナーレは多くの場合税金が投入されている。そのため、そこで行われる取り組みは開かれていないといけない、地域に寄与しないといけないなどの制約が存在することも事実である（林 二〇一六）。アートプロジェクトの企画運営を行う林曉甫は、税金という投資の性質と自分の取り組みの相性が悪いと思ったら税金を受け取らず、それ以外の多様な手法で必要な資金を得ていくことが重要であると指摘している（林 二〇一六）。

アートの中には地域と直接関わらない表現の仕方も数多く存在し、作品制作において地域社会と関わることは決して必須条件ではない。地域がアートに接する場合と同様に、アートを制作する側が地域に接するときにも、自分自身の表現に地域は必要なのか、地域社会に何らかの形で関与することを望んでいるのかを考えておく必要があるだろう。

第四節　地域とアートの関係を展望する

ここまで、地域の中でアートプロジェクトを展開していくにあたって、地域社会、アートを制作する側それぞれの立場から今後検討が必要になる点について確認してきた。地域社会に求められるのは、どのようにして「現在世代の人びとの経験に根差す作品制作」を行っていくのか、そして「アートであるから可能になることとは何か」の二点を検討していくことであった。一方、アートの側に求められるのは、「地域社会に表現者として関与することを望むのか」を今一度考える視点であった。

地域社会、アートを制作する側の双方がこういった視点に基づいて丁寧な相互作用を続けることによって、その地域だから可能な、そしてその作家だから可能な表現のあり方が見えてくるのではないだろうか。そして、そういった作品が並ぶアートプロジェクトは、他の地域とは異なる「そこにしかない」独自の取り組みとなるだろう。

第一章で、生産などを軸に地域間競争を勝ち抜いて一位をめざすのではなく地域固有の文化を資源にまちづくりを行う試みが活発化していることを指摘した（藤村 二〇〇七、川村 一九九三）。一方で、中央省庁、自治体においては芸術文化を発展の手段として活用しようとする動向もある（吉澤 二〇一一）。経済的な地域振興のみを目的とし、アートプロジェクトはあくまでその手段であるという立場を取れば、なぜその地域でアートプロジェクトを実践するのかという問いは後景に退き、著名な作家による制作など、とにかく人を呼べる戦略が優先されかねない。そうなれば、結果として各地で特定の作家たちによる似たようなプロジェクトが行われ、金太郎飴的と揶揄されたかつての開発の姿と重なる状況が生まれてしまうかもしれない。

先に述べたとおり、地域社会、アートの双方がその地域でしかできない表現を追求することで、このような状況を避け、とにかく予算を投入して大掛かりなプロジェクトを展開するという競争から距離を取ることが可能となるのではないだろうか。

また、地域社会でアートプロジェクトを実践することによってそれに関わる人びとはいったい何をめざすのかを考えておくことも必要だろう。さまざまなアートプロジェクトにおいて作品を制作してきた藤浩志は、プロジェクトによってまちが潤うということを考える時、「潤う」とは何を意味するのかを作家と住民が共に探すことが重要だと述べる。物質的にも精神的にも地域の人がどれだけ豊かに暮らせるかがプロジェクトのベースにあるのだとすれば、必要ならばお客さんをたくさん呼ぶということも含め、進むべき方向を落とし込んでいくという方策をとるということである（藤 二〇一六）。

何をもって「潤う」と解釈するのか、最終的にプロジェクトの実践を通じて何をめざすのかは地域ごとにさまざまであろう。大切なのは、自分たちの地域はプロジェクトによって何をめざしているのかを常に念頭に置き、作家やプロジェクトに関わるさまざまな人びとと共に進むべき方向を考えながら、実践を続けていくことではないだろうか。

注

＊1　もちろん、いくつもの世代を通じて思い出が共有される場所もあるだろう。また、直接経験していなくても過去にそこにあったものが現在を生きる人びとにとって重要なものであれば、その思いを作品に生かすことは可能であろう。

＊2　一方で、アートプロジェクトがほとんど見られなかった時代には、プロジェクトを実施しようとすると、「そのようなニッチとも思える取り組みが地域づくりに役立つのか」という疑問が呈された可能性もある。

＊3　無論、さまざまなアクターが作品をめぐってやり取りすることで、これまで意識されてこなかった地域のある側面がクローズアップされる可能性はある。林は自身が総合ディレクターを務めた鳥取藝住祭において、カナダの作家が鳥取・島根から多くの日本人がカナダへ移住した事実と、移住した日本人がカナダで起こした事業が契機となって製紙産業が盛んになったことをつきとめたことを明らかにしている。作家は、ディレクターが想定しなかったことを発見し、可視化させたのである（林 二〇一六）。アートを通して表出されるもの・コトは最初からすべて決まっているのではなく、相互作用の中で新たな発見がされることも大いにあり得る。ここで指摘しておきたいのはとにかくプロジェクトを実施することが目的となり、そこに関わる人びとの間で中身が議論されないことへの危惧である。

＊4　この点については、第六章の落合商店や第七章の角屋、護王神社、第八章のつながりの家、第九章の上鰕池名画館における作家たちの取り組みを参照のこと。

参考文献

阿部安成　二〇一三「海きて、島みて、島知って――療養所の島を会場とする瀬戸内国際芸術祭二〇一三観察記録」『滋賀大学経済学部 Working Paper Series』一八九。
足立重和　二〇〇四「ノスタルジーを通じた伝統文化の継承――岐阜県郡上市八幡町の郡上おどりの事例から」『環境社会学研究』一〇：四二―五八頁。
会田誠・藤田直哉　二〇一六「地域アートは現代美術の〝役得〟――アーティストは欲張りになれ」藤田直哉編『地域アート　美学／制度／日本』堀之内出版、三四一―三八六頁。
明戸隆浩　二〇一六「表現の自由／表現が侵害する自由――アートはヘイトスピーチとどう向き合うべきか」北田暁大・神野真吾・竹田恵子編『社会の芸術／芸術という社会――社会とアートの関係、その再創造に向けて』フィルムアート社、九七―一一二頁。
秋道智彌・伊藤廣之・菅豊・須藤護・田中康司・出口晶子・福井勝義・藤村美穂・古川彰・森栗茂一・八木康幸・脇田健一・鳥越皓之　一九九九「総合討論　景観を読む」鳥越皓之編『景観の創造　民俗学からのアプローチ』昭和堂、二七九―三〇一。
秋元雄史　二〇〇二「Traveling――直島・愛そして」秋元雄史・逸見陽子編『THE STANDARD』ベネッセコーポレーション、二一四―二一六頁。
――　二〇〇五a「直島アートプロジェクト――アートが瀬戸内の島を変える」『遠近』六：五八―六三頁。
――　二〇〇五b「直島における現代アートの展開と反響」『瀬戸内海』四三：六―一〇頁。
――　二〇〇六「直島と大竹伸朗」『美術手帖』八八九：一一六―一一七頁。
――　二〇〇八「第一回　秋元雄史」神戸芸術工科大学デザイン教育研究センター編『美術と展示の現場』新宿書房、一〇―四三頁。
秋元雄史・安藤忠雄ほか　二〇〇六『直島瀬戸内アートの楽園』新潮社。
秋元雄史・江原久美子・逸見陽子編　二〇〇〇『直島コンテンポラリーアートミュージアムコレクションカタログ Remain in Naoshima』ベネッセコーポレーション。
秋元雄史・逸見陽子編　二〇〇二『THE STANDARD』ベネッセコーポレーション。
天若湖アートプロジェクト　二〇一一「天若湖アートプロジェクトの目指すもの」天若湖アートプロジェクト（二〇一七年七月一八日取得、http://amawakaap.exblog.jp/15669500/）。
天若湖アートプロジェクト実行委員会　二〇一七「天若湖アートプロジェクト実行委員会」カワサポホームページ（二〇一七年七月

一八日取得、https://www.kawasupporters.net/organization/page/show/c4b7fb400cf311e697c74fc5ab96a59a）。

青井和夫　一九八七『社会学原理』サイエンス社。

青山陽子　二〇一四『病いの共同体――ハンセン病療養所における患者文化の生成と変容』新曜社。

荒川康・五十川飛暁　二〇〇八「環境社会学における生活環境主義の位置――「経験論」を手がかりとして」『兵庫県立大学環境人間学部研究報告』一〇：七七―八八頁。

有薗真代　二〇〇八a「国立ハンセン病療養所における仲間集団の諸実践」『社会学評論』五九（二）：三三一―三四八頁。

――　二〇〇八b「『生活者』としての経験の力――国立ハンセン病療養所における日常的実践とその記憶」桜井厚・山田富秋・藤井泰編『過去を忘れない――語り継ぐ経験の社会学』せりか書房、一〇四―一二〇頁。

東浩紀　二〇一三「観光地化の現実を知る」東浩紀編『福島第一原発観光地化計画』ゲンロン、二六頁。

ベネッセアートサイト直島　二〇一八「ベネッセアートサイト直島」ベネッセアートサイト直島ホームページ（二〇一八年七月二二日取得、http://benesse-artsite.jp/about/）

Bourriaud, Nicolas, “Esthetique Relationalle”, Dijion, Les Presses du réel, 1998（＝Nicolas Bouriaud: “Relational Aesthetics”, Translated by Simon Pleasance & Fronza Woods with the participation of Mathien Copeland Dijion, Lesp resses du réel, 2002)（＝二〇一六　立石弘道・谷口光子訳「ニコラ・ブリオー『関係性の美学』」『藝文攷』二一：八〇―九三頁）。

文化庁監修　二〇〇九『文化芸術立国の実現を目指して――文化庁四〇年史』ぎょうせい。

文化庁　二〇一〇「重要文化的景観」文化庁ホームページ（二〇一〇年一月四日取得、http://www.bunka.go.jp/bunkazai/shurui/keikan/bukken.html#10）。

大地の芸術祭・花の道実行委員会東京事務局監修　二〇〇三『大地の芸術祭　越後妻有アートトリエンナーレ二〇〇三ガイドブック』大地の芸術祭・花の道実行委員会東京事務局。

大地の芸術祭実行委員会　二〇一〇『大地の芸術祭――越後妻有アートトリエンナーレ二〇〇九総括報告書』。

――　二〇一三『大地の芸術祭――越後妻有アートトリエンナーレ二〇一二総括報告書』。

――　二〇一八「大地の芸術祭の里」大地の芸術祭　越後妻有アートトリエンナーレホームページ（二〇一八年七月一四日取得、http://www.echigo-tsumari.jp/）。

大地の芸術祭東京事務局編　二〇〇七『大地の芸術祭――越後妻有アートトリエンナーレ二〇〇六』現代企画室。

第一回福岡トリエンナーレ実行委員会　二〇一七「開催概要」福岡アジア美術トリエンナーレホームページ（二〇一七年六月一八日取得、http://faam.city.fukuoka.lg.jp/FT/1999/outline.html）。

第五回福岡アジア美術トリエンナーレ実行委員会　二〇一七「開催趣旨」福岡アジア美術トリエンナーレホームページ（二〇一七年

六月一八日取得、http://fukuokatriennale.ajibi.jp/about/)。
de Certeau, Michel, 1980, *Art de Farie*, Paris: Union Generale d'Editions（＝一九八七 山田登世子訳『日常的実践のポイエティーク』国文社)。
越後妻有大地の芸術祭実行委員会編 二〇〇〇『大地の芸術祭 越後妻有アートトリエンナーレ二〇〇〇ガイドブック』越後妻有大地の芸術祭実行委員会。
江原久美子・逸見陽子編 二〇〇一a『直島家プロジェクト――角屋』ベネッセコーポレーション。
―― 二〇〇一b『直島会議V』ベネッセコーポレーション。
衛門久明 一九九七「灰塚ダムの周辺地域整備と水源地域の振興――灰塚アースワークプロジェクト」『ダム日本』六三〇：四三―五二頁。
藤浩志 二〇一六「あふれる『ものごと』『仕組み』『情報』。どう整理整頓する?」小川希編『アートプロジェクトの悩み 現場のプロたちはいつも何に直面しているのか』フィルムアート社、六―三四頁。
藤浩志・熊倉純子・RM 二〇一四「アーティスト×アートプロジェクト 過疎地における大型フェスティバルの可能性 Discussion I 大型フェスティバルが生まれた背景」熊倉純子監『アートプロジェクト――芸術と共創する社会』水曜社、三〇四―三一二頁。
藤浩志・川俣正・熊倉純子・RM 二〇一四「アーティスト×アートプロジェクト 過疎地における大型フェスティバルの可能性 Discussion II 過疎地が抱える問題と日本型アートプロジェクトの功罪」熊倉純子監『アートプロジェクト――芸術と共創する社会』水曜社、三一三―三二二頁。
藤井和佐 二〇〇九「地域『再生』の現実・課題・可能性――瀬戸内からの提起」地域社会学会二〇〇八年度第四回研究会報告原稿。
藤村正之 二〇〇七「文化と再生産」長谷川公一・浜日出夫・藤村正之・町村敬志『社会学』有斐閣、四七八―五一〇頁。
藤田直哉 二〇一六a「評論地域アート――産婆としての地域アート」『月間美術』四九五：二六―三〇頁。
―― 二〇一六b「前衛のゾンビたち――地域アートの諸問題」藤田直哉編『地域アート――美学／制度／日本』堀之内出版、一一―四四頁。
福田珠己 一九九六「赤瓦は何を語るか――沖縄県八重山諸島竹富町における町並み保存運動」『地理学評論』六九（九）：七二七―七四三頁。
福武總一郎 一九九八「直島にかける夢」秋元雄史・江原久美子編『直島文化村へのメッセージ』ベネッセコーポレーション、一六―一七頁。
古川彰・松田素二 二〇〇三「観光という選択――観光・環境・地域おこし」古川彰・松田素二編『観光と環境の社会学』新曜社、

一―三〇頁。
後藤春彦・佐久間康富・田口太郎　二〇〇五『まちづくりオーラル・ヒストリー――『役に立つ過去』を活かし、『懐かしい未来』を描く』水曜社。
後藤和子　二〇〇五『文化と都市の公共政策』有斐閣。
Halbwachs, Maurice (1950) 1968, La mémoire collective, Paris: Presses Universitaires de France（＝一九八九　小関藤一郎訳『集合的記憶』行路社）。
長谷川公一　一九九六「書評　嘉田由紀子著『生活世界の環境学』」『ソシオロジ』四一（二）：一二八―一三一頁。
八幡神社　二〇一〇「八幡神社」八幡神社ホームページ（二〇一〇年一月四日取得、http://www.geocities.jp/naoshima8man/）。
林暁甫　二〇一六「アートには未来を切り開く力がある。税金をアートに投資することをどう考える？」小川希編『アートプロジェクトの悩み　現場のプロたちはいつも何に直面しているのか』フィルムアート社、八二―一〇八頁。
原田博子・西山裕子編　一九九五『オープンエアー94 "OUT OF BOUNDS"――海景のなかの現代美術展』福武書店。
原田正純　二〇〇六「水俣がかかえる再生の困難性――水俣病の歴史と現実から」寺西俊一・西村幸夫編『地域再生の環境学』東京大学出版会、一三―三〇頁。
橋本敏子　一九九七『地域の力とアートエネルギー』学陽書房。
蓮見音彦　二〇〇七「開発と地域社会の変動」蓮見音彦編『講座社会学三　村落と地域』東京大学出版会、一三一―一六八頁。
星野太・藤田直哉　二〇一六「まちづくりと『地域アート』――『関係性の美学』の日本的文脈」藤田直哉編『地域アート――美学／制度／日本』堀之内出版、四五―九四頁。
堀川三郎　一九九八「歴史的環境保存と地域再生――町並み保存における『場所性』の争点化」船橋晴俊・飯島伸子編『講座社会学一二　環境』東京大学出版会、一〇三―一三二頁。
――　一九九九「戦後日本の社会学的環境問題研究の軌跡――環境社会学の制度化と今後の課題」『環境社会学研究』五：二一一―二二三頁。
――　二〇〇〇a「運河保存と観光開発――小樽における都市の思想」片桐新自編『歴史的環境の社会学』新曜社、一〇七―一二九頁。
――　二〇〇〇b「歴史的町並み保存」地域社会学会編『キーワード地域社会学』ハーベスト社、三二八―三二九頁。
井出明　二〇一三「ダークツーリズムから考える」東浩紀編『福島第一原発観光地化計画』ゲンロン、一四四―一五七頁。
井戸聡　二〇〇〇「リゾート期における村の選択――琵琶湖湖西の事例から」古川彰・松田素二編『観光と環境の社会学』新曜社、一三四―一五九頁。
いき出版編　二〇一三『魚沼の昭和』いき出版。

井上明彦編　一九九七『自由工場記録集』自由工場。
井上真　二〇〇一「自然資源の共同管理制度としてのコモンズ」井上真・宮内泰介編『コモンズの社会学――森・川・海の資源共同管理を考える』新曜社、一―三二頁。
井上俊　一九九六「序　社会学と芸術」井上俊・上野千鶴子・大澤真幸・見田宗介・吉見俊哉編『岩波講座現代社会学　第八巻　文学と芸術の社会学』岩波書店、一―一二頁。
飯島伸子　一九九八「環境問題の歴史と環境社会学」船橋晴俊・飯島伸子編『講座社会学一二　環境』東京大学出版会、一―四二頁。
池上甲一　二〇〇九「まちづくり／地域づくりの系譜と担い手」鳥越皓之・帯谷博明編『よくわかる環境社会学』ミネルヴァ書房、一一四―一一六頁。
磯達雄　二〇〇〇「過疎の町で試される現代美術の意味――真の地域活性化を目指し、文脈からアートをつくる」『日経アーキテクチュア』六五七：一一二―一一五頁。
伊藤裕夫　一九九一「企業メセナ協議会――企業と文化の架け橋になるか」電通総研編『文化のパトロネージ――芸術する社会』洋泉社、一六〇―一六六頁。
逸見陽子編　二〇〇七『NAOSHIMA　STANDARD2』財団法人福武美術館財団。
泉麻衣子　二〇一五「おかしのはなし」（二〇一五年九月一六日取得、http://www015.upp.so-net.ne.jp/suseri/ page01.htm）。
JAPAN牛窓国際芸術祭実行委員会　一九八四『第一回JAPAN牛窓国際芸術祭』JAPAN牛窓国際芸術祭実行委員会。
JAPAN牛窓国際芸術祭事務局　一九八五『JAPAN牛窓国際芸術祭』JAPAN牛窓国際芸術祭事務局。
――　一九八八『JAPAN牛窓国際芸術祭』JAPAN牛窓国際芸術祭事務局。
――　一九九〇『JAPAN牛窓国際芸術祭』JAPAN牛窓国際芸術祭事務局。
――　一九九二『JAPAN牛窓国際芸術祭』JAPAN牛窓国際芸術祭事務局。
神野真吾　二〇一六a「フォーラム総括　誰が何から排除されているのか」北田暁大・神野真吾・竹田恵子編『社会の芸術／芸術という社会――社会とアートの関係、その再創造に向けて』フィルムアート社、一六七―一八〇頁。
――　二〇一六b「アートの開かれた王室問題――あとがきにかえて」北田暁大・神野真吾・竹田恵子編『社会の芸術／芸術という社会――社会とアートの関係、その再創造に向けて』フィルムアート社、三三八―三五〇頁。
嘉田由紀子　一九九三「環境問題と生活文化――水環境汚染を手がかりに」飯島伸子編『環境社会学』有斐閣、一四三―一六七頁。
香川県健康福祉部薬務感染症対策課　二〇〇三『島に生きて（上巻）』香川県健康福祉部薬務感染症対策課。
加治屋健司　二〇一六「地域に展開する日本のアートプロジェクト――歴史的背景とグローバルな文脈」藤田直哉編『地域アート――美学／制度／日本』堀之内出版、九五―一二四頁。

加茂利男　二〇〇七「世界都市と創造都市──現代都市の二つのイメージ」佐々木雅幸・総合研究開発機構編『創造都市への展望──都市の文化政策とまちづくり』学芸出版社、一四─二九頁。
金沢二一世紀美術館　二〇一六「鶴来現代美術祭アーカイブ展」金沢二一世紀美術（二〇一七年七月一八日取得、https://www.kanazawa21.jp/data_list.php?g=27&d=1903）。
笠原良二　二〇〇〇「直島文化村小史」秋元雄史・江原久美子・逸見陽子編『直島コンテンポラリーアートミュージアムコレクションカタログ Remain in Naoshima』ベネッセコーポレーション、二一八─二二四頁。
片桐新自　二〇〇〇「歴史的環境へのアプローチ」片桐新自編『歴史的環境の社会学』新曜社、一─二六頁。
勝村文子　二〇〇八『アートプロジェクトによる地域づくりに関する研究』京都大学大学院地球環境学堂博士学位請求論文。
川端基夫　一九九四「滋賀県の地域開発計画と工場立地」辻悟一編『変貌する産業空間』世界思想社、一〇一─一二四頁。
川勝平太　一九九五「多島海に浮かぶ直島と日本」三宅親連・石井和紘・川勝平太『自立する直島──地方自治と公共建築群』大修館書店、五─三四頁。
川森博司　一九九六「ふるさとイメージをめぐる実践──岩手県遠野の事例から」清水昭俊他編『岩波講座人類学一二　思想化される周辺世界』岩波書店、一五五─一八五頁。
──　二〇〇一「現代日本における観光と地域社会──ふるさと観光の担い手たち」『民族学研究』六六（一）：六八─八六頁。
川村雅人　一九九三「地域文化の掘り起こしと再生」平本一雄編『自由時間社会の文化創造』ぎょうせい、七一─九六頁。
河島伸子　一九九三「『企業と文化』の行方」平本一雄編『自由時間社会の文化創造』ぎょうせい、四〇七─四二三頁。
川田美紀　二〇〇五「震災地における歴史的環境の保全対象」『環境社会学研究』一一：二二九─二四〇頁。
川田都樹子　一九九八「パブリック・アート」並木誠士・吉中充代・米屋優編『現代美術館学』昭和堂、三三〇─三四三頁。
木原啓吉　一九八二『歴史的環境──保存と再生』岩波書店。
木村至聖　二〇〇九「産業遺産の表象と地域社会の変容」『社会学評論』六〇（三）：四一五─四三二頁。
金田章裕　二〇一二『文化的景観──生活となりわいの物語』日本経済新聞出版社。
岸政彦　二〇一六「欲望と正義──山の両側からトンネルを掘る」北田暁大・神野真吾・竹田恵子編『社会の芸術／芸術という社会──社会とアートの関係、その再創造に向けて』フィルムアート社、一二七─一四二頁。
北田暁大　二〇一六「まえがき」北田暁大・神野真吾・竹田恵子編『社会の芸術／芸術という社会──社会とアートの関係、その再創造に向けて』フィルムアート社、二─九頁。
北川フラム　二〇〇五『希望の美術・協働の夢──北川フラムの四〇年一九六五─二〇〇四』角川書店。
──　二〇一〇『大地の芸術祭』角川学芸出版。

――　二〇一二「人間の土地として輝く越後妻有」北川フラム・大地の芸術祭実行委員会監修　二〇一二『大地の芸術祭　越後妻有アートトリエンナーレ二〇一二公式ガイドブックアートをめぐる旅ガイド』『美術手帖』第六四巻九七〇号　美術出版社、四―六頁。

北川フラム・大地の芸術祭実行委員会監修　二〇〇六『大地の芸術祭　越後妻有アートトリエンナーレ二〇〇六ガイドブック』『美術手帖』第五八巻八八四号　美術出版社。

――　二〇〇九『大地の芸術祭　越後妻有アートトリエンナーレ二〇〇九公式ガイドブックアートをめぐる旅ガイド』『美術手帖』第六一巻九二六号　美術出版社。

――　二〇一二『大地の芸術祭　越後妻有アートトリエンナーレ二〇一二公式ガイドブックアートをめぐる旅ガイド』『美術手帖』第六四巻九七〇号　美術出版社。

――　二〇一五『大地の芸術祭　越後妻有アートトリエンナーレ二〇一五公式ガイドブック　里山アートをめぐる旅』現代企画室。

北川フラム・瀬戸内国際芸術祭実行委員会監修　二〇一〇『瀬戸内国際芸術祭二〇一〇公式ガイドブック』『美術手帖』第六二巻九三八号　美術出版社。

――　二〇一四『瀬戸内国際芸術祭二〇一三』美術出版社。

神戸ビエンナーレ二〇一五企画委員会　二〇一六『神戸ビエンナーレ二〇一五　検証報告書』。

小泉元宏　二〇一〇「誰が芸術を作るのか――『大地の芸術祭・越後妻有アートトリエンナーレ』における成果物を前提としない芸術活動からの考察」『年報社会学論集』二三：三五―四六頁。

国立療養所大島青松園　一九六〇『大島青松園五十年誌』国立療養所大島青松園。

国立療養所大島青松園創立百周年記念誌編集委員会編　二〇〇九『国立療養所大島青松園創立百周年記念誌』国立療養所大島青松園。

国立新美術館・朝日新聞編　二〇一七『草間彌生――わが永遠の魂』朝日新聞社。

小坂有資　二〇一四「ハンセン病者の社会関係の現在――大島青松園と瀬戸内国際芸術祭二〇一〇に着目して」『保健医療社会学論集』二四（二）：二七―三七頁。

熊倉純子監修　二〇一四a「アートプロジェクトとは」熊倉純子監修『アートプロジェクト――芸術と共創する社会』水曜社、九頁。

――　二〇一四b「アートプロジェクト概説」熊倉純子監修『アートプロジェクト――芸術と共創する社会』水曜社、一五―三〇頁。

熊倉純子　二〇一四「はじめに」熊倉純子監修『アートプロジェクト――芸術と共創する社会』水曜社、一二―一四頁。

暮沢剛巳　二〇〇二a『美術館はどこへ?ミュージアムの過去・現在・未来』廣済堂出版。

――　二〇〇二b「カウンターカルチャーの衝撃、ポップアートとミニマリズムが台頭する六〇年代」暮沢剛巳編『現代美術を知るクリティカル・ワーズ』フィルムアート社、六四―六七頁。

―― 二〇〇二c「ハプニング」暮沢剛巳編『現代美術を知るクリティカル・ワーズ』フィルムアート社、七三頁。

―― 二〇〇二d「サイト・スペシフィック」暮沢剛巳編『現代美術を知るクリティカル・ワーズ』フィルムアート社、八九―九〇頁。

―― 二〇〇二e「アースワーク」暮沢剛巳編『現代美術を知るクリティカル・ワーズ』フィルムアート社、八七―八八頁。

―― 二〇〇二f「パブリック・アート」暮沢剛巳編『現代美術を知るクリティカル・ワーズ』フィルムアート社、八八―八九頁。

―― 二〇〇八a「アートと観光――アートツーリズムの最前線」『現代アートナナメ読み』東京書籍、四九―五五頁。

―― 二〇〇八b『現代アートナナメ読み』東京書籍。

―― 二〇〇八c「はじめに」暮沢剛巳・難波祐子編『ビエンナーレの現在――美術をめぐるコミュニティの可能性』青弓社、九―一五頁。

―― 二〇〇八d「パブリックアートを超えて――『越後妻有トリエンナーレ』と北川フラムの十年」暮沢剛巳・難波祐子編『ビエンナーレの現在――美術をめぐるコミュニティの可能性』青弓社、四五―七四頁。

―― 二〇一七「パフォーマンス」artscape（二〇一七年八月四日取得、http://artscape.jp/dictionary/modern/1198429_1637.html）。

暮沢剛巳編 二〇〇二『現代美術を知るクリティカル・ワーズ』フィルムアート社。

栗原彬 一九八二『歴史とアイデンティティ』新曜社。

桑畑洋一郎 二〇一三『ハンセン病者の生活実践に関する研究』風間書房。

牧野厚史 一九九九「歴史的環境保全における『歴史』の位置づけ――町並み保全を中心として」『環境社会学研究』五：二三二―二三九頁。

―― 二〇〇二「遺跡保存における土地利用秩序の共同性と公共性――佐賀県吉野ヶ里遺跡保存における公共性構築」『環境社会学研究』八：一八一―一九七頁。

枡潟俊子 一九九七「集落保全と観光開発――福島県下郷町大内・中山地区を事例として」松村和則編『山村の開発と環境保全――レジャー・スポーツ化する中山間地域の課題』南窓社、一九八―二三一頁。

町村敬志 二〇〇七「空間と場所」長谷川公一・浜日出夫・藤村正之・町村敬志『社会学』有斐閣、二〇一―二四〇頁。

MAT、NAGOYA 二〇一七「鶴来現代美術祭アーカイブ／名古屋」MAT、NAGOYA（二〇一七年七月一八日取得、http://www.mat-nagoya.jp/exhibition/4086.html）。

松村正治 二〇〇七「『生活環境主義』以降の環境社会学のために」舩橋晴俊・平岡義和・平林祐子・藤川賢編『日本及びアジア・太平洋地域における環境問題と環境問題の理論と調査史の総合的研究』二〇〇三―二〇〇六年度科学研究費補助金基盤研究B・1研究成果報告書、二七三―二八八頁。

松野弘　二〇〇〇「まちづくり／むらおこし」地域社会学会編『キーワード地域社会学』ハーベスト社、一六四―一六五頁。

―――　二〇〇四『地域社会形成の思想と論理――参加・協働・自治』ミネルヴァ書房。

松之山町史編纂委員会編　一九九一『松之山町史』松之山町。

松尾豊　二〇一五『パブリックアートの展開と到達点――アートの公共性・地域文化の再生・芸術文化の未来』水曜社。

箕浦一哉　二〇一一「景観と環境社会学」『環境社会学研究』一七：一八〇―一九〇頁。

宮島達男　二〇〇八『Art in You うちなるアートを発見する5つのステップ』エスクァイアマガジンジャパン。

三宅勝太郎　一九九二『直島――屋号の起因・年中行事』三宅勝太郎。

三宅親連　一九九八「真に人間を生かす自然開発」秋元雄史・江原久美子編『直島文化村へのメッセージ』ベネッセコーポレーション、一八八―一八九頁。

宮本結佳　二〇〇九「現代アートの空間形成と担い手の活動」神田孝治編『レジャーの空間――諸相とアプローチ』ナカニシヤ出版、一二四―一三三頁。

森久聡　二〇〇五「地域社会の紐帯と歴史的環境――鞆港保存における〈保存する根拠〉と〈保存のための戦略〉」『環境社会学研究』一一：一四五―一六〇頁。

森田真也　一九九七「観光と『伝統文化』の意識化――沖縄県竹富島の事例から」『日本民俗学』二〇九：三三―六五頁。

諸富徹　二〇一〇『地域再生の新戦略』中央叢書。

毛利嘉孝　二〇〇八「ポスト・ビエンナーレの試み―北九州国際ビエンナーレ〇七を考える」暮沢剛巳・難波祐子編『ビエンナーレの現在　美術をめぐるコミュニティの可能性』青弓社、二三五―二六七頁。

村田真　二〇〇一a「地域社会をつなぐ新ノアの方舟――PHスタジオ『船をつくる話』」『地域創造』一一：四六―四九頁。

―――　二〇〇一b「『脱美術館化』するアートプロジェクト」ドキュメント二〇〇〇プロジェクト実行委員会『社会とアートのえんむすび一九九六―二〇〇〇』株式会社トランスアート、七―二〇頁。

―――　二〇〇二a「美術館を出て」art scape（二〇一七年七月二一日取得、http://www.dnp.co.jp/artscape/series/0112/murata.html）。

―――　二〇〇二b「美術館を出て――パブリックアートについて（二）」art scape（二〇一〇年一月四日取得、http://www.dnp.co.jp/artscape/series/0203/murata.html）。

永井純一　二〇一六『ロックフェスの社会学――個人化社会における祝祭をめぐって』ミネルヴァ書房。

永井進・寺西俊一・除本理史編　二〇〇二『環境再生――川崎から公害地域の再生を考える』有斐閣。

中川理　二〇〇八『風景学――風景と景観をめぐる歴史と現在』共立出版。

中ザワヒデキ　二〇一四『現代美術史日本篇　一九四五―二〇一四改訂版』アートダイバー。

中澤秀雄・大國充彦　二〇〇五「開拓混住ベッドタウンにおける『まちづくり』と記憶の可視化――北海道江別市野幌（のっぽろ）における主体形成と社会調査の役割」『地域社会学会年報』一七：一二六―一四三頁。

内藤辰美　二〇〇一『地域再生の思想と方法』恒星社厚生閣。

南條史生　一九九四「越境する知」原田博子・西山裕子編『オープンエアー'94 'OUT OF BOUNDS' 海景の中の現代美術展』ベネッセコーポレーション、六―九頁。

直島町史編纂委員会編　一九九〇『直島町史』直島町役場。

直島町　一九九六『直島町総合計画』直島町。

成相肇　二〇一七a「インスタレーション」art scape（二〇一七年七月二八日取得、http://artscape.jp/artword/index.php/%E3%82%A4%E3%83%B3%E3%82%B9%E3%82%BF%E3%83%AC%E3%83%BC%E3%82%B7%E3%83%A7%E3%83%B3）。

――　二〇一七b「もの派」art scape（二〇一七年七月二八日取得、http://artscape.jp/artword/index.php/%E3%82%82%E3%81%AE%E6%B4%BE）。

西田正憲　二〇〇九「自然・景観・観光をめぐる動きと風景へのまなざし」『地域創造学研究』九：七―三五頁。

西村幸夫　二〇〇六「都市環境の再生――都心の再興と都市計画の転換へ向けて」寺西俊一・西村幸夫編『地域再生の環境学』東京大学出版会、一二五―一五八頁。

――　二〇〇八『西村幸夫風景論ノート――景観法・町並み・再生』鹿島出版会。

西尾真治　二〇〇二「エイブル・アートの政策的意義」『Arts Policy & Management』一六：二五―二八頁。

野田浩資　二〇〇一「歴史的環境の保全と地域社会の再構築」鳥越皓之編『講座環境社会学第三巻　自然環境と環境文化』有斐閣、一九一―二一五頁。

野田邦弘　二〇〇七「〈横浜〉都心の歴史的建築物にアーティストが集う――クリエイティブシティ・ヨコハマの挑戦」佐々木雅幸・総合研究開発機構編『創造都市への展望――都市の文化政策とまちづくり』学芸出版社、二四五―二六八頁。

――　二〇一四『文化政策の展開――アーツ・マネジメントと創造都市』学芸出版社。

野間晴雄　二〇〇八「フィリピン・コルディリェーラ山脈の棚田と遺産ツーリズムの課題――世界文化遺産としての文化的景観と地域社会」『関西大学東西学術研究所紀要』四一：一〇三―一三六頁。

帯谷博明　二〇〇四『ダム建設をめぐる環境運動と地域再生――対立と協働のダイナミズム』昭和堂。

小川伸彦　二〇〇二「モノと記憶の保存」荻野昌弘編『文化遺産の社会学――ルーヴル美術館から原爆ドームまで』新曜社、三四―七〇頁。

荻野昌弘　二〇〇〇「負の歴史的遺産の保存――戦争・核・公害の記憶」片桐新自編『歴史的環境の社会学』新曜社、一九九―二二一頁。
――　二〇〇二「文化遺産への社会学的アプローチ」荻野昌弘編『文化遺産の社会学――ルーブル美術館から原爆ドームまで』新曜社、一―三三頁。
岡林洋　一九九三「祝祭とアート・ナウ『牛窓』を事例として」『民族芸術』九：一六六―一七〇頁。
奥田道大　一九七五「都市住民運動の展開とコミュニティ理念」国民生活センター編『現代日本のコミュニティ』川島書店、五五―九四頁。
大成哲雄　二〇一〇「『上飯池名画館』におけるアートプロジェクトの波及性」『聖徳大学生涯学習研究所紀要』八：四九―五五頁。
大野道邦　二〇〇〇「記憶の社会学――アルヴァックスの集合的記憶論をめぐって」『神戸大学文学部紀陽』二七：一六五―一八五頁。
――　二〇〇九「イントロダクション――文化の社会学のパラダイム」大野道邦・小川伸彦編『文化の社会学――記憶・メディア・身体』文理閣、一三―三〇頁。
大竹伸朗　二〇〇六「島の人々と夢の記憶」秋元雄史・安藤忠雄ほか『直島瀬戸内アートの楽園』新潮社。
太田好信　一九九三「文化の客体化――観光をとおした文化とアイデンティティの創造」『民俗学研究』五七（四）：三八三―四一〇頁。
坂田勝彦　二〇〇九「戦後日本の社会変動とハンセン病者による現実の意味構成――ある都市療養所における『ふるさとの森』作りの取り組みから」『社会学評論』五九（四）：七六九―七八六頁。
――　二〇一四『ハンセン病者の生活史――隔離経験を生きるということ』青弓社。
佐々木雅幸　一九九七『創造都市の経済学』勁草書房。
――　二〇〇七a「創造都市論の系譜と日本における展開――文化と産業の「創造の場」に溢れた都市へ」佐々木雅幸・総合研究開発機構編『創造都市への展望――都市の文化政策とまちづくり』学芸出版社、三〇―五六頁。
――　二〇〇七b「真の『創造都市』を実現するために――文化と創造性を都市政策の中心へ」佐々木雅幸・総合研究開発機構編『創造都市への展望――都市の文化政策とまちづくり』学芸出版社、三二〇―三二七頁。
関礼子　一九九七「自然保護運動における『自然』――織田が浜埋立反対運動を通して」『社会学評論』四七（四）：四六一―四七五頁。
――　二〇〇三『新潟水俣病をめぐる制度・表象・地域』東信堂。
――　二〇〇九「半栽培の『物語』野生と栽培の『あいだ』にある防風林」宮内泰介編『半栽培の環境社会学』昭和堂、一八〇―二〇〇頁。
仙台市　二〇一六「彫刻のあるまちづくり」仙台市ホームページ（二〇一七年八月四日取得、http://www.city.sendai.jp/ryokukasuishin/kurashi/shizen/midori/shinse/torikumi/chokoku.html）
澁谷美紀　二〇〇六『民俗芸能の伝承活動と地域生活』農山漁村文化協会。

菅豊　一九九九「川の景観――大川郷にみるコモンズとしての川」鳥越皓之編『景観の創造――民俗学からのアプローチ』昭和堂、九三―一一七頁。
――　二〇〇五「コモンズと正当性（レジティマシー）――『公益』の発見」『環境社会学研究』一一：二二―三八頁。
杉本博司　二〇〇五『苔のむすまで』新潮社。
杉本久未子　二〇一七「灰塚ダムが地域にもたらしたもの」西村雄郎・田中里美・杉本久未子編『現代地方都市の構造再編と住民生活――広島県呉市と庄原市を事例として』ハーベスト社、二一五―二三四頁。
社団法人企業メセナ協議会　二〇一〇「メセナとは」社団法人企業メセナ協議会ホームページ（二〇一〇年一月四日取得、http://www.mecenat.or.jp/about_mecenat.html）。
高橋かおり　二〇一二「『芸術志向』と『関係志向』の二重性の維持――芸術家を主体としたアートプロジェクトを事例として」『年報社会学論集』二五：九六―一〇七頁。
高橋伸行・井口弥香編　二〇一〇『やさしい美術プロジェクト活動報告書平成一九年度―平成二一年度』名古屋造形大学現代GP。
高橋伸行　二〇〇九「大島　けずり」ディレクター高橋伸行のブログ　二〇〇九年一〇月三日（二〇一五年九月一六日取得、http://gp.nzu.ac.jp/directorblog/?m=200910&paged=2）。
――　二〇一〇a「大島　新年会」ディレクター高橋伸行のブログ　二〇一〇年一月九日（二〇一五年九月一六日取得、http://gp.nzu.ac.jp/directorblog/?m=201001&paged=2）。
――　二〇一〇b「これがやりたかった」ディレクター高橋伸行のブログ　二〇一〇年九月二五日（二〇一五年九月一六日取得、http://gp.nzu.ac.jp/directorblog/?m=201009）。
――　二〇一〇c「大島のその後」ディレクター高橋伸行のブログ　二〇一〇年一一月一一日（二〇一五年九月一六日取得、http://gp.nzu.ac.jp/directorblog/?m=201011&paged=2）。
高松市　二〇一四『大島振興方策』高松市。
玉井正子　一九六二「直島町の商店街と商圏」『地理学研究』一一：一七―二〇頁。
玉野和志　二〇〇九「ふつうの町の景観はなぜかけがえのないものなのか――その社会学的な説明と背景」『都市計画』五八（一）：三一―三四頁。
玉野井芳郎　一九七九『地域主義の思想』農山漁村文化協会。
玉里恵美子　二〇〇九『集落限界化を超えて――集落再生へ高知からの発信』ふくろう出版。
田村明　一九八七『まちづくりの発想』岩波書店。
――　二〇〇五『まちづくりと景観』岩波書店。

田中功起・遠藤水城・藤田直哉　二〇一六「『地域アート』のその先の芸術――美術の公共性とは何か」藤田直哉編『地域アート――美学／制度／日本』堀之内出版、一三五―二一六頁。

谷奈々　二〇〇四「『信仰の山』と文化的景観――世界遺産をどうとらえるか」『二一世紀わかやま』四四（二〇一四年三月一八日取得、http://www.wsk.or.jp/report/tani/05.html）。

寺西俊一　二〇〇二「環境再生の課題と展望――これからの制作提言に向けて」永井進・寺西俊一・除本理史編『環境再生――川崎から公害地域の再生を考える』有斐閣、三二一―三三七頁。

寺岡伸悟　二〇〇三『地域表象過程と人間――地域社会の現在と新しい視座』行路社。

――　二〇〇七「地域振興に関する一考察――表象への視点」『奈良女子大学文学部研究教育年報』四：一〇五―一一三頁。

ときわミュージアム　二〇一七「ＵＢＥビエンナーレとは」ときわミュージアムホームページ（二〇一七年八月四日取得、https://www.tokiwapark.jp/museum/ubebiennale/ube.html）。

十日町市　二〇〇七『中山間地高齢化集落生活実態アンケート調査結果報告書』十日町市。

――　二〇一三「今までの大地の芸術祭の記録を紹介します」十日町市ホームページ（二〇一四年三月一八日取得、http://www.city.tokamachi.lg.jp/kanko/10170400001.html）。

十日町地域ニューにいがた里創プラン推進協議会編　一九九六『妻有郷アートネックレス整備構想』。

――　一九九八『越後妻有アートネックレス整備構想ステージ基本計画』。

鶴来現代美術祭実行委員会　一九九七『鶴来現代美術祭報告書』鶴来現代美術祭実行委員会。

鳥越皓之　一九九三「生活環境と地域社会」飯島伸子編『環境社会学』有斐閣、一二三―一四二頁。

――　一九九七『環境社会学の理論と実践――生活環境主義の立場から』有斐閣。

――　一九九九「花のあるけしき」鳥越皓之編『景観の創造――民俗学からのアプローチ』昭和堂、四―一七頁。

――　二〇〇〇「生活環境主義」地域社会学会編『キーワード地域社会学』ハーベスト社、三一二―三一三頁。

――　二〇〇一「環境共存へのアプローチ」飯島伸子・鳥越皓之・長谷川公一・船橋晴俊編『講座環境社会学第一巻　環境社会学の視点』有斐閣、六三―八七頁。

――　二〇〇九ａ「はじめに――景観は誰のものか」鳥越皓之・家中茂・藤村美穂『景観形成と地域コミュニティ――地域資本を増やす景観政策』農文協、三―七頁。

――　二〇〇九ｂ「景観論と景観政策」鳥越皓之・家中茂・藤村美穂『景観形成と地域コミュニティ――地域資本を増やす景観政策』農文協、一五―七〇頁。

――　二〇〇九ｃ「観光開発と景観づくり」鳥越皓之・家中茂・藤村美穂『景観形成と地域コミュニティ――地域資本を増やす景

観政策』農文協、二六一―三〇二頁。
―― 二〇〇九d「おわりに――景観をどのように考えるか」鳥越皓之・家中茂・藤村美穂『景観形成と地域コミュニティ――地域資本を増やす景観政策』農文協、三〇三―三〇七頁。
鳥越皓之編 一九八九『環境問題の社会理論――生活環境主義の立場から』御茶の水書房。
鳥越皓之・嘉田由紀子編 一九八四『水と人の環境史――琵琶湖報告書』お茶の水書房。
鶴見和子 一九八九「内発的発展論の系譜」鶴見和子・川田糺編『内発的発展論』東京大学出版会、四三―六四頁。
宇部市 二〇一五「『花と緑と彫刻のまち宇部』ができるまで」宇部市ホームページ（二〇一七年八月四日取得、http://www.city.ube.yamaguchi.jp/machizukuri/toshikeikaku/ryokuka/midorikihonkeikaku/midoribanachoukoku.html）。
上野征洋 二〇〇四「都市経営と文化・芸術――文化政策の視点から」『都市問題研究』五六（三）：三―一九頁。
鵜飼照喜 一九九二『沖縄 巨大開発の論理と批判――新石垣空港建設反対運動から』社会評論社。
Urry, J., 1990, *THE TOURIST GAZE Leisure, and travel in Contemporary Societies*, London: Sage Publications.（＝一九九五 加太邦宏訳『観光のまなざし』法政大学出版局）。
Urry, J., 1995, *Consuming Places*, Lancaster: Routledge（＝二〇〇三 吉原直樹・大澤善信監訳『場所を消費する』法政大学出版局）。
牛窓・亜細亜芸術交流祭 二〇一七「ABOUT」牛窓・亜細亜芸術交流祭（二〇一七年七月一七日取得、http://ushimado-asia.com/about）。
矢部賢一 二〇〇五「体験される農村――ポスト生産主義の視点から」『年報村落社会研究』四一：四一―六六頁。
鷲田めるろ 二〇一六「鶴来現代美術祭における地域と伝統」『Я（アール）金沢二一世紀美術館研究紀要』六：八〇―八三頁。
渡戸一郎 一九八五「現代都市における『生活景』の回復――社会学からの試論」『都市計画』一三八：三二―三五頁。
渡邊英徳 二〇一三「記憶を伝える」東浩紀編『福島第一原発観光地化計画』ゲンロン、四八―五二頁。
山吹善彦 二〇一五「鍼灸治療としてのアートプロジェクト――灰塚アースワークプロジェクト」『地域開発』六〇七：四五―四九頁。
八木健太郎・竹田直樹 二〇一〇「日本におけるパブリックアートの変化に関する考察」『環境芸術学会論文集』九：六五―七〇頁。
山田国廣編 一九八九『ゴルフ場亡国論』新評社。
山口裕美 二〇〇六『芸術のグランドデザイン』弘文堂。
山中速人・長谷川司 二〇〇七「メディアと観光――『太平洋の楽園』ハワイと『南国』宮崎におけるイメージの構築」山下晋司編『観光文化学』新曜社、四一―四七頁。
山盛英司 二〇〇六「現代の美術」事典編集部編『知恵蔵二〇〇六』朝日新聞社。
柳澤有吾 二〇一七『パブリックアートの現在――屋外彫刻からアートプロジェクトまで』かもがわ出版。

家中茂　二〇〇九ａ「コミュニティと景観――竹富町の町並み保全」鳥越皓之・家中茂・藤村美穂『景観形成と地域コミュニティ――地域資本を増やす景観政策』農文協、七一―一一九頁。
――　二〇〇九ｂ「開発と景観――新空港建設・大型リゾートホテル開発・文化財保護」鳥越皓之・家中茂・藤村美穂『景観形成と地域コミュニティ――地域資本を増やす景観政策』農文協、一六五―二一二頁。
除本理史・尾崎寛直・礒野弥生　二〇〇六「公害からの回復とコミュニティの再生」寺西俊一・西村幸夫編『地域再生の環境学』東京大学出版会、三一一―六二二頁。
吉田隆之　二〇一二「都市型芸術祭『あいちトリエンナーレ』の政策評価――政策立案・決定過程の考察を踏まえて」『文化経済学』九（二）：五六―六七頁。
吉田哲男編　一九七三『直島・戸島――瀬戸内海調査シリーズ七』関西学院大学地理研究会。
吉兼秀夫　一九九六「フィールドから学ぶ環境文化の重要性」『環境社会学研究』二：三八―四九頁。
吉本光宏　二〇一四「トリエンナーレの時代――国際芸術祭は何を問いかけているのか」『ニッセイ基礎研レポート二〇一四―〇三―三二』ニッセイ基礎研究所。
吉澤弥生　二〇〇七「文化政策と公共性――大阪市とアートＮＰＯの協働を事例に」『社会学評論』五八（二）：一七〇―一八七頁。
――　二〇一一『芸術は社会を変えるか？――文化生産の社会学からの接近』青弓社。

あとがき

本書は、二〇一〇年に奈良女子大学大学院人間文化研究科に提出した博士論文「アートプロジェクトを通じた景観創造と地域再生に関する環境社会学的研究」をもとに、大幅に加筆・修正を行ったものである。

本書の一部は以下の既発表の論文をもとに構成されている。


「集合的記憶の形成を通じた住民による文化景観創造活動の展開——香川県直島を事例として」『環境社会学研究』一四：二〇二—二一八頁　二〇〇八年。

「現代アートを媒介とした景観創造の実践——作家・住民間の場所解釈をめぐる相互作用と作品の地域資本化」『滋賀大学教育学部紀要Ⅱ 人文科学・社会科学』六一：一五—二七　二〇一一年。

「住民の認識転換を通じた地域表象の創出過程——香川県直島におけるアートプロジェクトを事例にして」『社会学評論』六三（三）：三九一—四〇七頁　二〇一二年。

「アートの地域づくりにおいて『地域の文脈』が果たす役割——作品における生活景の表出に注目して」『彦根論叢』四〇〇：一〇六—一一九　二〇一四年。

「負の歴史的遺産における生活実践の伝承可能性——ハンセン病療養所におけるアートプロジェクトを事例として」『環境社会学研究』二一：四一—五五頁　二〇一五年。

大学院博士後期課程進学後、二〇〇七年に直島でフィールドワークを開始して以来、これまで瀬戸内の島々、越後妻有の各地で調査を続けてきた。様々な場面で自身の研究テーマを問われた時には、「地域で展開するアートプロジェクトについて調べています。」「各地で開催されるアートプロジェクトに地域の方がどう関わっているのか、インタビューを通じて調査しています。」などと答えることが多い。すると筆者の答えを受けて、「アート愛好家だからそのテーマを選んだのでしょうね。」「学生時代は美術部ですか？」とお返事いただくことがよくある。アートプロジェクトを調べる人は元々アートが好きだろう、アートに興味があるだろうと考えるのは自然なことである。

しかし実は筆者は長くアートには距離を感じていた。子どもの頃から図工・美術が大の苦手科目で、高校に入って美術が必修科目でなくなった時にはほっとしたのを覚えている。そのため美術館などを訪れる機会も少なく、筆者にとってアートは日常生活で触れる機会の少ない、遠いものであった。

そのため、二〇〇六年に初めて友人から直島の話を聞いた時には驚きを感じた。瀬戸内の島で現代アートのプロジェクトが実施され、地域の人びとも熱心に関わっているということを意外に思ったのである。

アートを身近に感じていなかった当時の筆者は、現代アートとは難しいものだという印象をもっており、その種の取り組みに熱心に関わるのは主に都市部に居住するアートに触れる機会の多い一部の人だろうというイメージ・思いこみがあったからである。「瀬戸内の島にアートがやってきた時に、なぜ島の人びとはそこに関わるようになったのだろうか？」「そこに住む人びとにとってアートに関わることはどのような意味をもつのだろうか？」を知りたいと強く感じたことが本書の研究の出発点となっている。

アートプロジェクトに関わる多様な方々にお話を伺うことを通じて筆者のアートに対する意識も大きく変化し、現在はプライベートでもアートに接する機会が増えている。調査でお世話になったみなさんとのやりとりを通じて、筆者自身も「よくわからないもの・遠いもの」だったアートが身近に感じられるようになる貴重なプロセスを経験させていただいた。

調査を始めてから十数年の間にアートプロジェクトは爆発的に増加し、アートを見るために各地を訪問する人びとの数も急増している。本書では、アートと地域の関わりの出発点に力点をおいたため、最新の動向については十分に記述できていない部分も多い。例えば、直島における瀬戸内国際芸術祭開始後の新たな動向など、残された課題については引き続き今後の宿題として取り組んでいきたい。

本書を執筆するにあたって、多くの方々にお世話になった。奈良女子大学大学院時代の指導教員である松本博之先生には、人と環境の関わりを考えるための様々な視点を丁寧に教えていただいた。社会学、地理学、文化人類学、民俗学など多岐に渡る視点を教示していただき、広い視野で研究に取り組むことの重要性を学ばせていただいた。また、フィールドで出会った様々な語りの魅力を、論文の中でどのように生かしていくのかについてアドバイスをいただいた経験は、筆者にとっての財産になっている。同じく、大学院時代の指導教員である帯谷博明先生には、環境社会学の視点からフィールドを見るとはどういうことかを一から教えていただいた。調査開始当時、アートプロジェクトと地域というテーマに取り組む先行研究はまだまだ少なく、どのような枠組みで研究を進めていけばよいか悩むことも多かった。そのような時に、帯谷先生が個別の論文を丹念に読み込み、様々なコメントをくださったことは大きな励みになった。またお二人とも一貫して、筆者のアイデアや発想を尊重し、綿密な議論を通じてそれを育てていく姿勢で指導をしてくださった。この姿勢を、筆者自身も教員として指導を行うにあたって模範としている。

奈良女子大学大学院社会・地域学講座の先生方にも多くのご教示をいただいた。ゼミや研究会の場を通じてたくさんのアドバイスをいただき、博士論文の指導にあたってはコメント付きの付箋がびっしり貼られた原稿を返していただいたことをよく覚えている。大学院時代を共に過ごした先輩、同期、後輩にもお礼を申し上げたい。各自研究対象は様々だったが、院生室で顔を合わせるとしばしば研究について熱心に議論を交わした。院生室での議論の中から新たなアイデアが浮かぶことも多く、恵まれた環境にあったことを感謝したい。

また、筆者が勤務している滋賀大学の先生方、本書を刊行してくださった昭和堂編集部の松井久見子さんにも感謝を申し上げたい。松井さんには、本書における構成の検討など様々な点で真摯にサポートをしていただいた。さらに、筆者が直島を知るきっかけを与えてくれた、学生時代からの友人である海野由佳さんにもお礼を申し上げたい。

そして、調査でお世話になった方々に、心からお礼を申し上げたい。長い方で十年以上のお付き合いになるが、いつもみなさんに本当にあたたかく迎えていただいている。みなさんのお話を通じて、地域とアートの関係が豊かに目の前に描かれていく過程は非常に印象深いものであった。お忙しい中、貴重な時間を割いてお話をしてくださることに深く感謝したい。

最後に、いつも私をあたたかく見守り、励ましてくれる家族に心からの感謝を捧げたい。

二〇一八年七月

宮本結佳

索　引

さ行

た行

な行

は行

ま行

■著者紹介

宮本結佳（みやもと ゆか）

滋賀大学教育学部准教授。

1981年　滋賀県生まれ

2010年　奈良女子大学大学院人間文化研究科博士後期課程修了　博士(社会科学)

専攻　環境社会学

主要著作：

「負の歴史的遺産における生活実践の伝承可能性――ハンセン病療養所におけるアートプロジェクトを事例として」『環境社会学研究』第21号、2015年

「住民の認識転換を通じた地域表象の創出過程――香川県直島におけるアートプロジェクトを事例にして」『社会学評論』第63巻3号、2012年

「現代アートの空間形成と担い手の活動」神田孝治編『レジャーの空間――諸相とアプローチ』ナカニシヤ出版、2009年　ほか

アートと地域づくりの社会学

直島・大島・越後妻有にみる記憶と創造

2018年10月30日　初版第1刷発行

2022年10月 1 日　初版第3刷発行

著　者　宮本結佳

発行者　杉田啓三

〒607-8494　京都市山科区日ノ岡堤谷町3-1

発行所　株式会社　昭和堂

振替口座　01060-5-9347

TEL（075）502-7500／FAX（075）502-7501

ホームページ　http://www.showado-kyoto.jp

カバー写真　岡本雄大

装幀　木村幸央

印刷　モリモト印刷

ISBN978-4-8122-1733-7

＊乱丁・落丁本はお取り替えいたします。

Printed in Japan